高职高专公共基础课系列教材

职业素质教育

王凤君　杨晓东　主编

清华大学出版社
北京

内 容 简 介

本书所选的内容都是学生所能接受并容易理解的,同时带有一定的普适性和广泛性,使学生学习后,能多角度、多层次地理解职业素质教育。本书分为职业认知、职业适应、职业发展三个部分,包括十三个模块,内容包括职业认知与职业素养、职业道德与行为养成、岗位工作与岗位素质、团队班组和组织素养、职场安全和职业健康、职业形象与职业礼仪、个人能力与工作方法、职业需求与社交素质、职场要求与职场典范、职业发展与自我管理、职业倦怠与压力调适、职场竞争与创新发展、终身学习与素养提升。

本书适用于各类职业本科和高职院校的学生,也适合相关企业或者机构作为培训用书。

本书封面贴有清华大学出版社防伪标签,无标签者不得销售。
版权所有,侵权必究。举报:010-62782989,beiqinquan@tup.tsinghua.edu.cn。

图书在版编目(CIP)数据

职业素质教育/王凤君,杨晓东主编. —北京:清华大学出版社,2022.1
高职高专公共基础课系列教材
ISBN 978-7-302-59348-5

Ⅰ.①职… Ⅱ.①王… ②杨… Ⅲ.①职业道德—高等职业教育—教材 Ⅳ.①B822.9

中国版本图书馆 CIP 数据核字(2021)第 207769 号

责任编辑:张龙卿
封面设计:范春燕
责任校对:刘　静
责任印制:丛怀宇

出版发行:清华大学出版社
　　网　　址:http://www.tup.com.cn,http://www.wqbook.com
　　地　　址:北京清华大学学研大厦 A 座　　　　邮　　编:100084
　　社 总 机:010-62770175　　　　　　　　　　　邮　　购:010-62786544
　　投稿与读者服务:010-62776969,c-service@tup.tsinghua.edu.cn
　　质量反馈:010-62772015,zhiliang@tup.tsinghua.edu.cn
印 装 者:北京嘉实印刷有限公司
经　　销:全国新华书店
开　　本:185mm×260mm　　　　印　张:16.25　　　　字　数:360 千字
版　　次:2022 年 1 月第 1 版　　　　　　　　　　印　次:2022 年 1 月第 1 次印刷
定　　价:49.00 元

产品编号:095134-01

前　言

党的十八大以来，中共中央、国务院做出的一系列重大决策和工作部署，为我国职业教育发展指明了方向。广大职业院校围绕培养什么人，怎样培养人，为谁培养人这一根本问题，全面加强党对教育工作的领导，坚持立德树人，加强学校思想政治工作，推进职业教育改革，加快补齐职业教育短板，使职业教育的中国特色更加鲜明。

2018年，习近平总书记在全国教育大会上进一步指明了新时代我国教育事业前进的方向，强调坚持把优先发展教育事业作为推动党和国家各项事业发展的重要先手棋，"要在学生中弘扬劳动精神，教育引导学生崇尚劳动、尊重劳动，懂得劳动最光荣、劳动最崇高、劳动最伟大、劳动最美丽的道理，长大后能够辛勤劳动、诚实劳动、创造性劳动。""要把立德树人融入思想道德教育、文化知识教育、社会实践教育各环节，贯穿基础教育、职业教育、高等教育各领域。"

本书正是贯彻落实党的十九大精神和全国教育工作会议精神的要求，充分发挥高等职业教育公共基础课教材在培养和提高人才的职业素质的基础性作用，探索新时代职业素质教育理念与实践的产物。职业素质教育不是选择性教育，它对人才的成长和培养发挥着基础性和导向性作用，即教会学生做什么样的人，如何做人，尤其是如何成为适应现代职场需要的人才。本书就是立足于高职学生群体，探索如何在教育全过程中发挥"职业素质教育"课程的基础性和导向性作用，发挥本门课程对学生核心价值观的培养教育作用。

一、编写理念

在编写过程中，编写组始终把握以下理念。

（一）精准把握教材定位

本书充分分析高职学生对职业教育的需求，抓住学生初次就业前的黄金培养阶段，提高本书培养的针对性和有效性，以促进学生更高质量的就业。本书精准地把握学生就业前的准职业素质教育这一精准定位，为推进学生有素质地进入就业阶段提供有效服务。

（二）基于职业发展规律谈素质教育

本书经编写组反复讨论，将"职业"二字定为编写主线，并在编写过程中，紧紧抓住职业的形成与发展的规律来谈素质，严格将就业前后不同的素质教育区别开，避免素质教育的雷同化，凸显个性化，因为学生的成长与发展是有时段性差异的。比如，爱岗敬业对没有就业的学生来说，只要知道它是就业和职业生涯发展的核心要素即可；而对在职员工来说，它是岗位行为和职业生涯发展过程中的态度及工作表现，是考核指标之一。因此，在本书编写过程中，有目标、阶段性地呈现学生要掌握的内容，这也是符合学生学习发展规律的。

（三）注重学生良好习惯的培养

本书注重培养学生的良好习惯，通过习惯的培养提升学生的素养。也就是说，本书不但要让学生明白要具备何种能力，形成何种素质，而且要让学生明白如何做才能形成这种能力和素质，并激励学生将此作为目标，从由小见大、自我主导的发展规律出发，在日常的生活和工作中不断修炼提升；注重培养学生从点滴小事做起的意识，注重培养学生将行动力作为提升和改变的关键思想，提升学生自主把握能力和自我主导能力，这才是职业素质养成的关键。

二、教材结构

本书分为职业认知、职业适应、职业发展三个部分，包括十三个模块，每个模块都紧紧扣住"职业"二字，与学生就业和就业后的职业生涯发展相联系。内容包括职业认知与职业素养、职业道德与行为养成、岗位工作与岗位素质、团队班组和组织素养、职场安全和职业健康、职业形象与职业礼仪、个人能力与工作方法、职业需求与社交素质、职场要求与职场典范、职业发展与自我管理、职业倦怠与压力调适、职场竞争与创新发展、终身学习与素养提升。每个模块下设三个小节，除了阐述学生须明确的相关概念、常识、知识外，均涵盖了大量的案例和活动，以加深学生对知识的学习与理解，并提升学生的理解力和行动力。

三、教材特色

本书从以下几点践行教学理念，彰显教材特色。

（一）突出职业素质教育的实践性

本书不是单纯的理论说教，而是利用大量的事例和事实讲解职业素质教育，把简单的理论指导与鲜活的案例示范有机结合，使本书内容通俗易懂，可读性和可操作性增强，让学生感到素质教育就是身边的事，并非深不可测、高不可攀。把学生从枯燥的理论学习中解脱出来，走向鲜活的现实生活和工作中，激发学生的学习兴趣，体会职业素质教育的真实性、现实性和可行性，使教材更贴近学生和现代生活的实际。

（二）突出职业素质知识的普惠性

本书以高职学生了解职业素质教育为出发点，是给广大高职院校学生进行的基础性、普惠性教育，而不是作为一门专、艰、深的专业性教育，没有企图通过本门课程的一次学习就完美提升学生的职业素质的目的。因此，本书围绕高职学生最需要的实际需求，所选取的学习内容都是学生能接受的、容易理解的内容且带有一定的普适性和广泛性，使学生学习后尽可能多角度、多层次地理解职业素质教育，对学习内容能够迅速理解。

（三）突出教材的独特呈现形式

本书打破传统的职业素质教育方式，遵循职业教育教学认知规律，设计并提出教材的组织架构。首先，提出"能力目标"，以增强教学的目标性和学习的有效性。其次，以"引入案例"方式进入内容知识的学习，知识讲解过程中穿插案例进行解释说明，告诉学生素质教育在做什么，而不是在讲什么，从而引出学习的知识点和技能点，让学生从职业行为规范的角度，理解职业素质教育对国家、组织以及自身职业生涯发展的现实意义和长远意义。本书还以"小结""引入案例"和图表的形式，强化教材的鲜活性，提高学生的学习兴趣。另外，学生在充分理解知识的基础上，每小节后均设计了"课堂活动"栏目，对知识进行反思、运用和提升。

（四）突出学生活动训练的强度

本书每小节后设计的"课堂活动"栏目是一个特色创新环节。本书的"课堂活动"不同于以往其他教材中设计的"练习题"，而是具有操作性的课堂活动、课外活动。此活动的意义是：将本书与生活相联系，将本书与职场相联系，甚至将本书与每个学生的素质提升紧密地联系起来。活动不但有明确的主题和目标要求，而且对活动过程步骤做了详细的设计，从而保证活动环节的质量，让学生通过真实场景去体悟职业素质，思考职业素质的内在含义，把"知与行"相结合，不断促进学生能力的提升，通过行动导向引导学生提升职业素质能力。

本书由中国建筑教育协会副会长、黑龙江职业技术学院原党委书记王凤君教授和黑龙江教师发展学院副研究员杨晓东担任主编。为确保本书从内容到形式的创新，增强本书的时代感、鲜活性和有效性，本书组织当前开展职业素质教育较好的职业院校、技工院校中从事职业素质教育多年的一线教师和职业教育专家，共同组成编写队伍。编写人员以高度的责任心和严谨的工作态度全力投入本书编写，保证了本书的教学实用价值和编写质量；同时，在本书编写的过程中还得到了有关方面的大力支持和帮助，特别是借鉴了国内外学者的一些理论成果，为本书增添了很有意义的学术价值。

编　者
2021年8月

目 录

第一部分 职业认知

模块一 职业认知与职业素养 3
  1.1 认识职业 3
  1.2 职业匹配 11
  1.3 职业素养 19

模块二 职业道德与行为养成 26
  2.1 职业道德 26
  2.2 职业道德修养 31
  2.3 职业行为养成 36

模块三 岗位工作与岗位素质 42
  3.1 认知岗位工作 42
  3.2 了解岗位规范 47
  3.3 提高岗位素质 52

模块四 团队班组和组织素养 56
  4.1 团队的内涵 56
  4.2 优秀团队的组成 61
  4.3 组织素养 66

模块五 职场安全和职业健康 72
  5.1 职场安全 72
  5.2 职业健康 82
  5.3 应急避险 91

第二部分 职业适应

模块六 职业形象与职业礼仪 103
  6.1 职业形象 103
  6.2 职业礼仪 110
  6.3 求职面试的形象与礼仪 118

模块七　个人能力与工作方法 …… 125
7.1　能力与岗位胜任力 …… 125
7.2　提高适应能力 …… 132
7.3　工作方法 …… 138

模块八　职业需求与社交素质 …… 143
8.1　职业需求 …… 143
8.2　社交素质 …… 149
8.3　蓄积职场社交力 …… 155

模块九　职场要求与职场典范 …… 160
9.1　职场认知与要求 …… 160
9.2　职场典范与特质 …… 167
9.3　职场发展 …… 172

第三部分　职业发展

模块十　职业发展与自我管理 …… 181
10.1　树立职业生涯规划意识 …… 181
10.2　职业选择 …… 187
10.3　自我管理 …… 191

模块十一　职业倦怠与压力调适 …… 199
11.1　职业倦怠 …… 199
11.2　职业压力 …… 204
11.3　情绪管理 …… 211

模块十二　职场竞争与创新发展 …… 217
12.1　认识竞争 …… 217
12.2　应对竞争 …… 222
12.3　学会创新 …… 227

模块十三　终身学习与素养提升 …… 232
13.1　终身学习理论 …… 232
13.2　终身学习与职业素养提升 …… 238
13.3　职业素养提升与日常学习生活 …… 242

参考文献 …… 250

第一部分
职业认知

模块一　职业认知与职业素养

【模块导读】

职业活动是社会生活的重要组成部分,选择职业是走向社会的第一步。自进入信息化、大数据时代,人类的社会生活和工作领域越来越广阔,职业也被赋予新的内涵与意义。确立适应自身个性特点和能力的职业目标,培养适应国家和社会发展需要的职业技能是大学生在校园学习与生活中的着力点。

现代职场的竞争逐渐从"拼技能"转向以综合素养为核心的职业素养的竞争。职业素养是在从业过程中表现出来的综合品质,是人格的全面发展。大学生应从职业认知开始,加强职业素质培养、提升敬业精神、培养人文素养,实现自我发展。

1.1 认 识 职 业

【能力目标】

1. 了解职业的类型及要素。
2. 掌握职业的特征。
3. 理解职业与职业生涯的关系。

【引入案例】

小雪毕业后的困惑

小雪毕业于某高职院校工商管理专业,通过自考获得了本科文凭,还做过市场推销、服务员等兼职工作。她毕业后在浙江、重庆、贵州等地工作过,每份工作的时间都不超过1年,还自创业开过小超市。小雪自认为有本科文凭,有工作经验,应该比其他同学有更好的收入和发展。但她在跟同学们相聚时发现,同学们基本上都有了比较固定的发展方向,只有她还处于迷茫之中,总觉得之前的工作不是自己理想的职业,对能否找到适合自己的工作没有信心。

分析:小雪对自己缺乏正确的认知,不能根据自身特点选择适合自己的职业,在职业生活中好高骛远,难以找到自己的人生目标。认识自己,认识职业,是大学生入学的第一课。

一、职业概述

职业是维持社会稳定及实现社会控制的手段,不仅对于个人的生存和发展起着至关重要的作用,同时对于整个社会的和谐发展也有重要影响。

社会学强调职业是社会分工体系中的一种社会位置,一般不是继承性的,而是获得性的。"职业"就是劳动者获得的社会角色,是与劳动分工体系中某环节产生联系的劳动者获得的社会角色,是劳动者的社会标志。职业可以解释为一套成为模式的与特殊工作经验有关的人群关系。

经济学意义上的职业强调同劳动的精细分工紧密相连,认为劳动者相对稳定地担当某项具体的社会劳动分工,或者较稳定地从事某类专门的社会工作,并从中获取收入,这种社会工作便是劳动者的职业。

职业是劳动者相对稳定从事的并赖以生活的工作,是劳动分工体系中的一个环节,每一种职业都是社会分工中的一部分。

(一)职业内涵

对于职业的科学内涵,从不同角度出发有不同的观点。从词义学的角度看,所谓"职"是指职位、职责、权利和义务,"业"是指行业、事业、业务。个体通过职业活动对社会的存在和发展做出贡献。职业是参与社会分工,利用专门的知识和技能,为社会创造物质财富和精神财富,获取合理报酬,作为物质生活来源,并满足精神需求的工作。其主要包括四个方面的含义:第一,与人类的需求和职业结构相关,强调社会分工;第二,与职业的内在属性相关,强调利用专门的知识和技能;第三,与社会伦理相关,强调创造物质财富和精神财富,获得合理报酬;第四,与个人生活相关,强调物质生活来源,并满足精神生活。目前国内普遍采用此定义。

(二)职业特点

各种职业都是社会生产力发展到一定阶段的产物,是社会分工体系的一个环节,所以各种职业之间相互联系,并且存在着一些共同特性,主要包括社会性、经济性、时代性、专业性和相对稳定性。

1. 社会性

职业是社会分工的产物,每一种职业都体现了社会分工的细化,不同的社会成员必须在一定社会构成的不同职业岗位上工作或劳动。不同的职业承担着不同的社会责任,从业者应当了解自己承担的职业角色,完成自己的职业使命。比如,交通警察的责任是维护交通秩序,保证道路运行通畅;消防员的职责是救火,保证人们的生产生活安全;医生的责任是救死扶伤,为患者排忧解难。

2. 经济性

职业的经济性也称职业的功利性,职业活动的最基本目的是获得谋生的经济来源。劳动是人们谋生的手段,人们必须从事一定的职业活动以获取生存必需的物质资料。职业直接关系到人们的生存需要。通过获得报酬,劳动者不仅可以满足基本生存需求,还可以进一步满足自己及家人在教育、休闲、娱乐等方面的需求。大学生毕业之后的就业意味着独立生存的开始,从事职业活动为独立生存提供必需的经济基础。

3. 时代性

职业随着时代的变化而变化,在不同时代和社会发展阶段,其种类、数量、活动内容、活动方式和内部分工也不同。生产力的不断发展决定了职业的发展变化,表现为:新的职业不断产生,一些不能适应时代需求的职业逐渐消失,或被彻底改造,或因时代需要而获得新的内涵;职业的活动方式也在不断发生改变;职业的内部分工也发生了巨大变化。每个时代的热门职业也有不同,这反映了不同时代政治、经济、社会等方面的特点。

4．专业性

职业是社会分工的结果和体现,随着生产力的发展和科技的进步,社会分工越来越细致,劳动专业化程度越来越高,职业的专业性也就越来越强。职业的专业性既包括知识性、技术性,也包括规范性。职业的知识性和技术性是指每一种职业都需要一定的知识含量和技术要求,从事某种职业的人员在职业活动中必须掌握或具备特定的知识和技术。职业的规范性包含两层含义,一是指职业内部的规范操作要求,二是指职业道德的规范性。

5．相对稳定性

职业的稳定性是相对的。职业在生命周期内是稳定的,但是随着社会的发展,会不断产生新的职业,淘汰旧的职业。不同的职业尽管存在历史长短不同,但它们在一定阶段内不会消亡,具有相对的稳定性。因此,劳动者从事某种职业是连续的、相对稳定的。职业的相对稳定性有利于人们学习掌握相关的劳动知识和技能,提高劳动熟练程度,从而提高劳动生产率。

（三）职业发展

职业与生活密切相关,它作为一种社会现象并非一开始就有,是人类社会生产力发展到一定阶段的产物,是随着社会分工的出现而产生的。职业的发展与社会分工的发展密切相关,由于社会分工和科技发展是渐进的,因此职业的演变也是渐进的。

1．由单一、基础型向跨专业、复合型转化

职业岗位的要求和劳动方式逐步由简单向复杂转化,职业内涵不断丰富,单一技能难以胜任工作要求,更需要跨专业和复合型人才。

2．由封闭型向信息化、开放型转化

职业岗位工作的范围和面向的服务对象越来越广泛,人与人之间联络、沟通、信息咨询、协作大大加强。

3．由传统工艺型向智能型转化

职业岗位科技含金量增加,技术更新速度加快,劳动组织和生产手段不断改善,工作内容不断更新。例如做饭时,通常要有开燃气灶及开油烟机两个步骤。现在智能家电发展起来后,燃气灶一开启,油烟机受感应即自动开启。

4．由继承型向创新创造型转化

知识经济的到来,要求社会成员不断树立创新意识,在自己的岗位上进行创造性劳动。

5．服务型职业由普通低端向个性化、知识型转化

社会生产力的提高解放了劳动力,人们越来越多地需要社会服务行业提供个性化服务。服务业对从业人员素质的要求也在不断提高,产生了知识服务型职业。

6．职业活动趋向绿色、可持续、低碳

当前，全球经济正在向绿色、可持续、低碳发展升级，职业活动也相应发生了变化。职业发展是人的职业心理与职业行为逐步变化并走向成熟的过程。可以分成几个既有区别又有联系的阶段。

案例 1-1

改革开放以来中国社会的职业变化

改革开放 40 多年间，职业的消失、细化与新生，无不与我国经济社会发展紧密联系。不仅中国的经济体量实现了跃升，社会分工也随之改变。新的职业体系在细化与新生中逐步重构。职业变迁中，既有生产力提高、需求升级带来的传统职业的细分与变迁，也有科技进步催生出的职业更替。影响职业变迁的核心因素就是生产力。全社会生产力得到了空前释放，经济实力持续跃升，中国特色社会主义市场经济体系的建立和完善，也让职业分工更加细化，职业结构出现内部分化。

20世纪80年代，"商品经济"的合法地位被确立，个体户、私营企业主如雨后春笋不断冒出。当时，最受人们欢迎的3种职业分别是出租车司机、个体户和厨师。90年代，"下海"成为职业变化的主题词。中国对外开放步伐加快，提升了外企工作的吸引力。这一时期最受人们欢迎的职业是企业家、管理者、教师。

进入21世纪，每个行业都将被"互联网思维"搅动起来。"程序员"是中国职业变化的又一个标志，越来越多的职业"联系"上了网络。随着产业结构的调整，人们的职业需求更加多样化，各领域创造力勃发，也促进了社会职业结构发展，如金融、物流、咨询等行业孵化而生；与人们精神文化生活密切相关的影视、文化、教育培训产业兴旺蓬勃；与健康、美丽、养老有关的生活服务业欣欣向荣。

如今，互联网、云计算、人工智能、大数据等技术日新月异，万物互联模糊了职业界限，让人们的职业选择更具想象空间。

分析： 时代进步的潮流不可阻挡，各行各业科技进步的机遇稍纵即逝。在日新月异的行业分类和职业变革中，适应社会所需才能积极推动行业完善和职业更加丰富。人们就业可选择的余地就更大，空间也会更加广阔。可以设想，未来将有许多全新的职业在人们面前出现，将有许多传统的职业逐渐消失。

（四）职业与行业分类

职业分类就是按照不同职业的性质和活动方式、技术要求及管理方位进行系统划分和归类，以达到劳动力素质与职业要求相适应的活动过程。职业分类有助于了解社会现有职业状况，更清晰地认识职业，为开展职业研究奠定基础。

1．按劳动者的劳动性质分类

由于经济社会的不断发展，我国社会职业构成发生了很大变化。为适应发展需要，2010年年底，人力资源和社会保障部会同国家质检总局、国家统计局牵头成立了国家职业分类大典修订工作委员会及专家委员会，启动修订工作，2015年形成了会议审议通过的新版《中华人民共和国职业分类大典》。职业分类结构为八个大类、75个中类、434个小类、1481个职业，如表1-1所示。

表1-1 我国职业分类

类别号	类别名称	中类	小类	细类（职业）
第一大类	国家机关、党群组织、企业事业单位负责人	5	16	25+0
第二大类	专业技术人员	14	115	379+21
第三大类	办事人员和有关人员	4	12	45+1
第四大类	商业、服务业人员	8	43	147+22
第五大类	农、林、牧、渔、水利业生产人员	6	30	121+8
第六大类	生产、运输设备操作人员及有关人员	27	195	1119+22
第七大类	军人	1	1	1+0
第八大类	不便分类的其他从业人员	1	1	1+0

2．其他相关分类

行业与职业分类紧密相关。行业是指从事国民经济中同性质的生产、服务或其他经济社会的经营单位或者个体的组织结构体系。1984年我国首次颁布了《国民经济行业分类和代码》国家标准，将国民经济行业划分为20个门类、95个大类、396个中类和913个小类，如表1-2所示。

表1-2 国民经济行业分类

门 类	大类	中类	小类
A．农、林、牧、渔业	5	18	38
B．采矿业	6	15	33
C．制造业	30	169	482
D．电力、燃气及水的生产和供应业	3	7	10
E．建筑业	4	7	11
F．交通运输、仓储和邮政业	9	24	37
G．信息传输、计算机服务和软件业	3	10	14
H．批发和零售业	2	18	93
I．住宿和餐饮业	2	7	7
J．金融业	4	16	16
K．房地产业	1	4	4
L．租赁和商务服务业	2	11	27
M．科学研究、技术服务和地质勘查业	4	19	23
N．水利、环境和公共设施管理业	3	8	18
O．居民服务和其他服务业	2	12	16
P．文化、体育和娱乐业	1	5	13
Q．卫生、社会保障和社会福利业	3	11	17
R．文化、体育和娱乐业	22	22	29
S．公共管理和社会组织	5	12	24
T．国际组织	1	1	1

二、职业要素

（一）职业环境

职业环境是指从业者在就业过程中其职业面临的发展状况、发展趋势等。不同职业的从业者所处的工作环境有所不同；就是同类型职业，其具体工作环境也会有所不同。职业环境分大环境和小环境，大环境指社会和国家经济发展对职业的影响，小环境则是组织内部环境。不管职业环境多么复杂，决定个人职业发展的最重要因素还在就业者自身，因此，我们应该提升自己适应环境变化的能力。

（二）职业待遇

职业待遇就是薪酬待遇、福利待遇等，是指人们在从事相关的劳动活动后所获得的合法收入。由于不同职业所要求的技术能力和知识水平的不同，从事不同职业的就业者所获得的职业待遇也是有所不同的。

（三）职业素质

职业素质是劳动者职业能力的一种综合体现，表现为职业兴趣、职业能力、职业性格及职业礼仪等方面。影响和制约职业素质的因素很多，主要包括受教育程度、实践经验、社会环境、工作经历以及身体状况等。不同职业所需的职业素质是不同的。

（四）职业资格

职业资格是对从事某一职业活动所必备的知识、技术和技能的评价，是技能人员和专业技术人员职业能力和水平的证明。与学历文凭不同，职业资格与职业活动密切关联，更直接、更准确地反映特定职业的实际工作标准和操作规范，以及劳动者从事该职业所达到的实际能力水平。

我国职业资格有两类，即行政许可类职业资格和水平能力评价类职业资格。行政许可类职业资格，是指从事涉及公共安全、人身健康、生命财产安全等特定职业所必须具备的复杂技能、知识、能力及操作规范的基本要求，是依法独立开业或从事某一特定职业学识、技术和能力的必备标准。水平能力评价类职业资格是对从事专业技术较强、技能要求较高、从业人数较多的人员的工作能力水平的客观评价。对获得职业资格的人员，国家发给相应的职业资格证书作为凭证，如图1-1所示。

（五）职业规范

职业规范是指每种职业的特定规范，主要包括职业活动中的操作规则、办事章程、道德规范等，这些规范要符合国家法律法规和社会伦理道德。

（六）职业技能

职业技能是指从业者就业所需的技术和能力，职业技能主要通过职业资格来体现。所谓职业资格，就是指对从事某一职业所必备的学识、技术和能力的基本要求。当前，除了国家职业资格制度外，国家完善技能人才职业技能等级认定及享受相应待遇政策，做好职业资格制度与职业技能等级制度的衔接，建立职业资格和职业技能等级与职称、学历比照认定制度，制定高技能人才与工程技术人才职业发展贯通办法，畅通技能人才职业发展通道。

专项职业能力证书　　　　初级证书样本

中级证书样本　　　　　　高级证书样本

图1-1　国家职业资格证书

三、职业与职业生涯发展

每个人都想成就一番事业,然而成功却非谈笑般简单,因为人生与事业的发展是有技术与方法可以成就的。这种技术与方法,就是职业生涯规划。职业生涯是人的个性发展的概念,是人的终生职业经历,是动态的过程。它不仅包括人在过去、现在和未来那些可以实际观察到的、连续从事的职业发展过程,还包括个人对职业生涯发展的见解和期望。

（一）职业生涯规划是满足职业发展的必要条件

职业规划是在了解自我、了解职业、了解环境的基础上,对自己的未来要从事的职业做出理性、稳定、高度认同的决策的过程。职业生涯规划是一个人动态的职业目标和职业梦想,是人在步入职场前就可以进行规划的内容。进入职场后,还要根据职场的变化和社会发展的因素,不断进行调整。随着社会发展和经济发展变化,职业生涯和人的发展联系越来越密切,这是大学生入学后首先应考虑的问题。生涯≠工作,职业生涯规划≠找工作。职业生涯规划的功能在于为生涯设定目标,并找出达成目标所需采取的步骤。

（二）职业素养对职业生涯发展具有决定性作用

职业素养是一个人步入职场后,完成岗位职责任务所必须具备的基本品质。如果想顺利地完成职业生涯的发展,必须不断提升自身的职业素养,职业生涯规划能够促进职业素养的提升,能促使学生根据自己规划的阶段性目标不断学习,不断实践,最终步入职场,从而使自身的职业素养得到实际检验。职业素养对职业生涯发展具有决定性的作用。

（三）高职求学阶段应大力提升职业素质

大学生要为未来的职业发展做准备,优化学习生活,提升职业素质,为职业生涯发展而准备。在校期间要做好职业生涯规划,要努力学习以提高自身的职业素养,为步入职场做好准备,铺垫职业生涯发展。

1. 专业转化,促进职业能力转化

专业是根据科学分工或生产部门分工划分的学业门类,其本质是学业门类,而职业是社会分工,可见专业和职业是两个不同领域的概念。因此,专业不等于职业,在择业中不能简单地以专业对不对口为依据,有些专业很难对口,知识具有迁移性,将专业知识转化为职业岗位能力才是最重要的。

2. 丰富体系,拓宽职业生涯路径

要通过学习一门专业,达到掌握其基本知识和相应技能的目的,这种技能会促进学习者职业生涯的发展。还要进行通用技能教育学习,比如交际能力、沟通能力、写作能力等。更有必要接触各个学科领域,包括自然科学、社会科学、人文科学等,成为具备全方位知识体系的人,从而丰富了知识和能力体系,拓宽了职业生涯的路径。

3. 参与活动,促进职业生涯发展

大学生参加各种社会活动,既有利于开阔视野,拓宽眼界,提升思想、政治、道德水平,提高业务、组织管理和学习创新能力,也有利于职业生涯的发展。

4. 科学择业,把握职业生涯方向

毕业生的择业行为关系到大学生职业生涯规划乃至一生的发展,因此,学生在校期间应努力学习科学择业的知识和方法,到毕业时才能科学择业,为实现事先确定的职业生涯目标奠定坚实的基础。

案例 1-2

陈凯的职业规划

陈凯是某高职院校毕业生,在某企业生产材料管理部门就业。随着物流管理先进技术的推广应用,企业材料管理、物品管理工作由过去的手工化管理进入了标准化、现代化管理阶段,随之产生了"物流师"这一职业。他看到了这一职业的发展前景,努力学习和积极参加培训,顺利通过了物流职业资格证书考试,成为一名助理物流师。他的职业规划是:经过一段时间的工作实践和理论学习,在具备一定的条件后,再考取"物流师"以及"高级物流师"资格,沿着这一职业发展路径成就自己的职业梦想。

分析:尽早抓住时代需求才能更好地把握机遇,从而逐步规划好自己的职业蓝图。付出的艰辛与汗水必将换来事业的成功。

【小结】

从很多同学的经历中我们可以看到:初入职业院校,很多学生对接下来的学习、生活以及未来的职业发展会感到迷茫。当一个人对自己缺乏清晰的认知,对外界职业环境不了解,不能根据自身特点选择适合自己的职业时,在职业生活中往往很难得到好的发展。因此,认识自己,认识职业,是职业院校学生入学的第一课。

模块一　职业认知与职业素养

【课堂活动】

认识你面临的职业

1．目标

（1）认清所学专业与将来从事的职业之间的关系。

（2）处理好专业与职业生涯规划的关系，为未来的职业发展做准备。

2．程序和规则

步骤1：开放式提问。你所学的专业将来能够从事什么样的职业？

步骤2：小组讨论。将学生分成4～6人的若干个小组，以小组为单位探讨所学专业可能从事的职业，并将这些职业按照行业分类，写在彩色卡纸上。

步骤3：分组阐述。各小组选派代表利用白板/黑板描述各种职业，并说明组内观点。

步骤4：个人观点。每人从中选择3～5种感兴趣的职业并按优势排序，说明理由。

步骤5：拓展探讨。通过教师引导，探讨所学专业与将来从事的职业之间的关系，以及如何处理好专业技能学习与专业能力培养和职业生涯发展的关系。

步骤6：小组总结。讨论总结如何为未来的职业生涯发展做准备，教师针对小组结论进行分析、反馈并给予评价。

3．总结评价

（1）你对将来想要从事的职业进行过哪些方面的考量？目前所学专业是否有助于你从事将来想要的职业？

（2）你认为所学专业与将来从事职业之间是什么关系？打算如何处理这种关系？

（3）结合这次讨论，你打算通过哪些方式来为未来的职业发展做准备？

（建议用时：30分钟）

1.2　职业匹配

【能力目标】

1．了解自我探索的途径。

2．熟悉职业匹配的关键要素。

3．能够根据自身特点和社会要求提高人职匹配度。

【引入案例】

把爱好当职业

现年27岁的张宇琦是一个"火车迷"。他收藏和制作了大量不同种类的火车模型。他收藏了包含国产蒸汽机车、内燃机车、25型电力机车、世界上第一列高速列车等火车模型60余节。他时常蹲坐在自家客厅地板上"组"铁轨，"开"火车，自得其乐。他的职业是动车组机械师。他所在的班组负责动车车轮和空心轴探伤以及车轮检修。他选择了动车组技术相关专业，每日与火车为伴，严谨细致，专注认真。他还热衷于收集并研究不同时期铁路建设发展的资料,参与体验各种与火车、铁路相关的活动。

分析:从"火车迷"到铁路技术人员,张宇琦活成了自己梦想中的样子。工作强度高、压力大,他却乐在其中。对铁路文化的热爱,成为他努力工作的原生动力。站在人生的十字路口时,应先认识自己,选择与自己的性格相适应匹配的职业,找到最适合自己的职业类型,尽量做到人职匹配,才能更好地实现自我价值。

一、认识自我

职业自我探索理论中职业兴趣探索意味着我最喜欢做什么;价值观探索意味着我最看重什么;能力探索意味着我最擅长什么;性格探索意味着我适合做什么。

(一)兴趣探索

1. 认识自己的兴趣

兴趣是指人认识某种事物或从事某种活动的心理倾向。兴趣的种类多种多样,有直接兴趣和间接兴趣,有物质兴趣和精神兴趣,也有个人兴趣和社会兴趣。兴趣是生活与学习的重要动机,不仅可以丰富其日常生活,还可以影响职业生涯规划,甚至能影响个人的未来发展。结合自身特点和专业特点,认识自己的心理特点,培养健康、积极的兴趣,有利于大学生的健康成长和良好发展。

2. 影响兴趣培养的因素

影响大学生兴趣培养的因素很多,主要包括家庭、社会、学校等因素。

(1)家庭因素。家庭是学生兴趣培养的第一影响源,父母对孩子的影响是潜移默化的。喜欢运动的父母会不自觉地培养孩子的运动兴趣,喜欢阅读的父母会给孩子营造良好的家庭阅读氛围,影响孩子的阅读兴趣。

(2)社会因素。在"学好数理化,走遍天下都不怕"的社会因素影响下,学生容易培养对数理化的兴趣。在大力提倡创新创业的社会背景下,勇于走出自我并大胆创业,就成为很多学生的不二选择。

(3)学校因素。学校环境对学生的身心健康成长具有重要影响。学校通过校园文化的培育,会潜移默化影响学生的兴趣。

大学生培养兴趣,应该联系自己的专业及未来从事职业,从职业生涯规划的角度培养自己的职业兴趣。

(二)价值观探索

价值观是人们用来区分好坏标准并指导行为的心理倾向系统。价值观是我们在生活和工作中,所看重的原则、标准和品质。它指向我们内心最重要的东西,是我们强大的内在驱动力,是引导行为的方向,是自我激励的机制。

1. 价值观特征

(1)主观性。主观性是指用来区分好与坏的标准,即所说的区分得与失、荣与辱、成与败、福与祸、善与恶的标准是根据个人内心的尺度进行衡量与评价的,这些标准均可以称为价值观。对于客观存在的客体,个人都是依据主体自身的需要对客体的意义进行评价。

（2）选择性。价值观是在个体出生后随着社会生活实践的拓展而逐渐萌发和形成的。儿童期的"价值观"是通过对父母和亲人言行的模仿而形成的。他们的"价值观"具有明显的感性形式,是对成人价值观的照抄照搬。因此,儿童期还未真正形成价值观,其"价值观"只能称为价值感。青年期,随着自我意识逐渐成熟,个体开始有意识地选择符合自己的评价标准,从而形成个人特有的价值观。

（3）稳定性。个人的价值观形成之后往往不易改变,具有相当的稳定性,并通过多种方式进行表现,如兴趣、愿望、目标、理想、信念和行为等。

（4）社会历史性。在不同的时代、不同的社会生活环境中形成的价值观是不同的。

2．价值观作用

价值观对人们自身行为的定向和调节起着非常重要的作用。价值观决定人的自我认识,它直接影响和决定人的理想、信念、生活目标和追求方向的性质。在同样的客观条件下,具有不同价值观的人,其动机模式不同,产生的行为也不相同。动机的目的方向受价值观的支配,只有那些经过价值判断被认为是可取的,才能转换为行为的动机,并以此为目标引导人们的行为。

价值观反映人们的认知和需求状况,是人们对客观世界及行为结果的评价和看法。它反映了人们的人生观和世界观,反映了人的主观认知世界。

（三）性格探索

1．什么是性格

性格是对现实稳定的态度和习惯化了的行为方式所表现的心理特征。性格一经形成便比较稳定,但并非一成不变,而是具有可塑性的。性格不同于气质,它更多体现了人格的社会属性,个体之间人格差异的核心是性格的差异。性格是在社会生活实践中逐渐形成的,会在不同的时间和不同的地点表现出来。生活环境的重大变化一定会带来性格特征的显著变化。性格受社会历史文化的影响,有明显的社会道德评价的意义,直接反映了一个人的道德风貌。

2．影响性格形成的因素

性格的形成虽然与遗传有关,但主要还是后天形成的,主要包括家庭、社会、学校及个人自身等因素。在学校里,健康积极向上的校园文化则有利于培养学生积极、主动、开朗、大方的性格。

3．如何认识自己的性格

性格本身是一个相对的概念。在与他人的交往与互动中更容易认识自己的性格,独处的人很难发现自己到底有什么样的性格。我们可以通过在校园中开展丰富多样的活动,让学生在参与活动的过程中了解、认识自己。

（四）能力探索

1．能力的含义

能力是指一个人顺利完成某种活动所具备的技能,包括完成活动的具体方式及完成活动所需的心理特征,它直接影响活动效率。能力对人的一生的职业道路的选择、事业的成败具有重要的作用。要顺利成功地完成某项活动,需要多种能力的有机结合。在从事某种活动中,各种能力的独特结合称为才能。如果人的各种能力能在活动中最完美地结合,那就能最大限度地实现自己的人生价值。同一岗位上不同员工的差别,主要是体现在能力的差别上。

2．能力的分类

（1）能力倾向。能力倾向也就是常说的天赋。每个人都有自己的特殊才能,但有可能未被开发而荒废。这部分未被开发而荒废的能力称为潜能。根据加德纳多元智能理论,人类至少有8种不同的智能,言语—语言智能、音乐—节奏智能、逻辑—数理智能、视觉—空间智能、身体—动觉智能、自知—自省智能、交往—交流智能、自然—观察智能。

（2）技能。这是经过学习和练习而培养形成的能力。技能基本有以下3种类型。

① 专业知识技能是通过教育或者培训才能获得的特别的知识或能力。获取途径：学校课程；课外培训、辅导班、资格认证考试；专业会议、讲座或研讨会；自学；爱好、娱乐休闲；社会实践、社团活动；上岗培训等。

② 自我管理技能经常被看作个性"品质",被用来描述或说明人具有的某些特征。可以从非工作生活领域转换到工作领域,需要不断练习才能具备。在工作中对取得成就和处理人际关系是不可缺少的。获得途径：榜样的力量,认同与练习；自我认知的提高；意志力的培养；丰富的精神生活；业余爱好,娱乐休闲,社团活动,家庭职责等。

③ 可迁移技能也被称为通用技能。可以从生活中的方方面面,特别是在工作之外得到发展,可以迁移应用于不同的工作之中。这是个人最能持续运用和最能够依靠的技能,也是用人单位最看重的部分。

二、职业匹配

（一）职业匹配要素

职业匹配也称人职匹配,就是求职者个性特征与职业所需的素质之间的协调和匹配。这里实际上包括两个方面的问题：一是你是否喜欢这个职业,二是你是否能够胜任这个职业。

1．兴趣匹配

20世纪60年代,美国著名职业指导专家约翰·霍兰德在特质因素理论的基础上,提出了关于人格类型和与之匹配的环境类型的理论。霍兰德提出了一套系统的职业指导理论与模式。认为职业选择是人格的一种表现,某一类型的职业通常会吸引具有相同人格特质的人,这种人格特质反映在职业上就是职业兴趣。大多数人的职业兴趣可以归纳为以下6种类型。

（1）现实型。这种类型的人喜欢和事物（工具、机械、设备）打交道,用手、工具、机器制造或修理东西,愿意从事事务性的工作,喜欢户外活动或操作。这种类型的人往往缺乏社交能力。相关职业包括制造业、渔业、考古、技术贸易、机械业、农业、林业、特种工程师和军事工作等。

（2）研究型。这种类型的人喜欢智力的、抽象的、推理的、独立定向的工作,他们会被吸引去从事那些较多认知活动（思考、组织、理解等）的职业,而不是以感知活动（感觉、反应或人际沟通以及情感等）为主要内容的职业。这种类型的人往往缺乏领导能力。相关职业有生物学家、化学家、大学教授、实验室工作人员、社会学家和物理学家等。

（3）艺术型。这种类型的人喜欢从事那些包含着大量自我表现、艺术创造、情感表达以及个性化活动的职业。相关职业主要有戏剧导演、作曲家、乐队指挥、室内装潢以及广告制作者等。

（4）社会型。这种类型的人喜欢从事那些包含着大量人际交往内容的职业,而不是那些包含着大量智力活动或体力活动的职业,喜欢帮助别人,与人合作。相关职业主要有教师、心理咨询医生、外交工作者以及社会工作者等。

（5）企业型。这种类型的人喜欢冒险活动,喜欢领导和支配别人,或善于为了达到个人或组织的目的而去说服别人,喜欢从事那些包含着大量以影响他人为目的的语言活动的职业。相关职业主要有商业管理、律师、政治运动领袖、营销人员、管理人员以及公共关系管理者等。

（6）常规型。这种类型的人喜欢组织和处理数据,喜欢固定的、有秩序的工作或活动,希望确切地知道工作的要求和标准,具有良好的控制能力,比较保守,按常规办事,往往要服从于组织的需要。相关职业主要有办公室工作人员、会计师、银行出纳、簿记员、行政助理、秘书和档案文书等。

以上6种类型可用图1-2来表示,可以看到,图形的每一个角代表一个职业类型。两个类型之间的职业是过渡型的职业。如果一个人的选择方向是相互对立的,那么他在进行职业选择时将会面临较多的犹豫不决的情况。六角形模型可以帮助我们对人格特质类型与职业环境类型之间的适配性进行评估。需要注意的是,不应当过于强调测评所得出的结果或与之相匹配的具体职业,而限制了就业者未来发展的方向,应将注意力放在对自身素质提高的职业生涯规划上。

图1-2 职业兴趣六角形模型

案例1-3

小陈的自我分析

小陈是湖北某财经商贸类职业院校工商管理专业学生,后因为家庭变故失去了双亲,性格变得孤僻,不想和他人交流,也缺乏前进动力。上了职业认知和职业素养课程之后，他对自我的认识发生了变化。通过对霍兰德人格类型与职业匹配任务的学习，他尝试用该理论对自己进行再认识。小陈认为，自己虽然经历了人生困难，但这不是自己前进的终点，而应该是开启新生活的起点。自己喜欢与人合作，愿意帮助别人，符合 S 和 E 两种类型的特点。他认为自己应该在专业选择上给自己更多的机会，于是通过自学考试途径报考了中文本科，同时攻读工商企业管理本科学业。通过 4 年的努力，如今在浙江被一家理想公司录用，自己也创办了一家微企并准备回报母校。

分析： 人格类型和职业环境之间的适配将增加个人的工作满意度、职业稳定性和职业成就感。因此要善于自我分析，了解自身特点，并将其与职业进行匹配，才会得到更好的发展。

2. 价值观匹配要素

职业价值观是指无论从事什么工作，都会努力在工作中追求的东西，是最期待从工作中获得的东西。美国著名职业生涯管理专家舒伯认为职业价值观是个人追求的与工作有关的目标，即个人的内在需求及在从事活动时所追求的工作特质或属性。它是人生价值观在职业问题上的反映。

在进行职业选择或决策时，越清楚自己的价值观，越了解自己在工作和生活中想寻求什么，一个人的生涯发展目标也就越清晰。职业价值观是进行职业抉择的最重要的依据。根据不同的划分标准，人们对职业价值观的种类划分也不同。

个人由于所处的生涯发展阶段、社会环境的不同，需求会发生改变，从而可能导致价值观的变化，当今多元社会中多种价值观的冲击也会导致原有价值观体系的混乱乃至改变。认真考量自己的价值观，对大学生做好职业生涯规划具有十分重要的意义。

价值观澄清阶段及步骤如表 1-3 所示。

表 1-3 价值观澄清阶段及步骤

价值形成的阶段	步 骤	可提问的问题
选择	1．自由地选择	你考虑过任何一个选择吗？你想过可能的结果是什么吗？你自己愿意去做吗？
	2．从不同的情境中选择	
	3．深思熟虑后选择	
珍视	4．重视与珍惜自己的选择	你觉得这么做是对的吗？你愿意向谁讲呢？
	5．公开表达自己的选择	
行动	6．根据自己的选择，采取行动	到目前为止做得怎样？你下一步要怎么办呢？
	7．重复行动	

3. 能力匹配

能力匹配反映的是职业工作对职业人员的知识和能力要求。同一岗位上不同员工的差别，主要是体现在能力的差别上。职业对人才的总体要求是有创新能力、团队精神、沟通表达能力及学习能力。其中，创新能力和学习能力主要属于智力素质，团队精神和沟通表达能力主要属于情感素质。这 4 种素质是用人单位对应聘者考核的重点。能力匹配是动态发展的，职业能力匹配与经济技术发展有着内在的关联性。对技能人才的需求趋向高职业资格化、高学历化，同时绿色经济、绿色就业的发展对技能人才也产生了新的需求。

4．性格匹配

性格是一个人在对现实的稳定态度和习惯化了的行为方式中所表现出来的个性心理特征。人的性格特点主要表现在态度、意志、情绪、理智4个方面。性格的特征不是孤立的,是互相联系的,在个体身上结合为一体,形成一个人不同于他人的"标签"。每一种职业都对性格特征有特定的要求,如驾驶员要具备注意力稳定、动作敏捷的职业性格特征;护士要求具备耐心细致、热情待人的职业性格特征。学生了解自己的性格特征,有利于今后的职业发展。

性格类型没有对错,在工作或人际关系上,也没有更好或更坏的组合。每一种性格类型和每一个人都能带来独特的优点。最好从事与自己性格相符的职业,但人的个性并不能决定他的社会价值与成就水平。在求职择业过程中,并非人人都能如愿以偿,还有许多人在自己不喜欢的职业领域中平凡地工作。可以扬长补短,努力弥补自身不足,提高性格修养,以更加适应职位。

（二）职业匹配途径

为了达到最佳的人职匹配程度,就要不断学习,提升个人素质和能力,这是一个长期的过程。

1．知识和能力,掌握新知识

新的生产方式将会结束传统的组织模式,人工智能替代了设计、维修、服务等环节的工作。这种变化对职业教育的冲击是不可避免的,各类教育将呈现融合的趋势。我们需要学习更多新的通用知识以适应职业发展的需要。

2．利用项目化学习,打牢专业能力基础

项目化学习是一种在仿真的工作环境中模拟工作内容的学习方式,也是"做中学"。项目化学习实现了专业理论学习与实践活动的融合,是职业教育的一大特色。项目化学习针对性强,学生在校期间或在工作期间,都可以积极参加某些项目活动,提升自己的专业能力和职业能力。

3．将学习变成日常习惯

学习意识和学习习惯是提高职业匹配度的关键。要有职业发展规划,并按照发展规划去努力学习,及时有针对性地进行自我提升,这样才能实现有效的职业匹配。

三、影响职业匹配的因素

除了上述兴趣、价值观、能力、性格的关键匹配要素外,影响职业匹配的因素还有很多,由内在因素和外在因素相互作用,影响个体的认识和感受,还有如下方面的影响因素。

（一）家庭

家庭是每个人进入的第一所学校,对其职业发展的影响也最为明显。发展心理学认为,早期经历对职业选择有"烙印效应",包括家庭、学业、适应能力、伙伴关系等都有一定影响。个体早期社会接触从观察父母的社交开始,家长言行风格对子女的影响是潜移默化的却又是不可估量的。

（二）学业

"学业挫折经历"也会制约日后职业投入程度和抗风险能力。学业成功个体的心理适应能力超过一般人，并且择业范围更为广泛，匹配程度相对较高。因此，高职院校学生不可忽视在校期间的学习成绩，企业对在校成绩非常重视。

（三）企业

双重劳力市场理论认为企业分为核心与边缘两类。核心企业在市场竞争中处于主导地位，拥有最优秀的人才和技术，原因在于其内部合理的人力资源体制、完善的职业发展路径。而边缘企业多雇用临时工，缺乏内部承诺感和凝聚力。通常来说，在核心企业就业的员工不再为工作调动劳心费神，职业匹配的满意度较高；而在边缘企业就业的员工具有不确定性，职业匹配满意度较低。

（四）自我概念

职业满意度取决于能力、需要、价值观、兴趣、个性特质的"释放度"，也取决于特定工作环境与个体成长、探索经历的适宜程度。另外，职业匹配的满意程度与自我概念的实现水平成正比。专业人员和管理人员拥有更多发展机遇，职业满意度也就较高。但也有的人不愿意从事挑战性工作，工作越是稳定满意度越高。

【小结】

职业匹配是关于人的性格特征与职业性质匹配一致的过程。专业与职业匹配对职业院校学生的职业发展具有重大影响。有部分同学在专业选择失误后，最终通过职业匹配做出了正确的职业选择，进入了适合自己的职业领域。但是，如果刚刚步入职场就能按照职业匹配选择合适的专业，不仅可以节省许多学习费用和学习时间，或许还会成为更加优秀的专业人才。

【课堂活动】

探索自己的职业兴趣

1．目标

（1）探索自己的职业兴趣。

（2）掌握霍兰德职业兴趣理论，明确人职匹配理论。

2．程序和规则

步骤1：导语。描述现实型、研究型、艺术型、社会型、企业型、常规型6个特征不同的导语。

步骤2：分组。学生选择最感兴趣的一个导语进行分组，选择同一导语的同学组成一组。

步骤3：小组探讨。探讨用这个导语的人应该具有哪些特征。

步骤4：小组活动。确定小组的名称、标志、小组特征。用彩笔绘制在白纸上。

步骤5：教师总结。6个导语就是霍兰德提出的6种类型。大家依次选择的3个导语组成的字母便是霍兰德代码。当我们就业择业的时候，我们的兴趣与职业环境的匹配是形成职业满意度和成就感的基础。

3．总结评价

通过熟悉霍兰德职业兴趣理论的内容,在霍兰德职业代码中,探索发现自己的职业兴趣。再与自己理想的工作愿景相结合,最终确定自己感兴趣的职业与工作。

(建议用时:30分钟)

1.3 职业素养

【能力目标】

1．掌握职业素养的内涵和特征。
2．了解职业素养现状及原因。
3．明确培养职业素养的基本路径和方法。

【引入案例】

《中国机长》的故事

2019年9月《中国机长》在国内影院上映,深受观众喜爱。这部电影是根据2018年川航3U8633航班飞往拉萨紧急迫降的真实事件改编,讲述了机组执行航班任务时,在万米高空突遇驾驶舱风挡玻璃爆裂脱落、座舱降压的极端罕见险情并化险为夷安全降落的故事。剧中机组人员的一些日常细节和遇到危险时的沉稳不乱,显示出了过硬的职业素养。

镜头一:技术人员对飞机做完起飞前的检查后,都已经告诉机长飞机是没有问题的,但机长还是下去绕飞机一周,再次确认飞机有没有什么问题。

镜头二:在申请关闭舱门后,空姐拿着舱门关闭的操作手册念着关舱门的标准手法和顺序,乘务长则按照操作手册的要求一步一步地执行关闭舱门的动作。

镜头三:飞机遭遇了强气流强烈颠簸、摇晃,让人晕头转向,面对机舱中小孩的哭闹声,情绪激动的成年人的哭喊声,还有一个情绪失控男人的暴行,机组人员没有惊慌失措,而是让乘客戴起氧气面罩,安抚乘客,其中还有一位空姐抱起了在母亲怀中因惊吓过度而撕心裂肺哭泣的孩童。

分析:良好的职业素养是事业成功的保障。要想在职场中脱颖而出,就必须在日常的学习生活和工作中注重训练提高职业素养。

一、职业素养内涵

(一)职业素养概念

职业素养是人类在社会活动中需要遵守的行为规范,是职业内在的要求,是在职业过程中表现出来的综合品质。职业素养是人们在长期的职业活动中表现出来的比较稳定的、长期的道德、观念、行为、能力的总和。

(二)职业素养内容

职业素养是人的综合素养的主体和核心,包括职业道德、职业技能、职业行为和职业意识 4 个方面。

1. 职业道德

在职业活动中，一切符合职业要求的心理意识、行为准则和行为规范的总和称为职业道德。它是一种内在的、非强制性的约束，是用来调整职业个人、职业主体和社会成员之间关系的行为准则和行为规范。基本特征是：职业性、实践性、继承性、多样性。基本要求是：爱岗敬业、诚实守信、办事公道、服务群众、奉献社会。

2. 职业技能

职业技能是做好职业应该具备的专业知识和能力，是就业所需的技术和能力。没有过硬的专业知识和职业技能，就无法做好岗位工作。

3. 职业行为

职业行为是人们对职业劳动的认识、评价、情感和态度等心理过程的行为反映，是职业目的达成的基础，是由人与职业环境、职业要求的相互关系决定的。它包括职业创新行为、职业竞争行为、职业协作行为和职业奉献行为等。

4. 职业意识

职业意识是人们对职业劳动的认识、评价、情感和态度等心理成分的综合反映，是支配和调控职业行为和职业活动的调节器。它包括诚信意识、顾客意识、团队意识、自律意识、创新意识、竞争意识和奉献意识等。职业意识既有以约定俗成、师承父传方式体现的，也有用法律法规、规章制度、企业条文来体现的。职业意识有社会共性的，也有行业或企业特有的。

（三）职业素养特征

1. 职业性与稳定性

不同职业的职业素养要求是不同的。职业素养是在长期执业过程中日积月累形成的，一旦形成，便会产生相对的稳定性。

2. 内在性与整体性

从业人员在长期的职业活动中，经过学习、认识和亲身体验，有意识地内化、积淀和升华的这一心理品质，就是职业素质的内在性。职业素养和个人整体素养有关，职业素养一个很重要的特点就是整体性。

3. 发展性

职业素养是通过教育、自身社会实践和社会影响逐步形成的，它具有相对性和稳定性。随着社会发展对人们不断提出的要求，人们为了更好地适应、满足和促进社会发展的需要，总是不断地提高自己的素养。职业素养具有发展性。

（四）职业素养的社会要求及意义

职业素养不仅对个人职业生涯发展产生影响，还对企业和社会产生不同程度的影响。

1. 从个人角度看，职业素养是职业生涯发展的关键因素

适者生存，缺乏良好的职业素养就很难取得突出的工作业绩，更谈不上建功立业。提高职业素养有利于促进人的全面发展。

2. 从企业角度看，员工职业素养关系到企业整体效率的提高

具备较高职业素养的人员可帮助企业节省成本，提高效率，从而提高企业在市场上的竞争力，实现自身的生存与发展。提高员工职业素养有利于提高企业劳动生产率。

3. 从社会角度看，国民职业素养直接影响人民生命财产安全和社会的稳定

提高国民职业素质有利于推动社会发展和科技进步，是人民生命财产安全和社会稳定的前提。职业素养的高低直接影响着国家经济的发展。

（五）职业素养构成

1. 职业道德与职业形象

职业道德是职业人在一定的社会职业活动中遵循的、具有自身职业特征的道德准则和规范，并在个人从业的思想和行为中表现出来的比较稳定的特征和倾向。职业道德的基本规范是爱岗敬业、诚实守信、处事公道、服务民众、奉献社会；职业道德的基本素养包括遵纪守法、严谨自律、诚实厚道、勤业精业、团结协作、任劳任怨、开拓创新。

职业形象泛指职业人外在、内在的综合表现和反映。外在的职业形象指职业人的相貌、穿着、打扮、谈吐等他人能够看到、听到的表象；内在的职业形象指职业人所表现出来的学识、风度、气质、魅力等他人看不到，却能感受到的内涵。职业形象与个人的职业发展紧密相连，在人的求职、社交活动中起关键作用，良好的职业形象对职业成功具有比较重要的意义。

2. 职业态度与职业技能

职业态度是个人对职业生涯的设想及其有关问题的基本看法。它包括职业生涯设计、对正在从业或即将从业的职业的看法等。学校给予的知识和技能是有限的，而以知识经济为特征的当代社会对学生综合素质的要求却是无限的。以有限的知识能力满足无限的社会要求，可能的契机和途径是对学生职业态度养成的最好教育，好高骛远是行不通的。

职业技能是人们运用理论知识和实践经验完成具体工作任务的活动方式。不仅需要老师传授知识，更主要的是需要通过一定的实践操作和训练，才能掌握一定的职业技能。

案例 1-4

专家型技师张雪松

张雪松毕业于某高职院校，现在为高级技师。先后自学了液压传动、电力拖动、数控机床的原理与维修等专业知识，并不断运用所学知识进行设备改进攻关，20 多次排除各类疑难故障,攻克设备安装设计隐患等8项难题,修复10多项重要设备配件,被工友们称为"洋设备的保健医生"。2005年,磁悬浮铝合金车体制造技术引进初期,他带领的铆钳班被委以试制的重任。最终攻克了连西门子公司都不能生产的流线型动车组司机室制造难关,使我国完全拥有了自主铝合金车体制造核心技术。他在平凡的岗位上不断实现着自我超越,被评为"河北省十大金牌工人"及"全国劳动模范"。

分析: 在知识经济时代,树立远大的职业目标,奋发学习,坚持岗位成才,是技术型工人实现超越发展的关键。不仅科技工作者需要技术和知识,一线工人也需要用知识武装自己。唯有不断学习,不断攀登,才能超越自我并取得成功。

3．表达沟通与团队合作

表达沟通能力就是通过听、说、读、写等思维载体,利用演讲、会见、对话、讨论、信件等方式将个人的思想、观点、意见或建议用语言或文字准确、恰当地表达出来,促使对方接受自己的能力。能够用准确、流畅的语言讲述事实、表达观点;能够撰写计划、总结、调查报告、公函等文书,这是用人单位对大学生表达能力的基本要求。

团队合作能力是一种为达到既定目标,在团队中所显现出来的自愿合作和共同努力的能力,是在实际工作中充分理解团队目标、组织结构、个人职责,并在此基础上与他人相互协调配合,互相帮助的能力。团队中的每个成员,都必须担负起自己的责任,这是构建团队精神的基石。团队合作精神是大学生必须具备的就职条件之一。

4．人际交往与解决问题

人际交往是指人们为了相互传递信息、交换意见、表达情感和需要等目的,运用语言、行为等方式而进行的人际联系和人际接触的过程。良好的人际交往能力有助于营造良好的组织氛围,可以促进组织成员之间的沟通与交流,扩大组织与社会的联系面,掌握更多的社会资源,有助于组织目标的顺利实现。

解决问题就是通过发现问题,分析问题,制订方案,确定和实施方案,进行效果评价等一系列流程,最后实现既定工作目标。问题解决能力是和职业活动紧密地联系在一起的,是不能脱离具体的职业活动单独存在的,它涵盖在所有的职业活动之中,是任何职业活动所必须具有的。

5．学习创新与组织管理

学习能力是人们在学习、工作及日常生活中必须具备的能力之一。是否具备良好的学习能力和强烈的求知欲望是用人单位十分重视的。创新能力是人们革旧布新、创造新事物的能力,包括发现问题、分析问题和解决问题以及在解决问题过程中进一步发现新问题,从而不断推动事物发展变化的能力。创新能力最基本的构成要素是创新激情、创新思维和科技素质。

组织管理是指成功地运用管理者的知识和能力影响组织机构的活动,达到最佳的工作目标。组织管理能力是一种对人的把握与引导能力,组织管理能力强的人往往在工作上有主动性,对他人有影响力,有发展潜力,有培养价值。

二、职业素养现状及原因

（一）大学生职业素养的窘境

随着竞争的加剧，员工的职业化程度逐渐成为企业在竞争中制胜的关键因素，企业也越来越注重提高员工的职业道德和职业素养。将人才视为持续发展不可或缺的核心资源，许多企业竞相从高校中选拔优秀的毕业生作为人才储备。高职院校培养出来的毕业生普遍自我价值认知很高。实际情况是：由于缺少实际操作技能，只能从基层做起。这使得毕业生常常抱怨自己得不到重用，也使得很多刚进企业不久的学生纷纷离职。而离职并没有带给大学生任何的利益，也留下越来越多的负面评价。高不成低不就，也反映在大学生职业素养的现状上，距离企业的要求和期盼有差距，距离个人的事业发展目标也有差距，面临着两难的窘境。

（二）影响职业素养的原因

目前，高职院校的职业素养教育普遍整体滞后，专业培养目标不能有效适应市场需求，主要表现在以下几个方面。

1．认知不足，阻碍了职业素养教育的开展

目前，许多高职院校对职业素养认知不足，阻碍了职业素养教育的开展。学生不知道自己的专业学习目标，只是在临近毕业时才开始为就业而了解职业，茫然地临时抱佛脚，缺乏起码的职业意识、责任意识，更谈不上具备较高的职业素养。这就是许多企业明确表示不招聘应届毕业生的真正原因。部分高职院校往往满足于实际操作的"工具"型培养，侧重于技术和经验，相比之下，在职业道德和职业心理素质方面缺乏应有的重视。

2．重理论轻实践，职业技能素质实训不足

目前，许多高职院校在具体的人才培养实施过程中，重理论轻实践的现象没有从根本上得到改变，采用的仍然是理论讲授，不能根据学生的认知特点来培养学生的能力，偏重对概念和理论知识的讲解，内容陈旧，没有把目前生产、生活领域出现的各类实际问题用所学的理论知识加以介绍、解释，使该学科失去了鲜活的生命力。许多教师缺乏相关专业的工作经历，没有切实的实践体验，授课针对性不强，只是纸上谈兵，无法较好地做到理论联系实际，不能很好地运用书本知识去分析社会中的实际问题，也不能用一些创新的模型去评估现行的方针政策，所以学生普遍缺乏分析问题和解决问题的实际能力。

3．课程设置不合理，职业道德、心理素质培养虚位

目前，高职院校普遍没有打破传统的教学模式，仍存在着重智能和技能的传授，轻学习动机的激励；重学习材料的记忆，轻认知方式的培养；重教学内容选择，轻学习进取心、自信心、责任心的培养等。在课程设置上，职业生涯规划课常常由行政管理人员兼职并且课时不足，较少开设职业规划、职业道德和职业心理学等课程，学生普遍缺乏相关的职业道德和职业心理素质知识。这些现象都有悖于职业素养教育的宗旨，不利于职业品格的培养。

4．考评方式不合理，缺乏对职业素养的有效考核

不少学生在显性素养方面表现还可以，但在隐性素养方面由于没有得到过有效的培训考核，所以比较欠缺。目前，在学生成绩的考评方式上，许多高职院校仍然采用的是期末考试一张试卷判定成绩的考核方法。由于出题的任意性和随机性很大，这种考核方式缺乏整体性、全面性和客观性，不能准确地反映学生掌握知识的情况，更不能正确地反映学生职业素养教育的情况。这种考核方式还容易助长学生平时懒散，考前突击，死记硬背甚至作弊等不良倾向，不利于学生职业素养的培养和提升。

三、职业素养提高的路径和方法

高职院校学生首先要培养职业意识；其次配合学校的培养任务，完成知识、技能等显性职业素养的培养；最后要有意识地培养职业道德、职业态度、职业作风等方面的隐性素养。

（一）培养职业意识

培养职业意识就是要对自己的未来有规划。要认识自己的个性特征，据此来确定自己的个性是否与理想的职业相符，对自己的优势和不足有比较客观的认识，结合环境如市场需要、社会资源等确定自己的发展方向和行业选择范围，明确职业发展目标。

实践教学是学生了解职业、了解自己与职业的适合度的最直接有效的途径。可通过社会实践、实训实习活动，了解自己的职业前景、体会是否适合某职业以及日常行为规范和职业技能要求，增强对职业的认同，完善自我，挖掘潜能，形成正确的职业意识。

（二）加强知识学习与技能培养

学校各专业的培养方案是针对社会需要和专业需要而制订的。旨在使学生获得系统化的基础知识及专业知识，加强学生对专业的认知和知识的运用，并使学生获得学习能力、培养学习习惯。学生应该积极配合学校的培养计划，完成学习任务，作为将来职业需要的储备。

职业技能是人们掌握和运用专门技术的能力，也是职业人奉献社会、服务群众的生存之本。学生应主动采用自主性、研究性、创造性的学习方法，认真接受老师讲授的各类知识，以培养自身分析问题、解决问题的能力。

（三）在课堂学习及社会实践活动中培养职业道德

道德教育无任何强制性，靠自我管理，自我约束。在学习活动中必须把良好道德品质的养成放在首位，自觉遵守道德法则。纪律教育具有一定的强制性。党纪、政纪、校规、家规都是用来规范人们行为的。学生要在自我管理、自我教育中自觉遵守学生守则，遵守校规校纪，做遵纪守法的进步青年。

【小结】

了解和熟悉高职院校学生的职业素养现状及形成原因，有利于学生自我定位，明确职业愿景，明确职业发展目标。良好的职业道德和职业素养成为当下高职教育不可回避的话题。严格要求、热情服务、谦虚细致是刚步入职场最应具有的基本素质,只有先从基础工作做起,才能明白职业岗位在人一生中的重要意义。了解提高职业素养的路径和方法是开启职业生涯的必由之路。

【课堂活动】

目标职业素养扫描

1．目标

掌握目标职业所需要的职业素养。制订计划,提升自己的职业素养。

2．程序和规则

步骤1：确定3个目标职业。

步骤2：查找目标职业对从业者的职业素养的要求。进行小组活动。对同一行业和类别的职业进行归类,每个小组选择一个类别的职业,确定同一类别的职业对职业素养的要求有哪些,并按照态度、能力、兴趣、价值观等几方面进行划分。

步骤3：小组总结。小组代表总结不同行业类别的职业所要求的不同的职业素养,并指出哪些是共性的,哪些是特殊的。

步骤4：教师总结。引导学生了解目标职业对职业素养的要求,明确哪些是自己需努力提高的。

3．总结评价

(1) 每个职业对从业者应具备的职业素养都有不同的要求,你的目标职业有哪些对职业素养的要求?

(2) 你已经具备了哪些职业素养?还有哪些是你需要提高的?请谈谈你为提升自己的职业素养制订了什么样的计划。

(建议用时：20分钟)

模块二 职业道德与行为养成

【模块导读】

道德是社会意识形态之一,是人们共同生活及其行为的准则和规范。恩格斯指出:"在社会生活中,实际上每一个阶级,甚至每一个行业,都各有各的道德。"这里所说的每个行业的道德就是从业者坚守的职业道德。职业道德作为职业操守的基准底线,只有严格遵守职业道德行为规范,不断完善个人职业道德修养,才能获得职场生涯顺利发展的保障。

2.1 职业道德

【能力目标】

1. 认识职业道德的基本内涵及其在职业发展中的意义。
2. 能够熟悉职业道德的基本特性。
3. 掌握社会主义职业道德的内容。

【引入案例】

锁匠的接班人

有位老锁匠技艺高超,为人正直,深受人们敬重。每修一把锁都告诉别人他的姓名和地址。为了不让他的手艺失传,人们帮他物色徒弟。老锁匠挑中了两个年轻人,将一身技艺传给他们。但两个人中只能有一个得到真传,老锁匠决定对他们进行一次考试。老锁匠准备了两个保险柜,告诉这两个徒弟:"你们谁打开保险柜用的时间最短谁就是胜者。"结果大徒弟只用了不到10分钟就打开了保险柜,而二徒弟则用了20分钟。众人都以为大徒弟必胜无疑。老锁匠问这两个徒弟:"保险柜里有什么?"大徒弟抢先说:"师傅,里面放了好多钱,都是百元大票。"二徒弟支吾了半天说:"师傅,您只让我打开锁,我就打开了锁,我没注意里面有什么。"老锁匠郑重宣布二徒弟为他的接班人。

分析:不管干什么行业,都要讲一个"信"字,遵守职业道德规范。老锁匠收徒弟既要把他们培养成技术高超的锁匠,更要求他们做到心中只有锁而无其他,对钱财视而不见。否则,心有杂念,登门入室或打开保险柜取钱易如反掌,最终只能害人害己。

一、职业道德概述和特性

(一)道德的含义

"道德"这两个字最早连起来用,见于荀子著的《劝学》篇,"故学至乎礼而止矣,夫是之谓道德之极",从此为人们一直沿用下来。就是说做人做事应该遵循自然规律,道德代表了社会的正面价值取向,用以衡量人们行为是否正当合理,与法律相辅相成,共同起到维护社会稳定、促进社会和谐的作用。

（二）职业道德的含义

广义的职业道德是指从业人员在职业活动中应该遵循的行为准则，涵盖了从业人员与服务对象、职业与职工、职业与职业之间的关系。狭义的职业道德是指在一定职业活动中应遵循的、体现一定职业特征的、调整一定职业关系的职业行为准则和规范。职业道德是一般社会道德在社会职业领域的一个分支，是一般社会道德在社会职业领域的具体体现。职业道德是随着人类社会中各种职业实践活动的不断发展而不断变化发展的。职业道德是新时代中国特色社会主义道德建设的重要组成部分。为实现全面建成小康社会总体目标，实现中华民族伟大复兴中国梦，必须重视和不断加强社会主义职业道德建设。

（三）职业道德的特性

职业道德规定了各种职业活动应尽的责任和义务，通过对各种职业活动的约束，保证着各种职业活动的正常进行，维系着各行各业的正常联系。虽然各行各业的职业道德区别很大，但在本质上它们还是有许多共同特征的，了解这些共同特征，有助于我们深化对职业道德的理解和认识。

1．职业性和适用性

职业道德的内容与职业实践活动紧密相连，反映着特定职业活动对从业人员行为的道德要求。每一种职业道德都只能规范本行业从业人员的职业行为，在特定的职业范围内发挥作用，因此职业道德有着明显的职业特性。

社会对于每一种行业活动都是有特殊要求的，这种要求就是职业道德。每一种职业道德都与职业岗位相适应，这又体现了职业道德的适应性。各种职业从行业要求出发，总结概括出一些明确具体的要求和准则，达到约束本职业人员的目的，如规章制度、工作守则等。职业道德与具体职业相适用，保证人们职业行为的正确性。

2．多样性和强制性

社会分工对职业道德的种类有决定作用，社会分工的多样性决定了职业活动的多样性，同时也决定了职业道德繁多的种类。每种职业道德都是对一个门类职业活动的道德要求，因此职业道德也呈现出多样性。

职业道德对职业活动的调节，除了通过内心信念、社会舆论、公共监督等方式外，往往都会与职业纪律和行业责任等具体规范相结合，对操作流程、行业标准、工作态度等方面都有明确规定，如有违反，则会受到相应的纪律处分甚至是法律制裁。职业道德还有强制性。

3．时代性和继承性

在不同的历史时期，社会道德对职业道德都有着不同的要求。不同时期的职业道德都具有鲜明时代印记。职业道德随着时代的改变而变化，在一定程度上贯穿与映射了当时社会道德的普遍要求，新的行业职业道德规范也必将随着文化和科技的进步应运而生，这就是职业道德的时代性。

职业道德是在长期大量的实践过程中逐步形成的,会被作为经验与传统继承下来。即便在不同的社会发展阶段,相同的一种职业因服务对象、服务方式、行业利益、职业义务和责任相对稳定,职业活动的核心道德要求将被继承和发展,由此形成了被不同历史时期普遍认同的职业道德规范,这也就是职业道德的继承性。

案例 2-1

最年轻的探月工程设计师孙泽洲

当嫦娥3号在月球表面软着陆的那一刻,所有人都在欢呼,而他却掩面而泣,这一幕被许多在场的媒体记者捕捉到了。这个年轻的面孔成为许多媒体关注的焦点,他就是孙泽洲。这个看上去仍然有些稚嫩的面孔当时已经是中国航天科技集团公司的嫦娥3号探测器系统总设计师了。有人曾问他作为一个总设计师应该具备哪方面的素质,孙泽洲回答:"我在做副总设计师的时候常常有这样的想法,就是跟着叶培建总工程师,背靠着大树,所以当我成为总设计师的时候也一样,我也要成为一棵大树,遇到什么困难的时候要首先把责任承担起来。"

分析:这份责任来自祖国和人民的重托,来自他对航天事业的热爱。对航天人来说爱岗和敬业是一致的。每一个人做好自己的本职工作,演算好每一个数据,这种责任就是爱岗敬业。这份责任使得他带领一支平均年龄只有33岁的年轻队伍,成功地将来自中国的嫦娥玉兔送上月球,续写了中国航天人的新历史。

二、职业道德在职业发展中的意义

(一)职业道德是步入职业生涯的必修课

具备良好的职业道德素养是职场人士取得职业成功的重要前提条件,它决定了从业者职业生涯是否能顺利发展及发展程度。在职业道德教育学习中,要从我做起,高标准、严要求,朝着高尚的职业道德境界去追求,迈好新征程的第一步,才能自觉养成一种道德习惯,进而形成良好的职业道德信念和品质。

(二)良好的职业道德素质是大学生的成功之道

职业生涯是否顺利,能否胜任工作岗位要求和发挥应有的作用,既取决于个人专业知识与技能的掌握程度,也取决于个人的职业道德素养及其对待工作的态度和责任心。良好的职业道德不仅是市场经济发展的需要、文明社会建设的需要,也是提高个人素养、专业水平的需要。在市场竞争日趋激烈的今天,如拥有良好的职业道德品质势必在以后的就业生涯中更胜一筹。

三、社会主义职业道德的内容

职业道德在社会主义制度下进入了新的发展阶段。社会主义制度下从业者之间、从业者与服务对象间根本的利益矛盾是不存在的,只是分工不同,没有高低贵贱。社会主义职业道德的核心是为人民服务,基本原则是集体主义,它是社会主义社会衡量个人职业行为和职业品质的基本准则,是社会主义核心价值观的客观要求,是社会主义职业活动获得成功的保证。其基本内容是:爱岗敬业、诚实守信、办事公道、服务群众、奉献社会。

（一）爱岗敬业

1．爱岗敬业的含义

爱岗敬业最基本的要求就是"干一行爱一行，爱一行钻一行"。爱岗与敬业是相辅相成的，是相互联系的。爱岗可以说是敬业的基础，敬业是爱岗的具体表现，不爱岗就根本谈不到敬业，不敬业也很难爱岗。

2．爱岗敬业的意义

爱岗敬业既是反映从业者道德的一面镜子，也是影响个人成长、成功的重要因素。各行业的从业者都应当立足本职、尽职尽责、脚踏实地，只有这样才能达到为人民服务的目的。只有做到爱岗敬业，才能担当时代大任，完成国家赋予的使命。

3．爱岗敬业的基本要求

树立正确的职业态度；树立正确的职业理想；不断提升职业技能；遵守职业纪律；正确处理选择职业与自身条件的关系。

（二）诚实守信

1．诚实守信的含义

诚实守信是职业活动从事者在行业内立足的根基。诚实主要体现在职业活动中实事求是、勤勤恳恳、光明磊落。守信主要体现在言而有信、遵守契约、信守承诺。每一位从业者对自己的言行都有承担责任的义务，都要在具体的职业活动中体现出诚信品质和一诺千金的职业道德素养。

2．诚实守信的意义

诚实守信在社会生活中有着极为重要的作用，其既能促进从业者身心健康发展，也是职场人生存和创业的基础，还是衡量个人职业道德修养的重要标准。诚实守信作为优秀的道德品质和职业道德历来很受重视，是自己通往职场的有力通行证。诚信的品质比实际技能更加可贵，是从业者的立身之本，更是事业走向成功的基础组成。

3．诚实守信的基本要求

具备诚实可靠的本质；做实事办真事；言必出行必果；维护企业荣誉；保守企业秘密；忠诚所属企业。

（三）办事公道

1．办事公道的含义

办事公道是指各行业从业人员在本职工作中，都要做到公平、公正，不徇私情，不以权谋私，不以权损公。在从事职业活动时，应站在公正的立场上，严格遵守相应职业的道德规范。要树立正确的是非观，要合乎公理和正义。还要反腐倡廉，在遇到不讲原则、不奉公守法的威胁和干扰时要勇于面对并积极向组织寻求帮助。

2．办事公道的意义

办事公道为从业者个人发展创造了公平公正的竞争环境。每个行业的从业者作为国家和社会建设的当事人，其地位、权利、义务以及人格等方面都是平等的。随着市场经济的发展，人们的法治观念、民主意识不断增强，也越来越要求从业者做到处事公平，进而创造一种办事公道、透明公开的社会环境。

3．办事公道的基本要求

坚持实事求是，立场坚定；坚持照章办事，应不徇私情；坚持公私分明，防患于未然；坚持公平公正，要无私无畏。

（四）服务群众

1．服务群众的含义

服务群众就是要从人民群众的利益出发，为群众着想，为群众办事，时刻听取群众的意见，了解群众的需要。简而言之就是为人民服务。服务群众不仅仅是对某一社会群体的要求，也是对全社会所有从业者的要求。

2．服务群众的意义

服务群众有利于树立崇高的职业理想，增强职业荣誉感。一切依靠人民群众，一切服务于人民群众，既是中国共产党多年来的根本宗旨，也是我党群众路线的重要内容，还是新时期职业道德的最高境界。服务群众是党的群众路线在社会主义职业道德的具体体现，也是社会主义职业道德与其他私有制社会职业道德的分水岭。

3．服务群众的基本要求

牢固树立马克思主义群众观；自觉遵守行业规范；自觉履行职业责任；自觉担当社会义务。

（五）奉献社会

1．奉献社会的含义

奉献社会是对事业忘我的追求和全身心投入，这是一种精神追求，这就需要有明确的信念和崇高的理想。奉献社会是对工作全身心投入的表现。无私奉献并不是要否定正当的、合理的索取，而是要求每个有崇高理想和人生追求的公民，在个人利益与社会利益发生冲突时，自觉地将社会利益摆在第一位，将个人利益放在集体利益之后。

2．奉献社会的意义

奉献社会是社会主义职业道德的最高境界和最终目的，也是从业者应具备的最高层次的职业道德修养。在社会主义市场经济条件下，倡导无私奉献精神，可以推动企业与从业者提升服务质量、增强竞争实力，从而赢得市场。

3．奉献社会的基本要求

正确认识奉献与利益的相融性；正确处理奉献社会和吃苦耐劳的关系；明确思

想信念,建立崇高理想。

【小结】

职业道德作为人们在职业道德活动中所遵循的行为规范总和,它既是从业人员在职业活动中的行为标准和规范,也是本行业对社会所承担的道德责任和义务。对职业道德的学习,要从现在做起,加强职业道德修养,在生活和学习中逐步学会如何与他人合作,戒骄戒躁,克服自由散漫、浮躁不专、贪图享乐、消极保守、好逸恶劳的不良习惯,逐渐养成团结合作、艰苦奋斗、开拓进取、直面挑战、攻坚克难的革命精神和良好习惯。树立正确的社会主义人生观、价值观、世界观,自觉培养法律意识、纪律意识、自律意识,不断提升自身的人格境界,为今后更好地工作和生活打下坚实的基础。

【课堂活动】

社会调查活动

1. 目标

通过实践活动,加深学生对职业道德规范内容的认知。

2. 程序和规则

步骤1:全班以小组为单位。

步骤2:开展社会调查活动,参与同学去找一找、听一听成功职业人士是怎样面对自身职业的,认真倾听他们的建议和忠告。寻访"职业道德之星",仔细感悟他们的敬业精神与事业心,也可以采访身边的普通职业人。

步骤3:活动结束后,将被采访者的经验与采访者自身的心得体会整理成书面材料,形成调查报告。调查报告要求数据翔实,选取素材具有说服力,要有论点并加以采访者自己的见解。核心内容围绕职业道德及其作用展开。

步骤4:形式采用实地采访的方式,近距离接触职业人,设计提纲,做好记录。请同学以图片、文字的形式将资料记录下来,对优秀作品要进行展示表彰。

3. 总结评价

通过小组报告,教师点评指导,加深学生对所学知识的掌握度。

(建议用时:3天,课题布置和总结30分钟)

2.2 职业道德修养

【能力目标】

1. 了解职业道德修养的含义。
2. 能够熟悉职业道德修养的内容及其在职业生涯中的作用。
3. 掌握提升职业道德修养的有效途径。

【引入案例】

最动人的守护,那是为爱不放弃的生命接力

2020年2月5日上午,一名刚刚出生的婴儿核酸检测结果出来后显示为阳性,随后被连夜转往信阳市五院。孩子这么小就被确诊为新冠肺炎患者,实在让人心疼。为了让他尽快好起来,专家们查了很多资料来提高孩子的免疫力。由于设施和用品不完善,护士长李玲玲与徐金霞最大限度地努力改善婴儿隔离病区,同时还操心婴儿护理用品的添置。由于车辆限行及各大超市关闭,买到这些东西确实费了很大劲。当新生儿科护士长刘辉进入隔离区看到"加油,你是最棒的""我们都是最棒的"的卡片时,她深受感动。看着熟睡中的宝宝,心中默念:"这就是我的宝宝,我一定要好好照顾他。"当宝宝两次咽试纸检测结果都是阳性时,他们并没有气馁,王鹏主任及时调整治疗方案,护士也赶紧反思自己是不是哪里做得还不够好。那段时间他们最大的感触是一个团队5个人在齐心协力专心做一件事。护士们每天穿着厚厚的防护服,一天下来全身湿透。为了少去上厕所,不敢喝水,不敢多吃东西。由于反复地洗手,双手都变得干裂粗糙。她们能舍下自己的孩子,全职做了代理"妈妈"半个多月实属不易。护士熊鑫说:"我们明显感到宝宝越来越好了,他还长胖了许多,这让我们由衷地欣慰,感觉所有的付出都是值得的。"

分析:医护人员在新冠肺炎疫情前,用自己的职业责任感书写了博爱的真谛,书写了白衣天使的动人篇章。用平凡朴实、尽职尽责的行动对无私奉献进行了最真实、最生动的诠释,显现了她们多年培养造就的高尚职业品格。

一、职业道德修养概述

(一)修养与道德修养的含义

1. 修养

修养是一个合成词,所谓"修"是指学习、提升、完善,所谓"养"是指培育、陶冶、教育。现代"修养"有两种常用解释,其一指培养自己高尚的品质和正确的处世态度或完善的行为规范;其二指思想、理论、知识、艺术等方面所达到的一定水平。

2. 道德修养

道德修养是修养的组成部分之一,它是个人自觉地将一定社会的道德要求转变为个人道德品质的内在过程。不同社会、时代和阶级的道德修养有不同的目标、途径、内容和方法。当今,道德修养是提升道德素养水平、铸就完美道德人格、培养优良道德品质的重要道德实践活动组成部分。

(二)职业道德修养的含义

职业道德修养,是指从业人员在道德意识和道德行为方面的自我教育及自我完善中所形成的优秀的职业道德品质,以及达到的完美的职业道德境界。职业道德修养是一种自律行为,关键在于"自我教育"和"自我完善"。职业道德素质的提升,职场竞争力的增强,一方面靠他律约束,即社会的培育和组织的教导;另一方面就取决于自我修养提升。职业道德修养水平的提升,其实质为个人通过自身努力与职业实践参与,将社会职业道德规范内化为自身职业道德标准,以此来约束自我职业行为的过程。

二、职业道德修养的内容与作用

（一）职业道德修养的内容

职业道德修养是衡量从业者职业素养的决定性因素之一，其一般由四个方面架构而成，即职业道德"知"的修养，职业道德"情"的修养，职业道德"意"的修养，职业道德"行"的修养，四方面统一结合。

1．道德认知

职业道德"知"的修养，是指从业者对道德价值及规范的认知力，包括在职业实践过程中应严格遵守的职业道德原则与行为要求，明晰以上原则与要求，对履行职业义务及职责具有关键性指导意义。

2．道德情感

职业道德"情"的修养，是指从业者在对职业道德认知具有一定理解后，在职业活动中对职业道德原则与行为要求产生的内心情感。职业道德情感对职业道德信念的发展起到决定性作用，其表现为对道德的行为方式具有认同感，对于不道德的行为方式具有憎恶之感。

3．道德意志

职业道德"意"的修养，是指从业者在履行职业义务及职责时，自觉排除困难，克服障碍的决心与精神，坚持正确职业道德要求并为之奋斗的毅力与行为。是否具有高品质的职业道德意志品质是鉴定从业者是否具有较高职业素养的重要衡量标准。

4．道德行为

职业道德"行"的修养，是指从业者在具有相对职业道德认知、情感、意识认识水平引导下，将职业道德原则与行为要求外化的一种行为模式。在职业道德培养教育中，职业道德的行为与习惯的培训，是重点环节之一，是职业道德教育的重要内容。

（二）职业道德修养的作用

良好的职业道德修养是事业成功与否的重要因素，是提升自身价值和实现社会价值的重要前提条件。

1．提升综合素质

随着科技社会的快速进步，全方位发展的技术性人才队伍不断壮大，对具备高素质人才的要求越来越高。优质从业者是德智体美劳全面发展的复合型人才。具备连续性的求知欲望和积极的学习习惯、不怕失败的坚毅品质、认真履职勇于担责的精神、处理人际关系的能力、优秀坚定的个人品质等综合素质。

2．推动事业发展

社会的进步发展会促进从业者在职业活动中激发能力与潜质，具有优良职业道德的从业者会受到人们的尊敬与信任，其职业行为会受到人们的宣传与鼓励，其个人事业会受到人们与社会的信任与帮助，对其事业发展具有良性推动作用。

3. 体现人生价值

人生价值的体现离不开良好品质的职业道德行为习惯,人生价值既包括社会价值也包括个人价值,是两者相互结合的产物。人的价值在服务社会的从业实践中体现的同时,也会在得到人们支持鼓励中得以实现。

4. 杜绝歪风邪气

具有良好的职业道德修养的从业者,在做好自身本职工作的同时,也会自觉提升个人思想政治觉悟。积极主动吸取正能量,培养全心全意为人民服务的决心与意识,保持抵制不良之风的斗志与勇气。只有良好的职业道德修养才能抵制诱惑与入侵,坚定从业者的职业道德理想信念。

案例 2-2

好医生拒收红包　暖人心彰显医德

王奶奶因摔伤致左肱骨骨折住进了市中医院骨一病区。该病区主任胡医生在经过认真检查评估后,决定第二天上午为王奶奶进行手术治疗。第二天术后,胡医生顾不上休息就到病房查看王奶奶的术后情况,并详细为家属讲解术后注意事项。王奶奶的儿子为了表示感谢,非要给胡医生1000元红包。由于不想影响王奶奶休息,胡医生暂时收下,但随后立刻到住院收费处把1000元钱交到了王奶奶住院费里。后来得知真相的家属感动万分。

分析:胡医生高超的医术值得人们赞扬,良好的职业道德更加让人敬仰。他以自身行为奉行了服务与奉献的精神,坚决抵制了职业腐败,自觉履行了廉洁从职。

三、提升职业道德修养的途径与办法

职业道德修养的提升与发展贯穿于整个职业生涯没有终点,需要用毕生的精力去探索。职业道德修养是从业者由内向外进步的过程,也是从业者不断完善、提升自我的一个过程。

(一) 强化理论学习指导

理论是行动的指南针,没有理论的科学指导,行动必然迷失方向。只有不断地加强理论学习,才能丰富自身文化内涵修养,完善个人道德品质。从业者提升社会主义职业道德修养,必须掌握主动性,不断丰富思想意识形态。

开展政治思想理论和职业道德修养理论的学习,加强专业知识与法律法规的学习,以此提升职业道德修养层次,树立社会主义职业道德理想,并积极将理想化为行动,成为一名具有高度职业道德修养的从业人员。

(二) 培养日常生活习惯

(1) 从小事做起。良好的职业道德行为养成是需长期规范培养及自身努力的结果,要从点滴做起,慢慢积累,才能实现从量变到质变的飞跃,将职业道德修养养成自觉性、习惯性并持续发展,从而达到从业道德要求预期目标。

(2) 从自我做起。良好的职业道德行为养成需要积极培养分辨是非的能力,严格遵守道德行为规范,养成长期性自律习惯,成为从业者强有力的精神支柱,磨炼顽强坚毅的职业道德意志品质。

(三) 坚持理论结合实际

职业道德修养实践是将职业道德规范通过自我教育、自我修正、自我锻炼、自我改造作为职业道德意识、职业道德情感、职业道德良心、职业道德习惯。加强职业精神,遵守职业规则。系统掌握专业知识与先进技术,全面培养专业兴趣与职业情操,在潜移默化中促进职业道德修养行为养成。在有关专业课中主动吸取相关职业道德内容,在学习过程中自觉按照职业规范要求系统学习。重视技能训练,提升职业素养。加强职业能力培训,将专业基础知识与职业技能训练相结合,多次实践、锤炼形成过硬的职业技能,加强职业核心竞争能力。

(四) 垂范先进榜样人物

榜样的力量是无穷的,有榜样的地方,就有进步的力量。要以榜样为镜,以模范为标杆,对标榜样,见贤思齐,汲取砥砺前行的强大力量,逐步提升自我职业道德品质。要深入学习领会准确掌握榜样力量的精髓,以思想武装头脑,联系自身职业活动和职业道德实际,指导实践与推动工作。对标榜样,深刻查找自身差距,把榜样教育成果转化为干工作的实际行动,做一名具有高层次职业道德标准的从业者。

(五) 增强社会实践体验

实践是提升道德修养的基础,职业道德的培养与职业道德修养目标,同样需要在职业道德修养训练与职业道德实践中完成。职业道德教育不能单纯停留在理论基础上,更应该通过职业道德实践培养出深厚的职业情感,磨炼出坚毅的职业道德意志,树立好正确的职业道德目标,养成优质的职业道德行为习惯。

(六) 提高自我修养境界

面对职场的困难与挑战,从业者应主动寻找自身的差距与不足,反省改进,即便在无人监督的情况下,仍然严格遵守职责,不断完善自我修养,如此才能拥有高层次的职业道德品质。经常检查自己的言行,思考自己职业行为的善与恶、对与错,自觉纠正言行偏差,并不断为自己提出更高的职业道德要求,从而使自己的职业道德修养提高到一个新的境界。

【小结】

一份职业意味着一份责任,规范的职业道德行为,对于社会主义工作建设无异于坚实的基础堡垒。良好的职业道德对于从业者树立崇高的职业道德理想,促进从业者不断超越自我及实现自我人生价值具有非常重要的促进作用。因此,从业者在职业活动中,要认真履行职业职责,严格遵守职业规范,积极承担社会义务,努力将个人发展与社会进步有机地结合起来。

【课堂活动】

制作"自我修炼手册"

1．目标

通过实践活动，提升自身职业道德修养。

2．程序和规则

步骤 1：全班同学参与，结合自身所学专业，填写表 2-1。

表 2-1 自我修炼手册

姓名：				专业：	
理想职业：				班级：	
职业道德目标					
爱岗敬业	诚实守信	办事公道	服务群众	奉新社会	其他方面
在今后的专业学习、职业生涯中，如何践行社会主义职业道德					

步骤 2：教师总结点评，鼓励学生突破难点，寻找差距，积极改进。

3．总结评价

通过填写"自我修炼手册"，同学之间互评，教师点评指导，加深学生对所学知识的掌握度。

（建议用时：30 分钟）

2.3　职业行为养成

【能力目标】

1．掌握职业道德与行为养成的重要性。

2．能够熟悉掌握几种常见的职业道德。

3．思考自己应该具备怎样的职业道德。

【引入案例】

感动中国人物谭千秋

谭千秋（1957—2008，图 2-1），湖南省祁东县人，中共党员。从教 26 年来，谭千秋不仅教学成绩卓越，被评为特级教师，而且在担任中学教导主任以来，他致力于学校的教学改革和创新，为提高教学质量做出了积极贡献，被同事们誉为"最疼爱学生的教师"，多次受到表彰奖励。2008 年 5 月 12 日，四川地震中，东汽中学一栋教学楼顷刻坍塌，谭千秋迅速组织学生向楼下疏散。当他得知有几个同学还没有离开，立即从三楼返回四楼。看到水泥天花板即将坠落，危急时刻他奋不顾身扑了上去，用双臂将 4 名高二·一班的学生紧紧地掩护在身下。当人们从废墟中将他的遗体扒出来时,他的双臂还是张开的,趴在讲台上,而4名学生成功获救。他被追授全国抗震救灾优秀共产党员、抗震救灾英雄等荣誉称号。

图 2-1　人民教师谭千秋

分析：谭老师以师者的本色展示了人民教师的职业操守,以自己宝贵的生命诉说了爱与责任的师德灵魂。他张开的双臂,是一双恪尽职守、充满无私大爱的双臂。当危险来临时,那双手臂毅然决然地担负起保护学生的职责。

一、职业道德与行为养成的重要性

大学生在未来职场中成为一名合格的职业人,在从事职业活动时就必须严格遵守职业道德,承担不同职业岗位对社会所应承担的道德义务和道德责任。职业道德作为一种有代表性的规范化主导型道德,良好的职业道德行为养成对于个人发展、企业成功乃至于社会进步都具有不可替代的重要意义。

（一）职业道德与行为养成对于自身的发展很重要

随着当今社会竞争的激烈变化,从业者的社会分工和专业化程度也在逐年提高,对职业活动者的职业态度、职业理念、职业作风以及职业纪律要求也在不断攀升。遵守职业道德规范既是从业人员安身立命的必要法宝,更是从业者取得成功的基础动力,还是从业者全面发展的有效途径。

（二）职业道德与行为养成对于企业的发展很重要

职业道德作为企业文化的重要组成部分,是促进企业发展壮大、做大做强的思想文化保证。遵守职业道德规范管理,无疑是加强企业凝聚力及提升产品服务质量的重要手段和根本途径。有利于提升企业品牌,树立企业形象,全面提升企业竞争力。

（三）职业道德与行为养成对于社会的发展很重要

随着"一带一路"倡仪的提出,我国加快了国际化的脚步,逐步成长为世界第二大经济体。在这种历史经济环境下,每一名职业人都应像基石一样,从自身做起,努力培养行业责任感,认真履行职业道德规范,牢牢地扎根在社会的各个岗位,为国家打下稳固的根基。只有这样,我们的国家才会朝着正确的方向发展前进,国家建设才会更加繁荣昌盛,才会实现坚实稳固的长治久安。

二、几种常见的职业道德行为规范

(一)教师职业道德行为规范

教师是人类历史上最古老的职业之一,这一职业从出现到现在经历了漫长的发展过程,由古至今有夫子、师傅、先生一说。教育家加里宁说过:"很多教师常常忘记他们应该是教育家,而教育家也就是人类灵魂工程师。"邓小平同志也曾说:"人民教师是培养革命后代的园丁,他们的创造性劳动应受到党和人民的尊重。"一代伟人用"园丁"的称谓对教师给予了高度评价。而无论是人类灵魂的工程师还是辛勤的园丁,都必须严格遵守教师这一职业的道德规范,因为工程师如果没有道德不负责任,他设计的大楼、桥梁就会有隐患,从而造成极大的不良后果;园丁如果思想不端正,他培育的花朵和幼苗就不可能健康成长。教育家陶行知先生曾经说过:"学高为师,身正为范。"由此可见教师恪守职业道德的重要性。

教师职业道德的主要内容如下。

1. 爱国守法

热爱祖国,热爱人民,拥护中国共产党的领导,拥护社会主义。全面贯彻国家教育方针,自觉遵守教育法律法规,依法履行教师职责权利。不得有违背党和国家方针政策的言行。

2. 爱岗敬业

忠诚于人民教育事业,志存高远,勤恳敬业,甘为人梯,乐于奉献。对工作高度负责,认真备课上课,认真批改作业,认真辅导学生。不得敷衍塞责。

3. 关爱学生

关心爱护全体学生,尊重学生人格,平等公正对待学生。对学生严慈相济,做学生良师益友。保护学生安全,关心学生健康,维护学生权益。不讽刺、挖苦、歧视学生,不体罚或变相体罚学生。

4. 教书育人

遵循教育规律,实施素质教育。循循善诱,诲人不倦,因材施教。培养学生良好品行,激发学生创新精神,促进学生全面发展。不以分数作为评价学生的唯一标准。

5. 为人师表

坚守高尚情操,知荣明耻,严于律己,以身作则。衣着得体,语言规范,举止文明。关心集体,团结协作,尊重同事,尊重家长。作风正派,廉洁奉公。自觉抵制有偿家教,不利用职务之便谋取私利。

6. 终身学习

崇尚科学精神,树立终身学习理念,拓宽知识视野,更新知识结构。潜心钻研业务,勇于探索创新,不断提高专业素养和教育教学水平。

案例 2-3

"上海一秘"秦裕

秦裕，1964年6月出生于上海，毕业于华东师范大学哲学系。1995年1月起，以副处级干部身份进入上海市委办公厅，时任上海市委副书记秘书。2002年11月，升职为上海市委办公厅副主任等职，人称"上海一秘"。2006年8月，因涉嫌祝均一挪用社保基金一案而被中纪委公开宣布进行调查。2007年12月，吉林省高院对秦裕腐败案作出二审判决：判处秦裕无期徒刑，该判决为终审判决。

分析：为了满足一己私欲，利用手中握有的权利收受巨额贿赂，将本应严格遵守的职业道德抛之脑后，最终以身败名裂收场。虽然这些现象只存在于极少数行政秘书身上，但却极大地影响了党的形象，在人民群众中造成了不可低估的负面影响。

（二）文秘工作者的职业道德行为规范

1．忠于职守

自觉履行各项职责，各行各业的工作人员都要忠于职守，热爱本职。这是职业道德的一条主要规范。作为秘书人员忠于职守就是要忠于秘书这个特定的工作岗位，自觉履行秘书的各项职责，认真辅助领导做好各项工作。要有强烈的事业心和责任感，不擅权越位，不掺杂私念，不渎职。

2．服从领导

当好参谋跟从领导，这是秘书人员职业性质所决定的。作为领导工作的参谋和助手，应当严格按照领导的指示和意图办事。个人的积极性、创造性只能在服从领导的前提下发挥，不能用个人不成熟的想法甚至情绪化的意见，去影响和干扰领导的工作及决策。当好参谋，就是要发挥参谋作用，为领导出谋献策。

3．兢兢业业

甘当无名英雄兢兢业业，甘当无名英雄，就是要求秘书人员埋头苦干，任劳任怨。秘书的工作性质，决定其工作主要是实干。要围绕领导的工作来展开活动，要求招之即来，来之能干，在具体而紧张的工作中，脚踏实地，密切联系实际和群众，不计个人得失，有着吃苦耐劳甚至委曲求全的精神。

4．谦虚谨慎

办事公道，热情服务谦虚谨慎，应是秘书人员应具有的美德。秘书人员要平等地同各职能部门商量工作，虚心听取他们的意见，在工作中要善于协调矛盾，搞好合作。办事要公道正派。秘书人员要把为领导服务，为本单位各职能部门服务，为群众服务当作自己的神圣职责，要充分认识自己所从事的工作所具有的重要作用。

5．遵纪守法

遵纪守法指的是秘书人员要遵守职业纪律和与职业活动相关的法律、法规。廉洁奉公是高尚道德情操在职业活动中的重要体现，是秘书人员应有的思想道德品质和行为准则。秘书人员在职业活动中要坚持原则，要以国家、人民和本单位整体利益为重，自觉奉献，不为名利所动，以自己的实际行动抵制和反对不正之风。

6．恪守信用

秘书人员恪守信用就是要遵守信用、遵守时间、遵守诺言，言必信，行必果。遵守时间，领导找秘书人员汇报工作，秘书人员不准迟到。秘书人员自己安排的会议或会谈，自己要事先到场，并做好一切准备工作。秘书人员要严格遵守诺言，一经允诺的事情就要尽力办到；遇到曲折变化，要事先说明原因，使人信服。秘书人员掌握的机密较多，要求秘书人员必须具备严守机密的职业道德，自觉加强保密观念。

7．实事求是

要坚持实事求是的工作作风。秘书工作的各个环节都要求准确、如实地反映客观实际，从客观存在的事实出发。秘书人员无论是收集信息，汇报情况，提供意见，拟写文件，都必须端正思想，坚持实事求是的原则。作为领导的助手更应具有强烈的创新意识和精神。勇于创新，不空谈，重实干，在思想上是先行者，在实践上是实干家，不断提出新问题，研究新方法，走出新路子。

8．刻苦学习

新时期的秘书人员，在努力提高思想、科学文化素质方面要求更严格、更全面，甚至更苛刻一些。秘书人员必须刻苦学习，努力提高自身的思想素质。秘书工作头绪繁多，涉及面广，所以秘书人员应有尽可能广博的知识，做一个"通才"和"杂家"，以适应工作的需要。

9．钻研业务

掌握秘书工作各项技能。新时期的秘书人员必须了解和懂得与秘书工作有直接或间接关系的各项技能。

【小结】

职业道德状况是社会风气的晴雨表。一个行业风气的好坏，不仅反映着这个行业自身的形象及整体素质，而且对社会整体风气的改善产生着巨大的影响。恪守职业道德就是要求各行业的从业者遵守本行业的道德规范，严格按照各项法律法规进行各种生产经营活动，培养和提高自律意识和法律意识，从业者应当依法行事，自觉地履行法律所规定的各项义务和责任。客观上来说，恪守职业道德，培养职业行为，在财富的增长速度上短期内确实是会慢一些，但是从长远来看，通过自身的艰苦奋斗、努力拼搏创出信誉和品牌，这种无形的价值和利益将是非常巨大的。

【课堂活动】

以"谭千秋先进事迹"为例进行思考讨论

1．目标

深刻理解职业道德的内涵。

2．程序和规则

步骤1：全班以小组为单位分组讨论问题。

模块二 职业道德与行为养成

步骤2：观看"谭千秋先进事迹"视频，以小组为单位围绕问题进行思考并发言讨论，具体问题要点见表2-2。

表2-2 具体问题要点

序 号	问 题 要 点
1	地震发生时，老师能否独自逃生？为什么？
2	如果你是老师并在现场，你会怎么做？为什么？
3	作为教师遇到危险时，还需遵守职业道德规范吗？
4	职业道德的内涵是什么？
5	职业道德有哪些重要性？
6	结合你所从事的专业，谈谈你的未来职业应遵守什么职业道德。

步骤3：形式包括自我思考、自由发言、小组辩论等。

3．总结评价

通过讨论，熟练掌握部分行业职业道德规范。通过小组之间讨论发言，教师点评指导，加深学生对所学知识的掌握度。

（建议用时：20分钟）

模块三　岗位工作与岗位素质

【模块导读】

大学生对未来的岗位工作认知还不够清晰,对岗位工作的具体内容、职责规范了解不够深入,这将严重影响学生开展科学合理的职业生涯规划,也构成了岗位流动性增加、就业满意度降低的主要诱因。当前岗位工作对大学毕业生的能力素质要求越来越高,学生在校期间如果不能很好地接收到目标单位的岗位工作要求、规范、任职条件等信息,便不能有针对性地培育个人符合岗位工作的能力素质,也不能有效地展开个人岗位素质提升计划。因此,提前认知岗位工作,了解岗位规范,提升岗位素质,是高职院校学生在校期间的头等大事,也是步入理想职业领域的必经之路。

3.1　认知岗位工作

【能力目标】

1. 掌握工作岗位的相关概念。
2. 了解国家职业教育证书制度。
3. 能够树立基层就业意识。

【引入案例】

勇攀科研高峰的袁隆平

袁隆平(1930—2021)是我国研究与发展杂交水稻的开创者。他于1964年率先开展水稻杂种优势利用研究,先后取得了一系列科研成果。作为我国杂交水稻研究的总设计师和最主要的学术带头人,他为我国粮食安全做出了重大贡献。袁隆平先后获得迄今唯一的国家特等发明奖、首届国家最高科学技术奖,以及联合国教科文组织"科学奖"、2004年度世界粮食奖等十多项国际奖、2020年度提名为国家科技进步奖一等奖。

分析: 袁隆平之所以能为人民、国家、社会乃至世界做出如此大的贡献,就是因为他清楚自己的工作岗位职责,并用自己的切身实际努力践行。他忘我地工作,永攀科学高峰并孜孜以求的精神,值得我们每一个人学习。

一、工作岗位概念与要求

认知岗位工作,就是对一个工作岗位的理解和认识。什么是工作岗位?它与我们通常所说的职位、角色等概念的区别和联系是什么呢?

模块三 岗位工作与岗位素质

（一）与工作岗位相关的概念

1．岗位

岗位是组织要求个体完成的一项或多项责任以及赋予个体的权利的总和；职位通常是由某项任务、职责、责任构成，而一个岗位则是指由一个人来从事的工作。

2．职位

职位是按规定担任的工作或为实现某一目的而从事的明确的工作行为，由一组主要职责相似的岗位所组成，它是根据组织机构的目标与流程而设置，而非因人来设置，也不能因任职者调离而废弃或取消，它是组织机构的基本单位。

3．角色

角色是抽象的岗位职能，具有人性化描述的特点。在企业管理中，组织对不同的员工有不同的人性化实践期待和要求，即企业中员工的角色不是固定的，而是随着企业的发展、管理环境的需要以及任务目标的变化做出及时的调整。

4．职务

职务是指员工所从事工作的类别，由一组主要职责相似的职位（或岗位）所组成，它是由实现企业职能的一个个具体活动所构成的相对独立体。

5．职称

职称在国际上通常的定义是"区别专业技术或学术水平的等级称号"，是授予专业技术人员的"衔"或"称号"，反映一个人的"专业技术或学术水平的等级"。

（二）岗位工作的要求

岗位工作要求是指根据某个岗位的素质标准所提供的，人员能够胜任这个岗位的最基本条件。不同的岗位工作要求也是不一样的。近年来，中国经济保持较高的增长速度，但就业岗位的有限增长与大学生实现就业之间的矛盾仍然很突出，激烈的就业市场竞争使岗位工作对应聘毕业生的要求越来越高。此外，用人单位性质的不同，也会导致对应聘毕业生素质的要求存在差异。因此，大学生需要对目标岗位工作有明确的认识，做好充分的求职准备。

案例 3-1

职业教育领域大力推行 1+X 证书制度

在校园招聘会上，某高职院校应届毕业生小雨同学不但带来了本专业的毕业证书，还带来了若干与本专业相关的职业技能等级证书。有了这些证书的存在，使得小雨同学在此次招聘会上披荆斩棘，无往不利，最后选择了一家十分满意的企业顺利签约。这是继《国家职业教育改革实施方案》（简称"职教二十条"）发布后，教育部再次发布《关于在院校实施"学历证书+若干职业技能等级证书"制度试点方案》（以下简称《试点方案》），也就是1+X证书制度，1为学历证书，X为若干职业技能等级证书的一个缩影。《试点方案》明确要求，等级证书的颁发和评价机构将面向社会招募，但不得违规收取或变相收取任何费用。职业技能等级证书将以社会需求、企业岗位需求和职业技能等级标准为依据,对学习者职业技能进行综合评价,如实反映学习者职业技术能力,证书分为初级、中级、高级。职业教育培训评价组织将作为职业技能等级证书及标准的建设主体,对证书质量、声誉负总责。院校是1+X证书制度试点的实施主体,试点地区和院校均经过了遴选。试点院校在面向本校学生开展培训的同时,也可以为社会成员提供培训服务。同时,教育部将建立"学分银行"制度,学生和社会成员在按规定程序进入试点院校接受相关专业学历教育时,可按规定免修相应课程或模块,促进学历证书与职业技能等级证书互通。

分析: 随着经济技术的快速发展,当今社会越来越需要一专多能的人才,这就为高职院校的教与学增加了难度,只有培养出具备1+X类型的毕业生,才能满足毕业生和用人单位的需求。

二、岗位证书与职业资格证书

(一)岗位证书与职业资格证书的厘定

岗位证书是指专业性或技能性要求较强的特殊岗位,所要求的各类上岗证书,如特种作业证书、上岗证书、培训证书等。

职业资格证书是劳动者具有从事某一职业所必备的学识和技能的证明,是劳动者求职、任职、开业的资格凭证。

(二)岗位证书与职业资格证书的联系

在岗位工作中,岗位证书是必备的条件,职业资格证书是晋升的条件。两个证书在劳动者工作中起到相辅相成的作用。

(三)岗位证书与职业资格证书的区别

(1)岗位与职业是两个概念,职业的范畴、概念较大,岗位的概念更为具体,通常同一个职业可以有若干个岗位。职业资格证书是劳动者求职、任职、开业的资格凭证。岗位证书则是相关工作上岗的必备材料。

(2)职业资格证书是一种从业的资格凭证,而能否被聘用或上岗,主要以岗位证书来考量。

(3)职业资格证书主要体现的是劳动者的技术能力,考核内容相对单一。而岗位证书是对上岗的条件、要求以及表现的综合呈现,考核内容丰富,主要包括能力、道德和工作业绩等。

三、基层岗位就业

基层就业通常是指前往城乡基层工作。一般来讲,"基层"既包括广大农村,也包括城市街道社区;既涵盖县级以下党政机关、企事业单位,也包括社会团体、非公有制组织和中小企业;既包含自主创业、自谋职业,也包括社会团体、非公有制组织和中小企业;既包含自主创业、自谋职业,也包括艰苦行业和艰苦岗位。

(一)基层岗位就业的政策与措施

近年来,国家出台一系列优惠政策鼓励高等院校毕业生积极参加社会主义新农村建设、城市社区建设和应征入伍。政策类型包括"西部计划""到村任职""三支一扶"

"特岗教师"等。部分政策如下。

（1）对到农村基层和城市社区从事社会管理和公共服务工作的高校毕业生，符合公益性岗位就业条件并在公益性岗位就业的，按照国家现行促进就业政策的规定，给予社会保险补贴和公益性岗位补贴。

（2）对到农村基层和城市社区其他社会管理和公共服务岗位就业的，给予薪酬或生活补贴，同时按规定参加有关社会保险。

（3）对到中西部地区和艰苦边远地区县以下农村基层单位就业，并履行一定服务期限的高校毕业生，以及应征入伍服义务兵役的高校毕业生，按规定实施相应的学费补偿和国家助学贷款代偿。

（4）对具有基层工作经历的高校毕业生，在研究生招录和事业单位选聘时实行优先，在地市级以上党政机关考录公务员时也要进一步扩大招考录用的比例。

（5）中央部门所属高校应届毕业生（全日制本专科、大学生、研究生、第二学士学位毕业生）到中西部地区和艰苦边远地区基层单位就业、服务期在3年以上（含3年）的，其学费由国家实行补偿。

国家对基层就业的大力扶持，在加快基层建设的同时，也为广大高职院校毕业生开辟了基层岗位就业的渠道。高职院校学生应积极响应基层就业号召，投入基层工作实践中，提升意志品质，锻炼能力素养，为社会做出更多的贡献。

案例 3-2

扎根基层充分展示才能

黄世芳是北京大学2017年优秀毕业生。去年硕士毕业后，他来到广西百色市德保县城关镇党建办，主要协助开展扶贫攻坚工作。黄世芳毕业后曾有去广州某知名企业工作的机会，但最终还是选择了回到家乡广西基层工作。他想得很简单，就是努力把工作做好，让自己更成熟，让这片土地更美好。现在基层对人才的需求越来越大，施展才能的专业领域也更广阔。

分析：基层迫切需要学习能力强、有创新意识和一技之长的青年学生。青年学生也需要到基层锻炼和增强自身能力，发现问题，寻求解决之道。国家出台一系列优惠政策措施，鼓励高校毕业生到基层就业创业，让高校毕业生有足够的时间与空间去找准定位，发挥所长，活出丰富多彩人生。

（二）基层岗位就业的素质养成

1．培养良好品德

品德是个人素养的基础，能够在无意识的行为中得以流露。基层岗位就业能够有效地培养学生的个人品德，可以从具体的行为中体现在每一名学生身上，帮助学生树立"不忘初心，牢记使命"的人生观。

2．培养逆商素养

逆商是指人们面对逆境或失败时的反应能力，是面临逆境时表现出的积极的生活态度和换位的思考方式。大学生到基层岗位就业，能够有效提升自身的逆商素养，使其在艰苦的工作环境中，在基层工作考验中，坚定意志品质，提高抗压受挫能力。

3．培养创新意识

从传统观念方面来看，人们通常习惯处于安稳的现状，不愿主动接受创新和变革。但是，面对科学技术水平的高速发展，知识更新速度在不断提升，大学生需要增强自身接受新事物的能力，在基层岗位就业中，能够有效地发挥创新思维，突破自我，更好地实现自我价值。

【小结】

应充分地认知岗位工作，认识到从事岗位工作应拥有何种能力，应具备怎样的素质，认识到目标岗位工作的胜任需要哪些职业资格证书以做支撑，认识到基层岗位还有很多工作机会等待着我们去做贡献。对岗位工作的认知越是清晰，个人的岗位目标也越是明确，这将有助于青年学生定位职业理想，有方向、有规划地向目标岗位靠近。

【课堂活动】

慧眼识证书

1．目标

了解学员对各种证书的需求情况。

2．程序和规则

步骤1：根据证书名称，在岗位证书、职业资格证书、所需专业是否需要、是否获得等栏中填写"是""否"，如表3-1所示。

表3-1　岗位证书或职业资格证书的需求情况表

序号	证书名称	岗位证书	职业资格证书	所需专业是否需要	是否获得
1	注册会计师				
2	电工				
3	执业药师				
4	导游资格证				
5	驾驶证				
6	造价员				
7	资产评估师				
8	税务师				
9	航空安全员				
10	注册电气工程师				
11	建造师				
12	工程师				
13	注册测绘师				
14	律师职业资格				
15	经济师				
16	安全员				
17	监理工程师				
18	木工				
19	教师资格证				
20	工程机械修理工				

步骤2：初步规划一下，形成简短的文稿。

模块三 岗位工作与岗位素质

3．总结评价

通过学习,在校期间自己打算考取什么样的岗位证书或是职业资格证书,以及打算如何完成目标。

(建议用时:30分钟)

3.2 了解岗位规范

【能力目标】

1．了解岗位规范概念及其特征。
2．能够掌握岗位规范包含的内容。
3．能够掌握岗位规范与工作说明书的区别和联系。

【引入案例】

76秒的坚守

吴斌是杭州快客司机。5月29日中午,他驾驶浙A19115大型客车从无锡返回杭州,车上载有24名乘客。11时40分左右,车行驶至锡宜高速公路宜兴方向阳山路段时,一块大铁片突然从天而降,击碎风挡玻璃后,砸向吴斌的腹部和手臂。监控画面记录下了当时突发的一幕,时间共76秒,被击中时的一瞬间,吴斌本能地用右手捂了一下腹部,让车缓缓减速,稳稳地停下车,打起双闪灯,拉好手刹。最后他解开安全带挣扎着站起来,打开车门,疏散旅客。做完这一切,吴斌瘫坐在了座位上。66岁的乘客孙先生回顾说,吴师傅身上都是血,连说话的力气都没有了,看上去十分痛苦。乘客周先生说,大家看到车的风挡玻璃上有一个洞。把吴斌的衣服解开后,发现他满身是血,胃部还有一个三角形的洞。参与抢救的医生发现,这块从天而降的数斤重的铁片,在击碎风挡玻璃后直接刺入了吴斌的腹部,导致其整个肝脏破裂,多根肋骨折断,抢救输血达1万多毫升。乘客韩先生说,若不是吴斌的敬业,很可能就是车毁人亡。24名乘客无一受伤,而年仅48岁的吴斌因伤势过重抢救无效,于6月1日不幸去世。

分析：敬业精神和职业操守是吴斌师傅具有的优秀品质,没有他对巴士司机岗位工作职责的坚持和岗位规范的遵守,车上乘客的生命财产安全将受到严重威胁。面临自身生命安全的威胁,他依然能够坚持按照岗位要求完成规定性动作,足可见其对岗位工作流程的熟悉。岗位规范对在岗人员应具有的素质提出了要求,也是衡量任职人员是否具备上岗任职资格的依据。遵守岗位规范,履行工作规程,是坚持职业操守的底线。只有让规范在头脑中成为一种习惯,成为一种定式,才能在人们的行为中不自觉地显现,在关键时刻才能做出正确的判断,实施正确的行为。

一、岗位规范概念与特征

通常情况下,职业和岗位的选择与个人的思想品德、知识结构、能力水平、兴趣爱好等因素具有紧密联系。职业理想是以一定的生产方式及其形成的职业地位、职业声望在一个人头脑中的反映,个人社会实践的深度和广度不同,人的职业追求也会不同。虽然职业、岗位也许有差异,但明确岗位工作内容,遵守相应岗位规范,却是职场人的通用准则。

（一）岗位规范的概念

岗位规范又称岗位标准，是对在岗人员所规定的工作要求和任职条件，是对不同岗位人员应具有素质的综合要求，是衡量职工是否具备上岗任职资格的依据。岗位规范一般包括：岗位的工作质量和数量要求，专业知识和劳动技能要求，以及文化程度和应承担的责任等。不同用人单位会根据劳动岗位特点，对人员上岗条件提出综合要求，将其作为劳动管理工作的基础和组织生产与内部工资分配的重要依据。岗位规范对于加强劳动科学管理，建立培训、考核、使用和待遇相结合的机制具有重要的作用。

（二）岗位规范的特征

1．客观性

岗位规范具有客观性，即因岗而异，而不是因人而异。按照岗位不同，规定任职人员应具备什么素质和履行什么流程。

2．实用性

岗位规范，特别是技术岗位规范，是依据设备技术质量的高低和产品的数量、质量要求，明确任职人员掌握操作规程应具备的文化、技术基础知识和实际操作技能以及安全生产要求。因此，岗位规范是与生产实际紧密结合的，其实用性表现在能够为真实生产服务。

3．科学性

岗位规范是建立在现代科学技术和现代企业管理上，其涵盖了已应用或近期即将应用的新设备、新工艺、新技术、新材料，具有与时俱进性，并具有科学属性。

4．层次性

岗位规范是按照企业劳动力结构的不同层次进行制定的，因而具备了一定的层次性。

二、岗位规范的内容

岗位规范的内容一般包括岗位职责、上岗条件和技术规程三个部分。

（一）岗位职责

岗位职责主要用于规定本岗位应承担的生产任务，以及在岗人员应承担的责任和应达到的技术标准。

（二）上岗条件

上岗条件主要分为思想政治与职业道德、专业知识、身体条件三个部分。思想政治和职业道德是指从事本岗位工作应具备的思想政治素质和职业道德要求。专业知识是指从事本岗位工作应具有的专业知识、实际技能、工作经历、学历要求以及岗位相关知识。身体条件是指从事本岗位工作应具有的身体健康状况和程度要求，一般包括体力、视力、嗅觉和听力等要求。

（三）技术规程

技术规程主要包括工作程序、项目、要求三个方面的内容。工作程序是指本岗位所必须完成的主要工作项目的先后程序，是从岗位重复出现的某种工作项目出发，按照客观生产流程和活动规律，规定的先后项目标准顺序、项目内容与要求、工作手段等，是对岗位履行职责所必须完成的重要工作项目的具体要求标准。

技术规程是岗位工作人员需要记忆的重要内容，而规程的记忆建立在长期实践的基础上。通常情况下，岗位工作人员需要使技术规程作为个人的工作习惯，始终坚持在行为上与规范要求保持高度一致。例如，高职院校技能大赛的举办正是依托技术的反复应用实践练习而将规程灌输到参赛学生的头脑中，提高学生专业理论的掌握程度，在符合岗位规范要求下，有效地进行技术操作，成长为卓越工匠人才。

三、岗位说明书

岗位说明书是根据某项岗位工作的物质和环境特点，用于澄清用人单位期望员工做些什么、规定员工应该做些什么、应该怎么做和在什么样的情况下履行职责等。

（一）岗位说明书的内容

通常，岗位说明书包括以下主要内容。

1．岗位基本资料

岗位基本资料包括岗位名称、岗位工作编号、汇报关系、直属主管、所属部门、工资等级、工资标准、所辖人数、工作性质、工作地点、岗位分析日期、岗位分析人等内容。

2．岗位分析日期

岗位分析日期体现了岗位工作的与时俱进性，避免使用过期的岗位说明书。

3．岗位工作概述

岗位工作概述是对岗位工作内容的简要说明。通常工作岗位概述需要逐项说明岗位工作活动的内容，以及各活动内容所占时间百分比、活动内容的权限、执行的依据等。

4．岗位工作责任

岗位工作责任主要包括直接责任与领导责任等内容。

5．岗位工作资格

岗位工作资格指从事该项岗位工作所必须具备的基本资格条件，主要包括必备资格和立项资格。必备资格是完成某职位工作要求的最低资格，理想资格是在具备最低资格基础上还需要具备的某些特殊的条件。

6．岗位发展方向

岗位发展方向主要用于明确企业内部不同岗位间的相互关系，并且有利于员工明确发展目标，将自己的职业生涯规划与企业发展结合在一起。

（二）岗位规范与岗位说明书的比较

岗位规范与岗位说明书两者相互联系，又存在着一定区别。

1．涉及的内容比较

岗位规范所覆盖的范围、所涉及的内容要比岗位说明书广泛得多，其中，有些内容如岗位人员规范等，与岗位说明书的内容有所交叉。岗位说明书则是围绕岗位的"事"和"物"，对岗位的内涵进行系统、深入的分析，并以文字和图表的形式加以归纳总结。作为用人单位劳动人事管理规章制度的重要部分，岗位说明书能够为岗位设计、岗位评价和岗位分类提供依据，并有助于强化人力资源管理各项基础工作。

2．突出的主题比较

岗位说明书与岗位规范所突出的主题不同。岗位规范是在岗位分析的基础上，解决"什么样的员工才能胜任本岗位工作"问题，以便为企业员工的招收、培训、考核、选拔、任用提供依据。而岗位说明书则通过岗位系统分析，不仅需要分析"什么样的员工才能胜任本岗位工作"，还要正确回答该岗位是一个什么样的岗位，这一岗位做什么，在什么地点和环境下做，如何做等问题。

3．结构和形式比较

岗位规范一般是由用人单位职能部门按标准化原则，统一制定并发布执行。而岗位说明书一般不受标准化原则的限制，其内容可繁可简，精细程度也深浅不一，结构形式会呈现多样化特征。也就是说，用人单位在撰写岗位说明书时，主要是从本单位的实际情况出发，可不拘一格地设计符合单位自身要求和特色的文本。

【小结】

正所谓，无规矩不成方圆。每一份岗位工作都有明确的规范和要求，从事岗位工作的人只有按照规范和要求进行操作，才能保证工作流程完整，确保工作质量达标，避免工作安全隐患。高品质、高质量地完成工作应建立在遵守岗位规范的基础上，产品的口碑和信誉也依赖于高标准、严要求。对于职场新人和准职业人来说，需要尽快熟悉岗位说明，了解岗位应知、应会、应做的内容，这也是用人单位对个人工作业绩和成效考察的最低标准。

【课堂活动】

我的未来职业岗位规范

1．目标

规划自己预设的工作岗位规范，了解掌握岗位规范具体要求。

2．程序和规则

步骤1：请根据自己预设的目标岗位认真填写表3-2。

步骤2：查询资料，比较各类相近职业岗位规范的不同规定。

表 3-2 岗位规范表

基本情况	职位名称		职位编号	
	所属部门		薪金级别	
	直接上级		直接下级	
	设置目标			

职责				
	日常工作		定期工作	

职权	
工作条件	

关键业绩指标	考核指标	指标权重

内部工作关系	汇报	
	督导	
	协调	

外部工作关系	

学历		专业	
年龄		性别	
性格			
工作经验			
岗位知识			
岗位技能			

续表

岗前培训			
可晋升职位		将可转换职位	
修订时间	修订内容	修订者	审核者

3. 总结评价

填好表后,认真思考自己预设的目标岗位是否符合自己的客观实际情况。思考如何努力实现这一目标。

(建议用时:30分钟)

3.3　提高岗位素质

【能力目标】

1. 掌握注重积累的方法与途径。
2. 能够了解相关领域知识及实现学科交叉的方法。
3. 能够提升素质整合互补的意识与能力。

【引入案例】

小目标与大成功

一位曾经不是很出名的日本选手田本一在1984年东京国际马拉松邀请赛中成为"一匹黑马"并夺得了世界冠军。当时,很多人都不理解,他是凭借什么获得了如此惊人的成绩呢?他曾经在回答记者问时说到他是凭借智慧才战胜对手的。这让人更加不解,觉得他故弄玄虚,这个谜底终于在10年后被解开了。在他的自传中是这么写的:"每次比赛之前,我都要乘车把比赛的路线仔细看一遍,并把沿途比较醒目的标志画下来,比如第一个标志是银行,第二个标志是一棵大树,第三个标志是一座红房子……这样一直画到赛程的终点。比赛开始后,我就以跑百米的速度,奋力地向第一个目标冲去;过第一个目标后,我又以同样的速度向第二个目标冲去……起初,我并不懂这样的道理,常常把我的目标定在40千米外的终点那面旗帜上,结果我跑到十几千米时就疲惫不堪了,我被前面那段遥远的路程给吓倒了。"

分析:将大目标分解为多个易于达到的小目标,一步步脚踏实地,每前进一步,达到一个小目标。只有达成了无数个小目标之后,才能实现最终的目标。每一个成功的人之所以能够实现伟大的梦想,都是由于他们不畏惧艰苦,不轻言放弃,一步一个脚印踏踏实实地不懈努力,最终才迎来成功的曙光。

一、注重积累,交流运用

积累是提高岗位素质最重要的基石。很多人之所以表现出岗位素质加强,完成工作效率和质量较高,多数情况下是因为注重积累。通过前面的学习我们已经知道,沟通能力、逻辑思维能力、创新能力、学习能力都是通过后天的积累培养成的,而积累便是提高岗位素质的第一步。

(一)注重实践与总结

通过实践一点一滴地积累经验教训,得出自身的独有的感悟,对于职场人来说是非常实用的。实践出真知,大学生应该努力做个"有心人",分析自己的优劣势,总结感悟,积累经验,知道自己应该做什么,不应该做什么。多做事,多经历,多总结,让自己在实践中迅速适应并融入社会。

(二)注重交流与学习

除了多实践以外,还应该多交流、多学习,积极参加培训活动,多向专业领域的人请教。多看、多想、多问,通过交流,得到的经验会更加丰富和完善。正所谓"三人行必有我师",认清自己的劣势,学习别人的优势,有利于积累更多的经验。同时,还可以多去看一些书,从书中总结名人的经验,让自己懂得更多的知识,让头脑拥有更多丰富的内容。

(三)注重积累与运用

无论以一种什么样的方式积累得到的经验,都需要将积累的经验转化出来,并应用到自身实际工作中,这样才能让那些积累的经验真正成为自己的经验。通过别人的经验,也能弥补自身的不足之处。同时,经验的转化还需要跳出来看问题,具体问题具体分析,毕竟他人的经验借鉴过程是少走弯路的过程,但绝非是重复和抄袭的过程。

二、拓展知识,实现互融

在竞争如此激烈的大背景下,想要提高岗位素质,需要懂得拓展自己所学相关领域的知识,并做到学科交叉。懂得树立问题意识,能够从多角度审视问题,通过多学科视角创新工作思路及方法,这对于职场来说越来越重要。

(一)学会博采众长,多方向融合契机

当能力没有办法配得上你的理想的时候,就要思考一下是不是需要拓展自己的知识广度。在激烈的职场竞争中,提高岗位素质,需要跨学科学习,开发自己更加感兴趣的领域,除了目前的专业知识以外,还需要利用业余时间去多学习一些其他领域的知识,多领域的学习可以帮助人们对岗位工作建立新的认识,可能会有更多的发现和收获。

(二)树立问题意识,多角度看待问题

拓展相关领域知识,实现学科的交叉融合,将有利于人们树立问题意识,并从不同视角发现和思考问题。在岗位工作中,积极树立问题意识,能够帮助职场人从多个角度去看问题,想问题,分析问题,解决问题。同时,树立问题意识还能够有效地提高创新意识,使人们在现有工作中发现另一番新天地。

(三)打破思维定式,多渠道解决问题

扩展人际交往的范围,将有助于拓展相关知识领域,可以和不同国家的、不同领域

职业素质教育

的专业人士交流探讨，能够打破原来固有的思维定式。职场新人需要有做"第一个吃螃蟹的人"的勇气，大胆沟通交流，提出不同观点，跟随不同行业动态，培养多方面兴趣爱好。并通过多种知识交叉融合，提供问题解决方式上的多种选择，进而提高行动效率，在职场中如虎添翼，得心应手。

案例 3-3

郑口关博的启示

上海学生郑口关博总是喜欢关注生活中的细节，习惯向所有难题提问题。她发现容易被自己所带的校徽刺到，于是她就根据文件夹的灵感，发明了安全不刺手的校徽。到了初中，她发现热水器不能保证水温的正常，于是她设计了可以让自来水先经预热后再进入燃烧器的水管，这样就可以保证水温了。高中时，她因为不小心从铺位掉下后扭伤脚，于是她通过安全带的启发，设计了不影响正常睡眠的防滚带。她在媒体上发现多起由于司机在急刹车时误踩了油门而造成的交通事故，经过一段时间的反复的实验，她研发了以 CMOS 芯片为主的自动判断装置。在"中国智能交通系统设计大赛"上，她作为唯一被破格允许参赛的中学生，和全国的汽车设计专家共同发表了相关问题的研究成果，获得了"明天小小科学家"一等奖。

分析：只有意识到问题的存在，才能有主动探究的愿望。显而易见的问题无须去刻意发现，只有蕴藏在平凡无奇的现象中难以察觉的问题才是我们应该多多去考究的。当我们可以意识到平常事中的非常之处时，就是我们发现创新点的开端，而发现问题是解决问题的关键。从多个角度看问题，积极地树立问题意识，才能培养出探索的精神和创造的品质。

三、构建整合，互补合作

"尺有所短，寸有所长。"在激烈的职场竞争中，应该构建素质整合互补的合作意识，利用自己的优点和长处，弥补别人的缺点和短处；结合别人的优势和长处，弥补自己的缺点和短处，这样才能在职场中如鱼得水，提高团队凝聚力。

（一）自我认知

知己知彼，百战不殆。认清自身的优缺点，才能知道应该找到什么样的人来互补，合作伙伴也会更清楚如何帮助你；只有认清自身短板，才能知道如何补短板。

（二）善于沟通

沟通技能是岗位工作不可或缺的技能。无论是会计、社会工作者、工程师，还是医生、护士、教师、推销员，沟通技能都显得非常重要。有数据显示，从事护理工作的护士需要 70% 的时间用于与他人沟通，剩下 30% 左右的时间用于分析医疗问题和处理相关医务。可见，专业知识和技能是从事岗位工作不能缺少的，而与他人沟通的能力是尤为关键的。

（三）换位思考

岗位工作中，与他人进行合作是必不可少的，这便要求人们学会站在他人角度考虑问题。职场人需要善于换位思考，这有助于理解合作伙伴的意图和想法，在解决问题上避免因产生分歧而影响工作成效。当然，为了能够让合作伙伴了解自身的想法，还需要站在对方角度做出内容的清晰阐释,以便对方能够明白你的想法,从你的视角思考问题,进而就问题快速达成一致。

【小结】

岗位素质的提升是日积月累的过程,是个人主观意愿和不懈努力的结果。职场人在岗位工作中表现出的素质能力,并不完全取决于个人的先天优势,更有赖于后天的勤勉和付出。提升岗位素质,需要有科学有效的目标规划,需要有持之以恒的动力和耐力,还需要有打破常规的勇气;同时,岗位素质的提升还可以通过团队作战和借助外力来实现。

【课堂活动】

评估岗位素质,制订提高计划

1. 目标

找出自身岗位素质存在的问题,制订提高计划。

2. 程序和规则

步骤1:计划用时5分钟,学生自由分组,建议两两一组。

步骤2:计划用时15分钟,各组成员分析自身素质,各组由其他成员提出该成员素质的缺陷或可提升的方向,各自建立自身提高计划。

步骤3:计划用时10分钟,学生分享自己的计划。

3. 总结评价

通过课堂活动,认真分析自身岗位素质的问题,列出计划,为提升岗位素质能力提供参考。

(建议用时:30分钟)

模块四　团队班组和组织素养

【模块导读】

当今社会市场竞争日趋激烈,有越来越多的人加入职业团队中,因为仅靠个人的力量很难实现价值的最大化。以团队的形式存在才能实现职业、事业的成功。因此了解职业团队,培养团队合作精神,将有助于自己适应和尽快融入社会,为实现职业生涯的可持续发展打好基础。任何团队组织都有其核心思想来作为一个组织的精神内涵与外延,时刻散发着团队组织特有的生命力。我们有必要了解组织素养的意义,遵守团队组织的行为规范,工作中体现团队组织的综合品质,内化形成组织认知力,打造组织文化,担负起组织道德与社会责任,进而树立组织形象,使自己任职的单位得到不断的发展。

4.1　团队的内涵

【能力目标】

1. 理解团队、班组的概念。
2. 能够熟悉团队的分类。
3. 能够了解团队的构成要素。

【引入案例】

7个小矮人的故事

传说有7个小矮人因为受到巫婆的诅咒被关在与世隔绝的城堡中,他们住的房间里没有水和食物,也得不到任何人帮助。守护神雅典娜托梦给奥几米,告诉他在这个城堡里除了他们住的那间房间外,其他的25个房间里,一个房间里有一些蜂蜜和水,而在另外的24个房间里有各种石头。收集到所有240块玫瑰红的灵石,并把它们排成一个圈的形状,他们就能解除咒语,重归自己的家园。

奥几米把这个梦告诉了其他人,但只有两个人相信他。刚开始3个人各找各的,几天下来毫无所获。他们意识到应该团结起来,讨论之后他们决定先找火种,再找吃的,最后找灵石,很快他们找到了火种、蜂蜜和水。他们将蜂蜜和水分给剩下的4个人,解决温饱问题之后,其余4个人决定加入寻找。为了提高效率,奥几米决定分成两组寻找。但是后来的4个人没有经验,几乎在原地打转。进展得不顺利,进度快的组会嫌弃进度慢的组。于是大家一起商量办法,进行了重新组合,并相互交流经验和窍门,终于找齐了所有的240块灵石。最后在大家的不断尝试中终于生起了火,摆脱了诅咒。

分析: 真正的团队从组建到一步步完成目标任务是十分不易的,甚至是跌宕坎坷的。面对生存的考验时,只有形成一个团队组织,并且发挥各自特长,积极沟通交流,密切合作互补,才能

模块四　团队班组和组织素养

不断发现问题,集中智慧解决问题,最后完成目标任务,克服艰难险阻并生存下来。

一、团队班组的概念

(一) 什么是团队

团队的概念是 1994 年由美国著名管理学教授斯蒂芬·罗宾斯提出,他认为:团队是一种为了实现某一目标而由相互协作的个体组成的正式群体。团队是一个由两个或两个以上单位组成的,通过人交流和相互协调工作来完成同一个既定目标的单位,并且其成员互相负责。有效的团队能为组织提供很多优势,拥有更强的竞争力和更高的整体效率。因此,团队必须是正式群体,不是简单的排列组合,更不是搭帮结伙,而是群体的凝聚和合作。团队成员必须拥有共同的目标,通过沟通与交流保持目标、方法、手段的高度一致,不断通力协作,最终达到 1+1>2 的效果。

(二) 团队和群体

有学者对团队和普通群体的区别做了深入研究,得出以下四个结论。

(1) 群体强调信息共享,团队则强调集体绩效;群体只进行信息资源的流通,而团队除进行信息资源的共享外,还有一致的目标,共同努力的方向。

(2) 群体的作用是中性的(有时消极),而团队的作用往往是积极的;普通群体的成员之间联系不紧密或者也有可能不和谐,因此普通群体对个体的作用是中性的,有时甚至是消极的;而团队的成员之间联系紧密,相互了解,能够相互配合,由此能够产生巨大能量,对个体产生积极作用。

(3) 群体责任个体化,而团队的责任既可能是个体的,也可能是共同的;群体中的个体由于联系的不紧密性,每个个体为个体行为负责,不影响他人。而团队所有成员相互协作,致力于团队任务的完成,当完成较复杂的团队任务时,每个人都扮演不同的角色,都为任务的完成承担自己的责任,这个时候团队的责任是共同的,大家相互帮助共同完成复杂的团队任务。

(4) 群体的技能是随机的或不同的,而团队的技能是相互补充的。群体的组成具有随意性,因此群体成员的技能构成往往也是随机的。而团队为了完成共同的任务,必须由能力各异、优势互补的人构成,并根据各自的技能优势拥有不同的资源,促进任务高效地完成。

(三) 团队和班组

团队是管理学界近年来较为流行的一个词,现代组织管理越来越重视团队。团队是一个由若干个成员组成的班组。班组是企业中的基本作业单位,是企业内部最基层的劳动和管理组织。班组成员具备相辅相成的技术或技能,有共同的目标,有共同的评估和做事的方法,他们共同承担最终的结果和责任。

团队和普通的班组的区别有以下方面。

(1) 领导角色的不同。班组有绝对的领导者,我们通常称为组长,而团队没有明确的领导者,每个人都需要为了团队任务的完成承担领导责任。

(2) 成员之间依赖性不同。班组组长进行任务分工之后,各个组员需要依靠自己的个人能力完成各自的分工,而团队根据各自的技能进行任务的选择,并且成员之间优势互补,相互帮助,相互信任和依靠。

（3）设置的目标方向不同。班组设立的是个人发展的目标,而团队是为了达成一致的目标——合作完成产品。

（4）完成任务的方式不同。班组完成任务的方式是各自完成分工任务再进行整合,而团队是相互帮助合作完成整个产品。

（5）会议的内容和方式不同。班组是在定期的会议中进行汇报和任务分配,而团队是根据问题进展随时召开开放式会议。

（6）成员评估方式的不同。班组成员的评估方式是对任务完成的贡献度,而团队是根据团队合作成果进行评估。

（7）任务完成过程的不同,班组和团队都要进行讨论,班组是分配任务,而团队是共同完成任务。

总而言之,团队合作不仅需要结合所需的专业和技能以及契合的成员个性,明确成员的角色和职责,每个人都关注一个既定的任务。团队中要有清晰的沟通渠道和有效的信息共享,这样团队成员可以及时地共享他们的目标和需求,让每一个成员都齐心协力向同一方向努力。而且信任是团队合作至关重要的方面,团队成员要愿意与其他成员合作,有时甚至要牺牲自己的个人利益来完成团队的目标,这需要成员之间高度的信任。

（四）团队的优势

所有职场团队都有一些共同的特质,包括团队成员对共同目标的认同和重视,科学严谨的规则和职责分工,成员间彼此赏识、尊重,互相倾听的沟通氛围,不断学习、不断寻求发展的能力等。一个良好的团队能够具备以下几点优势。

1．创造力和创新

团队成员有着多样化的技能、优势、经验和观点。这些多样性的结合可以带来更高层次的创新。

2．更高的质量

一个组织是否高效的标准是产品或服务是否满足客户需求。团队可以更好地服务于产品和客户,团队的多样性可以多方位提供系统性服务,以提高服务或产品质量。

3．更快的响应速度

一个集成性团队可以迅速地对变化做出改变。在产品开发过程中,团队可以更快地根据客户的需求做出相应的改变和解决跨部门问题。

4．高效率

有效的团队可以使成员释放出巨大的能量。团队可以有效地发挥社会助长作用。部分积极的团队成员可以带动整个团队充满活力,进而提高工作效率。

5．提高工作动力和满意度

人们在工作中需要归属感,团队中所产生的友情和凝聚力可以给成员们带来归属感。成员在高效的团队中可以学习新的技能,实现自我价值并能更好地应对工作压力。

案例 4-1

狼 阵 捕 食

草原上的狼群在牛群四周游荡,目光紧盯住猎物,耐心等待、寻找最佳时机。牛群已经察觉到危险并且加强了戒备。狼的体重平均只有 40 公斤,但狼群依靠自己独特的杀阵,无论猎取什么样的动物几乎都是每战必胜。为获得成功,狼群必须解决三个问题:选择合适的猎物,等待恰当的时机和协作狩猎。如果在选择目标时发生失误,最终会葬送自己的生命,所以狼群必须寻找相对老弱病残的猎物。

分析: 狼很少捕获大型猛兽,在食物非常稀缺时才发动进攻,狼群善于捕猎比自己虚弱的动物,很少攻击强壮的猎物。狼是自然界最具团队协作精神和竞争意识的动物,一个狼群通常来说不过七八匹狼,但战斗力非常强。

二、团队的分类

根据团队成员的来源、拥有自主权的大小以及团队存在的目的不同,团队可分为四种类型。

(一)问题解决型团队

组织成员往往就如何改进工作程序、方法等问题交换不同看法,并就如何提高生产效率、产品质量等问题提供建议。因此问题解决型团队有助于提高工作质量及提高工作效率,改善工作流程与整体工作环境。不过因为该类型团队成员没有实际权限,只能根据最终形成的建议来执行行动,因此它对调动员工参与决策过程的积极性方面略显不足。

(二)自我管理型团队

自我管理型团队是一种真正独立自主的团队,通常由 10～15 人组成,他们不仅探讨解决问题的方法,而且亲自执行解决问题的方案,并对工作承担全部责任。但是也存在一定的问题,即无法自觉参与的成员就会缺勤,自我管理能力强的成员也有可能向新的团队流动。世界上许多知名的大公司都是推行自我管理团队的典范,团队内部实行自我管理、自我负责、自我领导、自我学习的运行机制,共同实现团队目标。

(三)跨功能型团队

跨功能型团队由来自同一等级、不同工作领域的员工组成,他们走到一起之后,能够使组织内(甚至组织之间)的员工积极交流信息,激发新观点,解决面临的问题,协调完成复杂的项目。该类型团队能够完成复杂项目的前提是需要大量的时间和精力来建立相互的信任,以及建立能够真正实现团队价值的平台。

(四)虚拟型团队

虚拟型团队在虚拟的工作环境下,由进行实际工作的真实团队人员组成。这类型的团队虽然也是由真实的人员组成,但是由于科技赋予工作环境一定的虚拟性,传统的命令和控制方式已经不适合团队的管理。虚拟团队与传统的组织形式相比较,具有明显的人才优势、信息优势、竞争优势、效率优势、成本优势。

三、团队的构成要素

斯蒂芬·罗宾斯认为狭义的团队就是由基层和管理层人员组成的一个共同体,它合理利用每一个成员的知识和技能协同工作,解决问题,达到共同的目标,其构成要素总结为5P,分别为人(people)、定位(position)、目标(purpose)、权限(priority)、计划(plan)。

(一)人

2人以上(包含2人)就可以构成团队。人是团队目标的具体执行者,没有人就无法实现团队目标,因此人是团队中最重要的构成要素,是构成团队最核心的力量。所以,人员的选择是团队中非常重要的部分。

(二)定位

团队的定位要准确,团队成员在团队中的定位也要准确。

(三)目标

目标是团队存在的基础与价值,是团队成员的导航和努力的方向。团队组织的目标必须一致,这个团队没有目标就失去了存在的价值。

(四)权限

团队在组织中拥有的权限,同时可以表征组织的基本特征。团队中领导人的权力大小跟团队的发展阶段相关,一般来说,团队越成熟,领导者所拥有的权力相对就越小,在团队发展的初期阶段,领导权一般相对比较集中。

(五)计划

团队应有按照计划行动的意识,并应拟定具体的行动方案,应保证团队按照计划一步一步靠近目标,最终实现总目标。

【小结】

结合团队的相关知识,分析本节开头的案例,从这个案例中可以总结出以下几点。

(1)奥几米最初能够组建3人团队,是因为他们都相信雅典娜的托梦,这是他们团队组建的基础;明确的目标是团队成功的基础;团结协作则是团队成功的关键。

(2)团队的阻力来自成员之间的不信任和非正常干扰。尤其在困难时期,这种不信任及非正常干扰的力量会被放大。因此在团队运作时,建立一个和谐的环境非常重要。

(3)相互指责只会使问题更加严重,对问题的解决没有丝毫的作用。

(4)一个团队里具有专业素质的人非常关键。一个团队的运作需要的是各种类型的人才,如何搭配各类人才是团队管理要解决的重大问题。

(5)及时总结经验教训,并通过合适的方法将其与团队内所有成员共同分享,是团队走出困境及走向成功的很好做法。

(6)后面4个人加入奥几米组成的团队之后,为了提高效率,兵分两路寻找灵石。

模块四 团队班组和组织素养

分工有利于提高效率,但分工会使得团队成员知识单一。在一个团队里,不能够让核心技术掌握在一个人手里,应通过科学的体制和方法对核心知识进行管理。

【课堂活动】

NEC 公司实例的启发

1．目标

分析并列出 NEC 公司墨尔本工厂的团队构建的问题。

2．程序和规则

步骤1：阅读下文,了解基本事实。

NEC 公司的一个电话机产品中包含电路板,生产条件和质量都远低于国际标准。因此,工厂进行了重组,各个产品和零部件都被分到了 3 个主要的部门：前期制作部、焊接部、组装测试部。在生产过程中,这 3 个部门在流水线上距离几十米远,部门的成员几乎都不认识彼此,这导致了严重的错误：焊接部电路板上焊接了错误的部件,然而测试部给焊接部的反馈却很慢,所以错误都会重复出现多次才能修正。测试部的反馈通常都是一个要求返工的字条,这导致了大批有缺陷的零件往返于各部门之间。老板要求提高产品质量和工作效率,经理认为老旧的设备导致了生产效率和质量的低下。

步骤2：上网查询 NEC 公司墨尔本工厂的团队构建的具体情况,然后分组讨论。

步骤3：各个小组均选出一两名代表在课堂上发言,阐述发现的问题。

3．总结评价

这个工厂按照生产工序分成的 3 个部门并没有达到有效的组合。每个部门的责任都不够明确,交接手续烦琐,人员彼此陌生、不融洽,导致他们出现工作上的摩擦,造成时间和精力上的内耗。老板和经理之间的意见不统一,也是造成整个团队效率低下的原因。最后导致无法保证产品拥有高质量,员工的工作动力及满意度也下降。此案例在团队构建的模型上缺乏宏观考虑,而一个优秀的团队必须通过科学的管理体制和方法进行管理,成员之间应该进一步密切合作、互相信任、加强团队建设,这会有利于提高工作效率。

(建议用时：30 分钟)

4.2 优秀团队的组成

【能力目标】

1．掌握优秀团队的特征。
2．能够了解打造优秀团队的价值。
3．能够熟悉打造优秀团队的方法。

【引入案例】

微软的团队组建模式

微软的团队建设文化一直都是很多公司的学习楷模。微软首创了以项目班组为单位来开展工作的新型协作模式。微软公司的主要产品是软件,对专业性要求高,需要较深的知识储备和专业素养,要求严谨,注重细节,与时俱进,力求创新。在这种情况下,公司团队的建设就非常考究了。如何创造一个专业性强、平等又充满创造力和良性竞争力的优秀团队,是微软公司所需思考的。微软采用项目工作班组的形式,将不同个性、不同特长、不同能力的优秀人才相互配对成组。微软公司员工们的分工明确细致,班组内一般都设立软件设计员、编程员、测试员等不同职位,知人善用,明确分工,让大家各司其职,在各自擅长的领域发挥所长。同时,又给予员工们更多的机会,促进员工们相互沟通,并通过头脑风暴,碰撞出更多创新的火花。

分析:通过以上案例我们可以看出,优秀团队的组建不是一蹴而就的,是一个复杂的系统工程。该案例简要地说明了组建优秀团队应该具备的要素以及分工负责与合作沟通的意义。我们在职业活动中应该认真思考如何才能真正地打造出一支适合环境需求的优秀团队。

一、优秀团队的特质

团队是一种为了实现某一目标而由相互协作的个体组成的正式群体。优秀有效的团队能为组织提供很多优势,能够增强团队的竞争力,从而呈现出高质量的整体效果。大部分的优秀团队都有一些相似的特质。

(一)具有共同的价值取向

一个优秀的团队往往是由一群志同道合的人才组合而成的。具有共同价值取向的人们在一个团队中更容易合作与共同进步。价值观是人们对周围一切客观事物的意义、重要性的评价和看法,团队价值观也会影响着团队的发展。具有共同价值观的团队一般成员的忠诚度较高,个体对团队价值观认同度越高,其工作投入度也越高,团队的归属感就越强。成员容易在这样的团队中找到自我存在意义,实现自我价值。

(二)具有明确清晰的共同目标

优秀的团队必须有明确一致的目标,这是推动团队进步的动力,准确的工作目标是引领着大家朝着正确的方向前进。优秀团队里的成员都应该心中有目标,无论是短期的工作目标,还是长期的计划目标。个人的目标应该和团队的共同目标是相互依存、相互影响的关系。

(三)团队分工明确

优秀团队大多都采用分工合作、协作互助的工作模式,分工较为合理,工作流程设计严密。团队里的成员都十分明确自己的职责与任务,并且清楚了解自己的工作在整体工作中的顺序和位置,确保每一位成员都具有他的独特性。分工合作、协作互助的工作模式也给予了成员们较大的空间去分享不同的见解和特色创意,从而推动团队的整体进步。

(四)彼此信任与尊重的团队关系

良好的工作环境与工作氛围有利于提高团队的工作效率和团队向心力。成员之间的关系应该是彼此信任与尊重的。相互信任与尊重是团队合作的基础,是建设高效团队的关键要素。学会换位思考,提升自己的沟通能力与执行能力。要通过系统方法看待整个团队,培养成员们的奉献精神与团队精神。

（五）具有探索精神与创新精神

团队文化中具有探索发现精神与创新创造精神。成员应该对世界保持好奇并对工作充满激情。好奇心和求知欲是创作的源泉，探索与发现有利于提升团队的创造力和创新力，只有勇于创新、乐于创新的团队才能创造出适合这个时代的产品或者项目，只有具有创新精神的团队才具有可持续发展的能力。

二、打造优秀团队的价值

只有在整体中个体才能获得真正的自由，才能展现更多的能力与发掘自我更多的潜能。构建优秀团队的意义与价值主要有如下几个方面。

（一）优秀团队有利于激励和导向

一支优秀的团队具有目标导向的作用。优秀的团队就像一个指南针，它可以帮助成员们拨开迷雾，指明准确的方向。优秀团队其目标导向性极强，而且可以将目标分解成细化的、可视化的指标，将目标的激励和导向作用发挥到极致。优秀团队中的每一位成员都会为了实现共同目标而不懈努力。

（二）优秀团队有利于向心与凝聚

优秀的团队具有强大的凝聚功能，任何的集体都应该具有向心力与凝聚力。团队精神是优秀团队建构中的重要环节。团队精神需要通过系统的方法与科学的规定进行培养，拥有团队精神的成员具有较好的同理心与亲和力，更容易与他人沟通交往，容易与他人建立友好的合作关系，有利于提升成员的集体意识和合作意识，有利于提高团队的整体工作效能，有利益提升集体的凝聚力和综合实力。

（三）优秀团队有利于竞争和开发

工作的环境与工作氛围极大地影响着成员们的工作状态与工作效率。优秀的团队具有正向激励的作用，一个优秀的团队会形成一个良性的竞争氛围，开发成员们的潜能，促进每一成员的成长。成员们会养成不断学习与充实自我的习惯，不会满足现状，主动向其他成员学习，力争与团队中最优秀的成员看齐。

（四）优秀团队有利于控制和调节

优秀的团队应该具有控制和调节的功能，成员是团队中的一部分，是一个整体系统中的一个要素，个体在集体行为中没有绝对的自由，个体行为需要控制与适应，整体的行为需要协作与调节。优秀的团队可以在日常工作中潜移默化地对成员进行调节，让成员变得与这个整体更为协调与和谐。

（五）优秀团队有利于创新和融合

优秀的团队有利于激发成员们的创新思维与创造能力，可以更好地发挥每一位成员的特长，给予成员们展示自我的机会。成员们可以通过这个团队，拓宽视野，收集信息，提升自我知识储备与创新创造能力。除此之外，仅有想法而不去实施是不行的。既要有创意也要注重实践，优秀的团队总会引导着成员们脚踏实地完成每一项任务，有利于推动创新创造与实践技术的深度融合。

案例 4-2

华为轮值 CEO 制度

华为公司与京东商城皆采用轮值 CEO 制度，轮值 CEO 制度始于 2004 年，华为在顾问专家的建议下准备设立经营管理团队（executive management team，EMT）。为了让团队运转顺利，华为公司率先实行了轮值 CEO 制度。轮值 CEO 制度是由 8 位管理层以半年为工作周期，轮流坐庄，分别担任 EMT 主席的创新制度。而经营管理团队的成员也要通过不断的考核和轮换以确保团队的科学有效和与时俱进。采用这样的集体管理模式，分权于众，有利于做出更多创新和有效的决策。可规避风险，避免一家独大，以保持公司整体利益的平衡，推动企业稳步发展。

分析：通过这样的方式，将权利分到了真正有才能及做实事的人才手中，引导团队成员进行共同管理。每个成员都是团队中的一员，每一个成员都有机会成为管理层的一员，让成员们心系团队，形成一种荣辱与共、休戚相关的团队命运共同体。

三、打造优秀团队的方法

（一）增强管理实力，打造科学模式

团队的管理层是整个团队的灵魂，也是整个团队的核心。决策者与管理者的很多观念与思想会影响着这个团队的工作风格，甚至关系着整个公司的命运。因此，我们应该系统化地增加管理层人员的培训学习，提升他们的综合能力。

1．知人善用，给予成员机会

管理层的主要任务是对这个团队进行高效科学以及系统化的管理和决策，因此管理层应该具备知人善用，快速掌握团队成员的特性，能深度发掘成员们的潜能，实现集体的最大效能的能力。优秀的管理人员除了知人善用外，还应该多给予成员们锻炼与思考的机会，引导成员们进行自我审视与认知，了解个人长、短板，协助成员们设定目标及制订职业发展规划。

2．内外兼修，提升职业素养

优秀的领导者应该注重内外兼修，在具备渊博的知识、丰富的经验、过人的才干和强大的魄力与执行力的同时，更为重要的是要具有完善的人格、良好的品德和思想修养，要以身作则，严于律己，以德服人，以仁爱之心待人，能够较为公正、平等地对待每位成员。要不断提升管理层的职业素养，定期对管理层进行培训与考核，培养管理层形成终身学习的习惯与能力。

3．分权制衡，建立系统科学的管理制度

管理层决定着公司的走向与发展，但权力过于集中，容易产生决策者独断专行，降低决策质量，成员们的工作热情减退，工作效率下降等问题。为了解决这些问题，我国很多优秀的企业都提供了属于他们的解决方案。建立一套适应自己团队特性的管理制度，将日常管理工作制度化、明细化、规范化，是团队管理协调、有序并且可以高效运行的重要保证。

（二）建构共享平台，培养信息素养

随着信息化时代的到来，信息数据已经成为这个时代的重要资源。越来越多的高新技术不断在发展，团队应该大力推动信息资源共享平台的建设，实现团队成员之间信息资源与知识资源的交互和共享。结合高新技术手段，搭建信息与知识共享平台，提供给成员们一个分享信息资源的平台，建构信息与知识共享平台，不但可以提升成员们的信息与知识储备量，培养成员们的信息素养，还可以开拓成员们的视野，提升他们的合作精神与团队精神，有利于提升团队核心竞争力。

（三）制定奖惩制度，规矩终成方圆

制定合理、透明与开放的奖惩制度，形成良性的竞争环境，建设有效的物质激励体系。奖惩制度是成员管理的核心内容，是一种对人的行为的强化过程。成员们可以通过自己的努力去满足自我的需求或者实现自我价值，合理的奖惩制度有利于调动成员们的工作积极性和创造性。奖惩要注重流程上的公平、公正、公开的三公原则。无规矩不成方圆，透明与开放的制度有利于保证奖惩制度的科学性和权威性。

【小结】

打造一支优秀团队，会涉及团队管理层的组建、团队成员的管理、团队规章制度、工作规划细节以及团队文化建设等方方面面。比如，微软公司采用了项目小组的形式，将更多有才华的员工聚集在小组中，将每一位成员放在最适合他们的位置上，就给予员工最大的发挥空间。应不断激发员工的热情与创意，打造一种平等、自由又富有创造力的企业文化。除此之外，应注重增强管理层综合实力，并打造系统、科学的管理模式。

【课堂活动】

诺瓦克团队建设方案的启示

1．目标

查询并了解诺瓦克团队建设方案的细节，梳理出其较有特色之处。

2．程序和规则

步骤1：阅读下文，了解事件背景。

百胜餐饮集团的首席执行官大卫·诺瓦克以团队为基础建立了世界上最大的餐饮公司。百胜在1997年从百事公司中独立出来，其股票年收益率为16.5%，而当年的标准普尔500指数只有3.9%。当诺瓦克第一次接手肯德基的时候，其美国分部并没有达到盈利目标。而总部和承包商互相推诿责任，没有给出理由和解决方案。诺瓦克开始实行团队建设后，肯德基美国分部的年利润在3年内翻了一倍。

步骤2：上网查询诺瓦克团队建设方案的细节内容，分组讨论该方案的优劣之处。

步骤3：各小组选出一两名代表在课堂上发言，各抒己见。

3．总结评价

诺瓦克根据业务需求和公司纵向管理结构进行团队划分，把工作和任务分配到每个团队，最终打造了一支优秀团队。涉及团队管理层的组建、团队成员的管理、团队规章制度、工作规划细节以及团队文化建设等方方面面。这样的团队构建实践在世界各地的企业发展中都有很大的借鉴意义。因此,他的团队建设方案一直被推行到今天。

(建议用时:30 分钟)

4.3 组 织 素 养

【能力目标】

1．了解什么是组织素养。
2．能够体会组织素养的重要作用。
3．能够了解培养组织素养的方法。

【引入案例】

阿基波特的签名

阿基波特只是一位美国标准石油公司的普通员工,但他无论什么场合中签名,都不忘附加上公司的一句宣传语:"每桶 4 美元的标准石油。"时间一长,同事们干脆给他取了"每桶 4 美元"的外号,他的真名反而没人叫了。公司董事长洛克菲勒听说了此事,便问他:"别人用每桶 4 美元的外号叫你,你怎么不生气啊?"阿基波特答道:"每桶 4 美元不正是我们公司的宣传语吗?别人叫我一次,就是替我们公司免费做了一次宣传,我为什么要生气呢?"洛克菲勒慨叹道:"时时刻刻都想着为公司做宣传的人,正是我们公司需要的职员啊!" 5 年后,洛克菲勒辞职,阿基波特成了标准石油公司的下一任董事长。

分析: 我们不难发现,组织素养可以体现在签名的细节上。阿基波特得到升迁的重要原因就是之前坚持不懈地为公司做宣传。严格说来,签名这件小事还不在阿基波特工作范围之内。但阿基波特做了,并坚持把这件小事做到了极致。那些嘲笑他的人中,肯定有不少人的才华能力在他之上,可是最后只有他成了董事长。在任何时候都要牢记自己的责任,哪怕是极其微小的细节也要非常重视。

一、什么是组织素养

(一)组织的内涵

"组织"一词有广义与狭义之分。如果从广义上来看,它是指由许多要素通过一定的形式与方法,互相连接后而形成的系统,不仅涵盖了生物学中的有机组织,而且动物的群体组织等也被包含在这个意义当中。如果从狭义上来看,组织则可以理解为一群人朝着一个共有的目标展开协作并互相配合而形成的一个集体、团队,例如,党团组织、工会组织、商业组织、农业组织、企业等。

(二)素养的内涵

素养最开始的意思是修习涵养。换句话说,素养是在躬亲实践后才能掌握、习得的技能。如果从广义上来看,素养包括道德品质、知识水平、行为能力、外表形象等,它包括思想政治素养、文化素养、业务素养、身心素养等各个方面。随着经济与社会生产力的发展,素养的含义也在一步步延伸,如信息素养、组织素养就受到了社会的广泛关注。

（三）组织素养

1. 组织素养的界定

组织素养是指一个组织或团队中的每个成员身上所应该具备的，能推动组织或团队前进的技巧或能力，它是可以通过后天的学习而获得的。组织素养是个体在一个组织或团队中，需要遵守的行为规范，是组织的内在要求，是个体在组织内活动所表现出来的综合品质。从这个意义上来讲，组织素养贯穿于一个人在团队内活动的始终，体现在个体在团队中表现的方方面面。组织素养是为了达到这些目标，个体所需要具备的素质或能力。组织素养是个人在职业活动中表现出来的长期而较为稳定的道德、能力、行为、观念的集合。组织素养包括以下四个方面。

（1）组织认知力。组织的认识水平和认识过程在组织的发展中起到了举足轻重的作用，它影响着组织的创新创造能力、智力发展水平、技术应用程度。

（2）组织文化。组织必须要有自身的文化积淀，这是长时间的累积和沉淀后所形成的比较稳定且持久的特征。这是组织中的每一个人所创造的行为规章和价值体系，是团队或组织永葆生命力的重要源泉。

（3）组织道德与社会责任。组织道德是组织中成员行为处事所遵循的是非惯例和准则。这是一种无形的资源，社会责任是组织想要获得长远盈利所需要履行的义务。它直接影响组织的声誉和社会形象，间接地对组织的经济效益产生持续的影响。

（4）组织形象。组织在社会公众面前展现的方方面面，体现了组织的声望、资信及社会认同程度。组织形象是社会公众、组织内部员工对组织的活动、成功、绩效等方面做出的一般性评价和认定。塑造良好的组织形象能够为组织自身的发展创造良好的环境，同时也能为整个社会的和谐发展贡献一份力量。

2. 组织素养的特性

组织素养具备整体性、稳定性、内在性和发展性等特性，这些特性表明组织素养是一个整体概念，是内化于成员认知和行为中的涵养，具有相对的稳定性，但又不是一成不变的，也会随着时间的推移而不断发展。

（1）整体性。随着经济全球化的发展和产业结构的升级，生产水平不断智能化，部分工作被机器所代替，因此一个组织所需要的人才类型也发生了变化，对复合型人才的需求越来越高。这就要求组织成员不仅要具备良好的职业意识与道德，还要具备训练有素的时间管理、信息处理、团队合作等职业技能，才能更好地胜任组织内的工作。

（2）稳定性。组织素养是团队成员在很长一段时间内，通过认识、实践、再认识、再实践的一个流程，在波浪式前进的过程中循环往复，不断向前。一旦形成组织素养，就很难再改变，将会潜移默化地影响着团队成员的思想、意识与行为。因此，养成良好的组织素养是十分重要的。

（3）内在性。组织素养是一个团队成员内在品质的重要构成部分。在团队中工作时，有些成员往往会表现出踏实肯干、敬业爱岗的优秀品质。在长期的工作中，他们形成了这类品质后，就会内化这一部分特征，使得在今后的工作里无形之中散发出此类气质，受到同伴的好评。

(4)发展性。组织素养尽管具有稳定性的特点,但它并不是一成不变的。随着信息社会的到来和科学技术的迅猛发展,职业岗位也会不断地对组织素养提出新的要求。例如,自媒体的发展使得团队中的每个成员都需要擦亮眼睛,把握机遇,甄别信息,获取对团队有利的信息,为团队的发展贡献自己的力量。

案例 4-3

请叫我元庆

2000年联想集团新官上任的杨元庆胸前多了一个小标牌,上面写了5个字"请叫我元庆"。从此以后杨元庆绝对禁止联想的员工称他"杨总",而是叫他元庆。这项由人力资源部发起的"请叫我元庆"活动,正是杨元庆针对联想组织内部缺乏沟通协作的情形,将亲情成分引入联想的组织文化,试图以此建立一种信任和协作的组织文化。

分析:一个大型企业集团自身的组织文化积淀,须经过长期积累和沉淀后,才形成稳定持久的特质。联想集团的领导用自己的行为逐步构建联想集团的价值体系。进而引领和影响员工联合打造联想集团组织文化特色。

二、组织素养的重要意义

一个组织参与竞争,如果没有人才注定要失败,而有了人才却不一定能胜利。因此,我们可以下这样的结论:未来的竞争,人才是基础,组织素养是关键。

(一)提高就业竞争力

组织素养是个人对团队适应能力的一种综合体现,培养组织素养,有助于提升将来的职业竞争力。许多用人单位会反应毕业生加入团队工作后,缺乏一定的组织素养,具体体现在责任心、使命感的不足。对于团队的任务不太上心,反而过多地重视工作环境和薪资待遇,没有团队意识,看重眼前的利益。所以,毕业生能够在将来的工作岗位上有所成就,在一定程度上与他们的组织素养有关。

(二)现代发展的需求

随着现代经济的发展,企业对人才提出了更高的要求,良好的组织素养是适应现代经济发展需求的一剂良药。企业对具备良好组织素养的成员会更加放心,在未来的工作中,不管是专业的掌握还是能力的提升,都会取得比较快速的发展。可以说,具备良好的组织素养的成员能在职业岗位上发挥自身的潜力,并具有可塑性。由此可见,现阶段,组织素养已经成为企业对人才进行评价的重要指标。

(三)职场制胜的法宝

一个具备良好组织素养的成员,往往是具备较好的认知力、较强的团队意识和较高的责任意识的。成员要想在团队中有所作为,就必须不断发展自己的组织素养。相关研究结果表明,有超过80%的企业认为,现阶段最大的人才制约问题是:很多人才在组织素养上严重缺乏。而根据相关学者的调查,在实际工作中专业人才都只发挥了自身一半的能力。而这些专业人才如能接受组织素养的有效培养,就能将自身80%左右的能力发挥出来。

三、组织素养的培养

培养组织素养的方法多种多样,其中,树立组织共同愿景,平等对待组织成员,创建学习型组织,都是不错的方法。通过这些方法,可以有效地引导团队成员养成良好的组织素养。

(一)树立共同组织愿景

树立组织共同愿景在一定程度上有利于个体组织素养的培养。在树立共同愿景的时候,注意不是把领导所设想的愿景简单地告知组织内的其他成员,而是通过有效的策略去推进组织成员建立共同愿景。要重视成员的个人愿景,这是共同愿景的基础。组织成为成员自我实现的平台,成员在这个平台上能施展自己的才华,而不是组织所隶属的机器。组织的共同愿景是一个远大的目标,这个目标可能会过高,以致短期内无法实现。可以采用过渡愿景来鼓舞士气,将共同愿景阶段化、具体化的方式划分成阶段性的目标,让成员在一步步实现阶段性目标的同时,看到未来发展的可能。

(二)平等对待组织成员

平等对待每一个人,并彼此尊重。在组织中的每一个人都应该是平等相待的,管理者并不比其他员工高人一等。对于某个问题,组织内产生了分歧时,管理者不能够以权压人,团队成员需要互相尊重,平等发表意见,每个人的努力和付出都应该受到尊重。只有在平等的氛围中,才能感受到组织的团结力量,从而推进组织的发展,锻炼成员的组织素养。

(三)成功创建学习组织

创建学习型组织是培养组织素养的另一个有效途径。通过学习,人们不断提升自己的认知水平,培育出新的、更开阔的思维方式,集体的灵感释放出来。创建学习型组织是有章可循的,可以通过自我提升、团队学习、系统思考等方式来创建学习型组织。学习型组织是通过学习能创造自我并不断扩展创造未来的能量,这也是培养组织素养的有效途径。

(四)把握构建方式方法

1．沟通

大家都能认识到沟通的重要性,但在工作开展时却往往忽略了起码的沟通,所以行动前的准备很重要。组织和团队在颁发新制度时,若未能与执行的员工沟通,不能做到让大家明白这个制度出台的目的和意义,那么这项制度就会形同虚设,流于形式。思想上不能统一,行动上自然难以统一。

2．站位

就站位来说,很多人经常会把"自己"与"岗位"混淆,每个人都有自己的个性、喜好,但个性的张扬和一些喜好对于岗位而言,可能是格格不入的。这时更要清晰地认识到自己从事的岗位,以岗位的要求来要求自己,因为自己不是代表自己,而是代表岗位。

职业素质教育

3. 谦虚

谦虚让人进步,这是我们都明白的道理,但职场上却有很多人恃才自傲,听不进他人意见,因为我们给的都是自己"想给"的,而不是对方"想要"的。凡成功的人都是懂的谦虚的人,凡谦虚的人都能善于倾听,凡善于倾听的人都是善于思考的,凡善于思考的人都会懂得换位思考。

(五)共建组织合作精神

组织合作精神,是指组织成员为了组织的利益和目标而相互协作、尽心尽力的意愿和做法,包含了三个方面的内容:组织的凝聚力、合作的意识和高昂的士气。要建立乐观自信、百折不挠的组织合作精神。培养这种乐观自信的精神不是靠妄自尊大,而是要靠实实在在的工作业绩和一定的工作能力。

首先,确定目标。组织的目标应该切合实际,符合实际需要,也符合事物发展的客观规律,同时符合团队组织成员的基本能力。

其次,循序渐进地发展,正确对待失败。组织目标是在事业发展过程中,在整个组织的努力下逐步实现的,不可能一蹴而就。

最后,关注成功,赞美成功。为了培养团队及个人的必胜信心,我们应该更多地关注成功。对组织及个人的成功要积极宣传,大力支持,及时奖励。这样的组织就会充满成功的氛围,激励员工成长,并使员工获取更大的业绩和成功。

案例 4-4

自主管理和扁平式结构的外企

很多先进的企业会实行自主管理,不定期召开会议,气氛很活跃,领导们都坐在后面以示支持。一个聪明的领导不仅要让员工的"手"动起来,还要让他们的"脑"动起来,给他们以自主管理的机会,肯定他们的工作成果,让他们体会到人生的价值。这样他们就乐于奉献,领导就成功了,企业也就成功了。当然实行自主管理,必须拥有高素质的员工,这就需要学习。美国通用电气公司的管理层由原来的9层减少为4层,只有这样的体制才能保证上下级的不断沟通。下层才能直接体会到上层的决策思想和智慧力量,上层也能亲自了解到下层的动态,吸取第一线的营养。只有这样,企业内部才能形成互相理解、互相学习的氛围。

分析:按照学习型组织的理论,现代企业管理有两类:一类是权力型,另一类是学习型。自主管理就是由组织成员自己发现工作中的问题,选择伙伴组成团队,选定改革进取的目标,进行现状调查,分析原因,制定对策,组织实施,检查效果,总结评定等。每个成员都有机会参与讨论组织制定的政策和战略形成的过程,充分发挥自主的能量形成共同愿景。扁平式的结构,从决策层到操作层,中间相隔层次极少,能最大程度地将决策权向组织结构的下层移动,让最下层单位拥有充分的自主权,并对产生的结果负责。这样的做法很值得各级组织借鉴。

【小结】

组织素养是个人在职业活动中表现出来的长期而较为稳定的道德、能力、行为、观念的集合,是内化于成员认知和行为涵养中的,具有相对的稳定性,但又不是一成不变的,会随着时间的推移而不断发展。培养组织素养,提升成员的认知力、道德、责任心等,有助于将来就业竞争力的提升。在强调责任感和目标的企业文化中,团队协作精神、学习意识、创新意识的制度性规定都是值得我们借鉴的。树立共同组织愿景,平等对待组织成员,创建学习组织,把握构建方式方法,共建组织合作精神,是培养组织素养的有效途径。

【课堂活动】

信 任 背 摔

1. 目标

增强自信和自我控制,建立团队内部的信任感,能领会理解、信任和承诺的重要性和力量。理解、信任建立的基础来自对他人的能力和品质的把握以及工作流程的设定。要增强团队组织的凝聚力、向心力。

2. 程序和规则

步骤1:需要有一个6~7米宽的大讲台(可以利用学校的领操台)。台上的同学可以分成4~5组,每组5~6人,背向台下同学站立成一队。双脚后跟的1/3露出台面。每个人轮流向后倒。

步骤2:培训师需要做出示范动作,身体重心上移,尽量将身体保持在一个平面上倒下去。下面的人员安全把他接住,动作即完成。台下面接人的同学也分为4~5组。每组8~10人,两两相对站立搭紧对方双臂。

步骤3:每组第一对同学的肩膀距被摔台沿约30厘米的距离,个子不用太高,通常可以安排女生。每组第2对、第3对……要选用力度较强的人。当然,如果被摔者的个子较高,台下的受力点应向后调节。

步骤4:台下每组队员的肩膀应紧密相连不留空隙,人床形状应保持由低到高的坡状。每组安排1~2名队员用双手掌推住最后一组队友的肩膀外,以保护人床的牢固。所有队员在任何时候都不可以撒手或鼓掌,以免发生其他意外。

步骤5:第2组、第3组队员在承接几名队员后,要相互交换站位,以免因疲劳而出现不安全的情况。

台上同学的动作要领:严格按照动作要领来做,才可以保证足够安全。特别要遵守以下几点。

(1)不要向后蹲跃,倒下时肘关节收紧而不打开。

(2)不要垂直向下跳,要控制自己的双脚,不要上下摇动并打开。

(3)不要在倒下时回头看,以免扭伤。

(4)不要突然换动作,以免给下面的队友带来伤害。

3. 总结评价

通过活动我们知道,只有当倒下的队员充分信任接人的队友能接住他时,才会愿意向后倒下;只有当你充分信任对方的时候,才会将重要的事情与生命中的责任托付于对方。但是,无论是在工作或是生活中,到处都充满了信任与不信任。那么,如何让不信任变为信任,就是我们团队要完成的课题。信任是增强团队组织的凝聚力、向心力的基础,更是团队成长和团队文化建设的必由之路。

(建议用时:90分钟)

模块五　职场安全和职业健康

【模块导读】

职场安全和职业健康越来越受到国家及企业的重视,员工的安全素质和健康意识在未来的职场中越发显得重要。员工安全素质和健康意识的高低直接决定着安全管理的成败。

通过学习安全标志,识别危险源,做好职场安全事故的预防,了解预防劳动引起的身体损伤、预防常见职业病以及学习掌握应急避险、创伤处理等常识性知识。旨在提高学生职场安全意识,让学生拥有健康的体魄,在面对高强度压力时能自我放松,在作业场所能够正确辨识职业危害因素,做好自我管理及自我保护,防止职业病侵害,强化工作质量意识,养成良好的工作习惯,提高避灾自救能力,保持健康快乐的工作状态。本模块包括三方面的内容:职场安全、职场健康和应急避险。

5.1　职　场　安　全

【能力目标】

1. 熟悉并能够正确识别各类职场中的主要安全标志。
2. 能识别职场中的危险源。
3. 能够理解 5S 管理与文明生产安全生产的关系。

【引入案例】

天津港"8·12"瑞海仓库火灾爆炸事故

2015 年 8 月 12 日 22 时天津市滨海新区的瑞海公司危险品仓库爆炸起火,事故中心区面积约为 54 万平方米,以大爆坑为中心,150 米范围内的建筑被摧毁。参与救援的消防车、警车和位于爆炸中心附近的 7641 辆商品汽车和现场灭火的 30 辆消防车全部损毁,邻近中心区的 4787 辆汽车受损。爆炸冲击波波及范围距爆炸中心最远距离达 6 千米,爆炸冲击波波及区以外的部分建筑,虽没有受到爆炸冲击波直接作用,但由于爆炸产生地面震动,造成建筑物接近地面部位的门、窗玻璃受损,北侧最远达 13.3 千米。事故造成 165 人遇难,8 人失踪,798 人受伤住院治疗。核定直接经济损失 68.66 亿元人民币。

分析: 通过筛查研究,认定最初着火物质为硝化棉。事故直接原因是抵运区南侧集装箱内的硝化棉由于湿润剂散失,出现局部干燥,在高温(天气)等因素的作用下加速分解放热,积热自燃,引起相邻集装箱内的硝化棉和其他危险化学品长时间大面积燃烧,导致堆放于运抵区的硝酸铵等危险化学品发生爆炸。

模块五　职场安全和职业健康

保证职场的安全需要应用各种方法、技术和手段辨识职场中的各种安全隐患。应能正确评价职场的危险性，并采取控制措施使其危险性降至最小，使事故的发生减少到最低程度，从而使职场达到最佳的安全状态。

一、安全标志识别

安全标志是职场中最常见、最明显的安全提示信息，它犹如交通信号标志，是规范作业、安全作业的基本要求。通过职场中的各种安全标志，可以非常直接地对现场的安全隐患进行识别。职场中常见的安全标志一般有以下几种。

（一）安全色

安全色是传递禁止、警告、指令、提示等安全信息含义的颜色，包括红、黄、蓝、绿4种颜色。安全色用途广泛，主要用于安全标志牌、交通标志牌、防护栏杆及设备机器上不准乱动的部位等（表5-1）。红、黄、蓝、绿4种颜色为全国通用的安全色。

表5-1　安全色、对比色含义及用途举例

安全色	对比色	含　义	用　途　举　例
红色	白色	禁止、停止、危险、消防	各种禁止标志、交通禁令标志、消防设备标志、机械的停止按钮、刹车及停车装置的操纵手柄、机械设备转动部件的裸露部位、仪表刻度盘上极限位置的刻度、各种危险信号旗等
黄色	黑色	警告、注意	各种警告标志、道路交通标志和标线中警告标态、警告信号旗等
蓝色	白色	指令、必须遵守	各种指令标志、道路交通标志和标线中指示标志
绿色	白色	安全	各种提示标志，机器启动按钮，安全信号赛、急救站、疏散通道、避险处、应急避难场所等的标志

（二）安全线

安全线是为维持秩序及保证安全而画的或拉起的禁止越过的线。

（三）安全标志

1．安全标志的含义

安全标志是用以表达特定安全信息的标志，由图形符号、安全色、几何形状（边框）或文字构成。标志主要包括禁止标志、警告标志、指令标志、提示标志、说明标志、环境信息标志、局部信息标志等。

2．安全标志的形式

（1）禁止标志。禁止标志表示不准或制止人们的某些行动与行为。禁止标志的几何图形是带斜杠的圆环，其中圆环与斜杠相连，用红色；图形符号用黑色，背景用白色。

（2）警告标志。警告人们可能发生的危险。警告标志的几何图形是黑色的正三角形、黑色符号和黄色背景。

（3）指令标志。指令标志是指必须遵守的规定。指令标志的几何图形是圆形、蓝色背景和白色图形符号。

（4）提示标志。提示标志是指示意目标的方向。提示标志的几何图形是方形、绿色背景和白色图形符号及文字。

图 5-1 列出了多种安全标志。

　（a）禁止标志　　　（b）警告标志　　　（c）指示标志　　　（d）提示标志

图 5-1　多种安全标志

二、危险源的识别

危险源的识别是指将生产过程中常见的危险源，通过正确的方法，准确、及时地识别，进而对其进行管理和控制，避免事故的发生。

（一）危险源的构成

危险源由三个要素构成，即潜在危险性、存在条件和触发因素。潜在危险性是指在发生事故时，可能带来的危害程度或损失大小；存在条件是指危险源所处的物理、化学状态和约束条件状态；触发因素是危险源转化为事故的外因，是危险源触发的敏感因素。

（二）危险源的分类

危险源具有危险因素复杂、相互影响大、波及范围广、伤害严重等特点，针对这些特点，可将危险源分为五类（表 5-2）。

表 5-2　危险源的分类

类　　型	主要危险源
化学品类	有毒有害化学制剂、易燃易爆气体、腐蚀性物质
辐射类	高温辐射、放射源、射线装置、电磁辐射装置
生物类	动物、植物、微生物（传染病病原体类等）等危害个体或群体生存的生物因子
特种设备类	高能高压设备、起重机械、锅炉、压力容器、压力管道
电气类	高电压或高电流、高速运动、高温作业等非常态、静态、稳态装置或作业

（三）典型职场的危险源

不同职场的危险源具有不同的特点，需采取不同的识别方法才能正确识别。

1. 生产型职场

生产型职场危险源识别主要有两种办法，一种是根据表 5-2 所列的危险有害因素

模块五　职场安全和职业健康

的划分类别来列表逐一识别,另一种是根据职场中的各种安全标志进行识别。

2．服务型职场

酒店、餐饮、旅游、娱乐等服务型职场,由于人员密集,不可预见因素多,一旦发生安全事故,就会导致大量人员伤亡。服务型职场的危险源主要集中于用火、用电、食品、空气质量、信息网络等处。服务型职场安全标志包括禁止标志、警告标志、指示标志、消防安全标志、职业病防护标志等。

【概念辨析】

危险源与安全隐患异同

在日常安全管理中,经常有人会将危险源和安全隐患混为一谈,原因就在于二者联系紧密,使人不易辨别。那么它们究竟有何异同?下面加以说明。

1．危险源与安全隐患的定义

危险源:指一个系统中具有潜在能量和物质释放危险的、可造成人员伤害、在一定的触发因素作用下可转化为事故的部位、区域、场所、空间、岗位、设备及其位置。

安全隐患:指生产经营单位违反安全生产法律、法规、规章、标准、规程、安全生产管理制度的规定,在生产经营活动中存在可能导致不安全事件的因素。

2．危险源与安全隐患的相同之处均能导致事故

由定义可知,危险源在特定条件下能够造成人员伤害或转化为事故;安全隐患无论是物的不安全状态、人的不安全行为还是管理上的缺陷,都是由于人的参与形成的,简单来说就是违章,而违章可能导致的直接后果就是事故。因此二者均具有导致事故的可能。

安全隐患来自管理不当的危险源。众所周知,不能在加油站抽烟、接/打电话,因为汽油、柴油是挥发物质,挥发出来的油气达到爆炸浓度后,遇火即炸。由于汽油、柴油本身的特性,使加油站成为一个危险源,在危险源范围内发生行为违章,于是安全隐患便产生了。所以安全隐患一般来说都是源于危险源的管理不当。如果没有了危险源,安全隐患也就不复存在。

3．危险源与安全隐患的不同之处

导致事故的可能性不同。管理得当的危险源不会导致事故,安全隐患则很可能直接导致事故。例如,机床传动机构在高速旋转中可能将人体某一部位带入而造成伤害事故,是一个危险源。对此种危险源的管理措施即为加装防护罩,加装防护罩后传动机构能够造成事故的本质属性虽未改变,但由于防护罩的隔离,转动机构已不能够对人造成直接伤害。如果将防护罩取消,转动机构直接暴露于人可接触到的地方,此时危险源便转化为安全隐患,发生事故的可能性也随之而来。

自身特性不同。危险源的危险性是因其自身的属性而产生的,具有不可消除性;而安全隐患则是人的不当行为造成的,经过治理是可以完全消除的。举例来说,220V交流电能够造成电击伤害,这是由电自身的特性决定的。在现有科技条件下,无论怎样去管理,都是不能消除的,所以可以将电列入危险源。而不更换破损的带电导线则产生了触电的安全隐患,其中便有了人的参与,如果及时更换导线,安全隐患也就随之消除了,因此带电导线破损应算作安全隐患。

综上所述，在判定一类事物属于危险源还是安全隐患，一要看该事物的存在是否会导致事故，二要看治理后危险性是否能够彻底消除。既不会直接导致事故又不能彻底消除危险性的即为危险源，反之则应列为安全隐患。

三、职场安全事故的预防

在职场中，做好安全事故的预防工作，能够避免或减少人身伤害和经济损失。作为职业院校的学生，应当学习掌握相关的安全事故的预防知识和技能，养成防患于未然的安全意识。图5-2中列出了事故预防的原则。

图5-2　事故预防的原则

（一）以安全文化为基础的事故预防

以安全文化为基础的事故预防包括以下五点。

1．安全评价和确认

在有关设施建设和运行之前必须进行安全评价，并根据新的安全资料不断更新安全评价报告，目的在于通过系统的审查，发现设计中的缺陷。

2．安全文化

广义的安全文化是在人类生存、繁衍和发展的历程中，在其从事生产、生活乃至实践的一切领域内，为保障人类身心安全（含健康）使其能安全、舒适、高效地从事一切活动，预防、避免、控制和消除意外事故和灾害（自然的、人为的或天灾人祸的）；为建立起安全、可靠、和谐、协调的环境和匹配运行的安全体系；为使人类变得更加安全、康乐、长寿，使世界变得友爱、和平、繁荣而创造的安全物质财富和精神财富的总和。

狭义的安全文化是存在于单位和个人中的种种素质和态度的总和。安全文化就是安全理念、安全意识以及在其指导下的各项行为的总称，主要包括安全观念、行为安全、系统安全、工艺安全等，安全文化是个人和集体的价值观、态度、能力和行为方式的综合产物。

职场中的安全文化教育重点应放在教育人员掌握他们使用的装置和设备的基本知识,了解安全规章和违反的结果,使所有的人员都具有安全意识。

3．经过考验的工程实践

运用已经经过试验或工程实践验证的技术,由经过选拔和训练的合格人员设计、制造、安装,使之符合有关规范标准。

4．规程

制定并执行各种操作程序、作业标准和技术规范、标准。

5．活动

有组织地开展各种以安全为目的的活动,促进规程的自觉执行、安全技术的有效落实以及安全文化氛围的营造。

（二）防止人的失误和不安全行为

事故原因包括人的失误和管理缺陷两方面。

1．防止人失误的技术措施

几乎所有的事故都与人的不安全行为有关。人失误的发生可以归结为以下几点：第一,超过人的能力的过负荷；第二,与外界刺激要求不一致的反应；第三,由于不知道正确方法或故意采取不恰当的行为。

防止人的失误的具体技术措施包括以下几点。

（1）用机器代替人。机器的故障率一般远远小于人的失误率。在人容易失误的地方用机器代替人操作,可以有效地防止人失误。

（2）冗余系统。把若干元素附加于系统基本元素上来提高系统可靠性（如两人操作、人机并行等）。

（3）容错设计。通过精心的设计使人员不能发生失误或者发生了失误也不会带来事故。

（4）警告。如视觉警告（亮度、颜色、信号灯、标志等）；听觉警告；气味警告；触觉警告。

（5）人、机、环境匹配。包括人机合理匹配、机器的人机学设计以及生产作业环境的人机学要求等。

2．防止人失误的管理措施

（1）职业适合性。职业适合性是指人员从事某种职业应具备的基本条件,它着重于职业对人员的能力要求。包括职业适合分析、职业适合性测试、职业适合性人员的选择。

（2）安全教育与技能训练。安全教育与技能训练是防止职工不安全行为和防止人失误的重要途径。

（3）其他管理措施。合理安排工作任务,防止发生疲劳并使人员的心理处于最优状态；树立良好的企业风气,建立和谐的人际关系,调动职工的安全生产积极性；采取持证上岗及作业审批等措施都可以有效地防止人失误的发生。

（三）生产型职场安全事故的预防

生产型职场通常需要用电，使用机械，进行重物搬运，容易发生安全事故，做好安全事故的预防非常重要。海因里希把造成人的不安全行为和物的不安全状态的主要原因归结为以下四个方面。

（1）缺少正确的态度。个别职工忽视安全，甚至故意采取不安全行为。

（2）技术、知识不足。缺乏安全生产知识，缺乏经验，或技术不熟练。

（3）身体不适。生理状态或健康状况不佳。

（4）不良的工作环境。照明、温度、湿度不适宜，通风不良，强烈的噪声、振动，物料堆放杂乱，作业空间狭小，存在设备、工具缺陷等不良的物理特点，操作规程不合适，没有安全规程，还有其他妨碍贯彻安全规程的事物。

（四）服务型职场安全事故预防

服务型职场具有人员规模复杂、形式开放流动、过程动态变化等特点，因此具有和生产型职场不同的安全风险因素。

1．防止滑倒摔伤

行走时要注意地面的湿滑度，遇有雨、雪、水、冰等，要控制速度。要在门前放警示牌，告知客人路滑。下雪时要在通道上铺上地毯、胶皮等防滑物品。

2．防止烫伤、中暑等高温伤害

烫伤是生活和工作中经常遇到的事故，主要是由于高温液体（沸水、热油等）、高温固体（烧热的金属等）或高温蒸汽等造成的人身伤害。防止中暑，应该多喝水，注意降温措施，并应备有相关药品。

3．防止食物中毒

防止食物中毒，应注重个人卫生和食品卫生，不食用发霉变质的食物。

4．防止触电伤害

防止触电的常用技术措施有：进行绝缘、屏蔽，加大间距，注意接地，加装漏电保护装置，使用安全电压等。

5．防止火灾

防止燃烧条件的产生，可采取限制、削弱燃烧条件发展的办法阻止火势蔓延。

6．防止爆炸

在服务型职场中，对易燃易爆物品要妥善保管，正确使用，做好防爆工作。

7．燃气安全

天然气是清洁能源，使用天然气的注意事项有：注意排气通风；防止火焰被汤水溢熄或被风吹熄；注意天然气灶具和管道的安全使用；不随意改动室内燃气管道等设施。液化石油气要与明火隔离，用毕必须关掉总闸。遇到气体快用完时，千万不可将煤气罐横卧或将煤气罐坐入热水盆内浸泡。

四、5S管理与职场安全

5S 管理是生产现场管理人员对现场人、机、料、法、环等生产要素进行有效管理,并对其所处状态进行不断改善的基础活动。5S 是营造一目了然的现场环境,使企业中每个场所的环境、每位员工的行为都能符合 5S 管理的精神,以便最终提高现场管理水平。5S 活动之间是紧密联系的,整理是整顿的基础,整顿是对整理成果的巩固;清扫可以显现整理、整顿的效果;而通过清洁和素养,则可以使生产现场形成良好的改善氛围。

表 5-3 中列出了 5S 的宣传标语及具体内容。

表 5-3　5S 的宣传标语及具体内容

5S	宣传标语	具 体 内 容
整理（seiri）	要与不要,一留一弃	区分需要的和不需要的物品,果断清除不需要的物品
整顿（seiton）	明确标识,方便使用	将需要的物品按量放置在指定的位置,以便任何人在任何时候都能立即取来使用
清扫（seiso）	清扫垃圾,美化环境	除掉车间地板、墙、设备、物品、零部件等上面的灰尘、异物,以创造干净、整洁的环境
清洁（seiketsu）	洁净环境,贯彻到底	维持整理、整顿、清扫状态,从根源上改善使现场发生混乱的现象
素养（shitsuke）	持之以恒,养成习惯	遵守企业制定的规章制度、作业方法,讲究文明礼仪,具有团队合作意识等,并使之成为素养,另外可使员工能自发地、习惯性地改善行为

（一）整理

整理现场不必要的物品。将一些非必需品放置在现场是潜在的安全隐患,因此必须将其清除或放置在其他地方。

（二）整顿

整顿即按定置、定品、定量的"三定"原则进行现场清理。

（三）清扫

选定清扫的负责区域并把负责的区域清扫干净。对清扫中发现的问题要及时进行整修。清扫干净可使作业人员心情良好,头脑清醒,并能保证安全。

（四）清洁

要使清洁工作内容和目标更加明确化,应根据各部门工作内容、工作环境制定明确的清洁标准,以指导各部门的清洁工作,如表 5-4 所示。

表 5-4 清洁标准

项次	检查项目	等级	得分	考 核 标 准
1	通道和作业区	1级	0	没有划分
		2级	2	画线清楚,地面未清扫
		3级	5	通道及作业区干净、整洁,令人舒畅
2	地面	1级	0	有污垢,有水渍、油渍
		2级	2	没有污垢,有部分痕迹,显得不干净
		3级	5	地面干净、亮丽,感觉舒畅
3	货架、办公桌、作业台、会议室	1级	0	很脏乱
		2级	2	虽经过了清理,但还是显得脏乱
		3级	5	让任何人都觉得很舒服
4	区域空间	1级	0	阴暗、潮湿
		2级	2	有通风,但照明不足
		3级	5	通风、照明适度,干净、整齐,令人感觉舒服
备注	等级标准:1级表示差,2级表示合格,3级表示良好			

(五)素养

素养是通过宣传教育和各种活动使员工遵守 5S 规范,养成良好习惯,以进一步使企业形成良好文化,使员工逐渐形成 5S 工作习惯。提升人员素质可通过制度培训、行为培训、检查监督考核等。

表 5-5 列出了素养的表现。

表 5-5 素养的表现

素养内容	具 体 说 明
良好的行为习惯	员工遵守各种规章制度,形成良好的习惯;员工遵守 5S 规范,养成良好的工作习惯
良好的个人形象	员工自觉维护个人形象
良好的精神面貌	员工工作积极,主动贯彻执行整理、整顿、清扫等制度
遵守礼仪规则,有礼貌	待人接物诚恳、有礼貌;互相尊重、互相帮助;遵守社会公德,富有责任感,关心他人

为了避免出现习惯性违章,应对工作人员进行培训,平时多检查监督。在强调员工积极配合 5S 管理的基础上,努力实现文明作业、安全作业的目标。

模块五 职场安全和职业健康

【小结】

职场安全不仅是对职场员工的从业保障,更是对职场周围环境人群的保护,因此至关重要。安全标志的设立是职场安全常态化的主要组成部分,职场负责人以及职场员工对事故危险源的早期识别,为职场事故预防奠定了良好的基础。不同环境下职场事故的定期预防措施,使得职场安全防患于未然。职场安全管理包括科学规范的管理体系,以及及时的安全意识和素质教育,这也是从以人为本的角度加强了职场安全建设。

【课堂活动】

识别职场中的危险源

教具材料:准备几张真实的工作现场图片,如图5-3所示。

目的:利用相关知识分析每张图片,提高学生识别现场危险源的能力。

任务:全班分组竞赛,以小组为单位快速识别安全隐患,优胜者颁发安全生产班组旗帜。

图5-3 职场安全隐患系列

服务型职场危险源和安全隐患

目的:理解危险源和安全隐患之间的关系。

任务:通过实地调查,总结、归纳服务型职场的危险源和对应的安全隐患,指出其中可能存在的管理漏洞和防范措施,如表5-6所示。

表 5-6 服务型职场的危险源和安全隐患

类　别	危险源	安全隐患
用火		
用电		
食品		
空气质量		
信息网络		

提示：参考答案如下。

（1）用火。选用的建筑存在先天性火灾隐患较大；消防设施缺乏、停用的现象较普遍；安全出口宽度不够；疏散通道不畅；电气线路零乱；强电、弱电线路没有分开；消防安全管理制度不健全，落实不到位；管理人员消防安全意识差，流动性大。

（2）用电。包括能引起火灾或触电事故的短路、过负荷、漏电、接触电阻过大等情况。

（3）食品安全。食品本身有害有毒；食品被有害有毒物污染；使用不卫生的设备或用具；生熟食品交叉污染；使用了腐败变质的原料；剩余食物未重新加热；误用有毒有害物；不适当的贮存；食品加工烹调不当。

（4）空气质量安全。过于封闭的公共服务场所存在空气质量问题。例如，公共场所吸烟带来的空气质量问题；复印机、传真机等办公设备造成的空气质量问题；通风系统造成的空气质量问题。

（5）信息安全。网络攻击与攻击检测、防范问题；安全漏洞与安全对策问题；信息安全保密问题；系统内部安全防范问题；防病毒问题；数据备份与恢复问题；灾难恢复问题。

（建议用时：20 分钟）

5.2 职业健康

【能力目标】

1．能够了解从事体力劳动时容易引起身体损伤的原因。
2．掌握预防脑力、体力劳动身体损伤的措施。
3．能够了解女职工的劳动禁忌。

【引入案例】

外来务工者的悲剧如何避免

据《福州日报》2013 年 7 月 5 日报道：福州市发布当年首个高温橙色预警的当天，最高气温超过 36℃。仓山一建筑工地在中午高温时段仍安排工人露天作业，某外来务工者由于持续几个小时无防护露天作业而重度中暑，最终经医院抢救无效死亡。

分析：该高温作业类型属于夏季露天作业。根据《防暑降温措施管理办法》，日最高气温达到 35℃以上（含 35℃），37℃以下时，用人单位应当采取换班轮休等方式，缩短劳动者连续作业时间,并且不得安排室外露天作业劳动者加班。该施工企业违反了《防暑降温措施管理办法》的规定,最终导致了事故的发生。相应建议:在生产过程中,可能会接触到各种各样的职业性危害因素,作为劳动者要加强个体防护措施,作为企业要加强作业环境管理,建立休息室,配备卫生设施,强化作业管理,重视健康管理,建立健康检查制度,做好健康检查的事后处理。

关于职业健康的定义有很多种,最权威的是1950年由国际劳工组织和世界卫生组织的联合职业委员会给出的定义:"职业健康应以促进并维持各行业职工的生理、心理及社交处在最好状态为目的;防止职工的健康受工作环境影响;保护职工不受健康危害因素伤害;将职工安排在适合他们的生理和心理的工作环境中。"现代医学与卫生学调查研究表明,各种职业环境和条件都存在着影响人类健康的有害因素;不同的职业、不同的职业场所、不同的职业劳动环境与条件、不同的劳动方式,甚至对同一企业,不同的管理者和不同素质的劳动者,都有不同的职业健康问题。

一、体力劳动引起的身体损伤及预防

(一)体力劳动引起的身体损伤及原因

1．长期重复一定姿势引起疾患

由于劳动者需要在工作中长期重复一定的姿势,导致个别器官或系统过度紧张而引起疾患。

2．不良劳动环境条件

如高温、寒冷、潮湿、光线不足、通道狭窄等,增加了劳动者劳动负荷,提高了劳动强度,容易产生疲劳和损伤。

3．劳动组织和劳动制度安排不合理

如劳动时间过长,劳动强度过大,休息时间不够,轮班制度不合理等,也容易形成过度疲劳,造成身体损伤。

4．劳动者身体素质问题

劳动者身体素质不强,安排的劳动强度与劳动者身体状况不适应。

(二)预防体力劳动身体损伤的措施

1．采取合理的工作姿势

改善作业平台和劳动工具,使之符合人体解剖学特点,加强劳动者作业训练,使劳动者能够采取正确的工作姿势和方式,尽量避免不良作业姿势,避免和减少负重作业,使身体各部位处于自然状态,减轻身体承受的压力。

2．改善劳动环境

科学合理地设计劳动环境,控制劳动环境中的各种有害因素,创造良好的劳动环境条件,如适宜的温度、湿度、光照、空间等,这样既有利于劳动者的健康,又能够提高劳动效率。

3．科学优化劳动组织和劳动制度

通过有效的工效学调查分析，合理组织劳动，根据个体选择适当的工作，对劳动者的劳动定额要适当。应安排适当的工间休息和轮班制度。

4．适当运动锻炼增强身体素质

体力劳动者往往长时间重复一个劳动动作，容易使用力部位劳损，而其他部位得不到锻炼，造成机体的不协调，或者劳动者身体素质不能适应现有劳动强度，可以通过适当的运动来使身体各部位得到锻炼，从而提高身体素质并消除疲劳。

二、过度脑力劳动对身心健康的影响及预防

（一）脑力劳动引起的身体损伤及原因

过度脑力劳动产生疲劳，表现为对工作的抵触，疲劳信号告诉我们需要进行调整和恢复，应该停止工作。如果继续强迫大脑工作，则会造成脑细胞的损伤，或使脑功能恢复发生障碍。脑力劳动过度会对人体的身心健康造成较大的危害，主要包括以下方面。

1．生理健康失常

长期过度脑力劳动，使大脑缺血、缺氧，神经衰弱，从而导致注意力不集中，记忆力下降，思维欠敏捷，反应迟钝。睡眠规律不正常，白天瞌睡，大脑昏昏沉沉；夜晚卧床后，大脑却兴奋起来，难以入眠，乱梦纷纭，甚至直到天亮；醒后大脑疲劳不缓解，精神不振。

2．心理健康失常

由于上述生理功能的失衡，造成心理活动失衡，出现忧虑、紧张、抑郁、烦躁、消极、敏感、多疑、易怒、自卑、自责等不良情绪，表面上强打精神，内心充满困惑和痛苦，无奈和彷徨，继而对工作学习丧失兴趣，产生厌倦感，甚至产生轻生念头。

（二）从事脑力劳动时缓解疲劳的方法

1．学会科学用脑

应科学地使用大脑，设法提高用脑效率。大脑左半球具有主管语言、数学、抽象思维的功能，因此脑力劳动者主要使用的是左脑半球，当过度用脑，感到头脑不清、头痛、昏昏欲睡时，可适当作一些轻松愉快的文娱活动，使左脑半球得到休息，缓解疲劳。

2．合理膳食，加强营养

注意饮食营养的搭配，含蛋白质、脂肪和丰富的B族维生素食物，如豆腐、牛奶、鱼类及肉类食物，可防止疲劳过早出现；多吃水果、蔬菜和适量饮水，也有助于消除疲劳。

3．保证充足睡眠，放松身心

生活要有规律，应养成良好的作息习惯，每天要留有足够的休息时间以消除身心

疲劳,恢复精力和体力。在工作间歇也可躺下来闭上眼睛,放松肢体和大脑,自我放松调整。通过听音乐、练书法、绘画、散步等活动方式转移人的注意力,放下思想包袱,减轻精神压力,也能够解除身心疲劳。

4. 坚持运动锻炼

通过跑步、打球、打拳、骑车、爬山等有氧运动,增强心肺功能,加快血液循环,提高大脑供氧量,促进睡眠。

5. 头部按摩

当用脑过度、头昏脑涨时,可用梳子或手指梳理头部皮肤,或通过对头部穴位的按摩,适当地刺激体表,促进血液循环,改善大脑疲劳的症状。

三、女职工劳动禁忌

(一)国家禁止安排女职工从事的劳动

(1) 矿山井下作业以及人工锻打、重体力人工装卸、强烈振动的工作。
(2) 森林业伐木、归楞及流放作业。
(3) 国家标准规定的第四级体力劳动强度的作业。
(4) 建筑业脚手架的组装和拆除作业,以及电力、电信行业的高处架线作业。
(5) 单人连续负重量(指每小时负重次数在6次以上)每次超过20公斤,间接负重量每次超过25公斤的作业。
(6) 女职工在月经、怀孕、哺乳期间禁忌从事的其他劳动。

(二)女职工在月经期间实行特殊保护

女职工在月经期间,所在单位不得安排其从事高空、低温和冷水、野外露天和国家规定的第Ⅲ级体力劳动强度的劳动。如有以上情况,应尽可能调整其从事适宜的工作;如不能调整时,根据工作和身体情况,给予假期1~2天,不影响考勤。

(三)已婚待孕女职工禁忌从事的劳动范围

已婚待孕女职工禁忌从事铅、汞、苯、镉等属于《有毒作业分级》标准第Ⅲ、Ⅳ级的作业。

(四)怀孕女职工特殊的劳动保护

女职工怀孕期间,所在单位不得安排从事国家规定的第Ⅲ级体力劳动强度和孕妇禁忌从事的劳动,不得在正常劳动日以外延长劳动时间;对不能承受原劳动的,应根据医务部门证明,予以减轻劳动量或安排其他劳动。工程部门从事野外勘测工作及施工一线的女职工,应安排适当工作。

(五)怀孕的女职工禁忌从事的劳动

(1) 作业场所空气中铅及其化合物、汞及其化合物、苯、镉、铍、砷、氰化合物、氮氧化物、一氧化碳、二硫化碳、氯乙内酰胺、氯丁二烯、氯乙烯、环氧乙烷、苯胺、甲醛等有毒物质浓度超过国家卫生标准的作业。

(2)制药行业中从事抗癌药物及己烯雌酚生产的作业。
(3)作业场所放射性物质超过《放射性防护规定》中规定剂量的作业。
(4)人力进行的土方和石方的作业。
(5)伴有全身强烈振动的作业,如风钻、捣固机、锻造等作业,以及拖拉机驾驶等。
(6)工作中需要频繁弯腰、攀高、下蹲的作业,如焊接作业。
(7)《高处作业分级》标准所规定的高处作业。

四、职业危害及常见职业病

(一)职业病和职业病危害

职业病,是指企业、事业单位和个体经济组织等用人单位的劳动者在职业活动中,因接触粉尘、放射性物质和其他有毒有害物质等因素而引起的疾病。

职业病的危害因素是指在生产过程、劳动过程、作业环境中存在的危害劳动者健康,可能导致职业病的各种因素。

1. 职业病的危害因素分类

(1)按职业病危害因素来源分类。生产现场的作业人员,在日常的生产作业过程中,可能会接触到各种各样的职业病危害因素。这些职业病危害因素,按其来源可以分为下面3类,如表5-7所示。

表5-7 职业病危害因素来源分类表

职业病危害因素分类		具 体 内 容
生产过程中接触的危害因素	化学因素	有毒物质,如铅、汞、锰、镉、磷等金属或非金属;刺激性气体,如氨、氯、二氧化硫、二氧化氮、光气等;窒息性毒物,如一氧化碳、硫化氢、二氧化碳和氰化物等;有机溶剂,如醇类、酯类、氯烃、芳香烃等;高分子化合物及农药等;生产性粉尘,如二氧化硅粉尘、石棉尘、煤尘、毛、羽、丝等
	物理因素	异常气象条件,如高温、高湿和低温等;异常气压,如高气压、低气压等;噪声、振动、超声波等;非电离辐射,如紫外线、红外线、射频、微波、激光等;电离辐射,如X射线、γ射线等
	生物因素	细菌、寄生虫或病毒,如病原微生物、炭疽杆菌、布氏杆菌等;医务人员接触含有病原微生物的病人体液,有可能受到感染;致害动物,如接触带病菌的狗、猫等;致害植物,如有毒的花草、过敏的花粉等
劳动过程中接触的危害因素	不合理制度	劳动时间过长、工休制度不健全或不合理等
	精神过度紧张	如在生产流水线上的装配作业人员精神过度紧张等
	劳动强度大,安排不合理	如超负荷加班加点,安排的作业与劳动者生理状况不适应等
	个别器官系统过度紧张	如由于光线不足而引起的视力紧张等
	工具、设备不合理	长时间使用不合理的工具、设备等
作业环境中的危害因素	自然环境中的因素	如炎热季节的太阳辐射、寒冷季节的低温等
	生产场所设计不合理	如厂房矮小、狭窄,车间布置不合理等
	生产过程不合理,管理不当	环境污染,作业环境的卫生条件不符合国家卫生标准
	缺少必要的卫生	如没有通风换气、照明设施或净化烟尘、污水的设施等
	设施安全用品配置有缺陷	不配备应有的安全用品、使用已淘汰的安全用品等

模块五 职场安全和职业健康

(2) 按职业病危害因素性质分类。职业病危害因素按其性质可分为3类,如表5-8所示。

表5-8 职业病危害因素按性质分类表

职业病危害因素分类	具 体 内 容
环境因素	物理因素(如异常气象条件、异常气压、噪声、振动、电离辐射);化学因素(如生产性毒物和粉尘);生物因素(如炭疽杆菌、霉菌、布氏杆菌、病毒等)
与职业有关的其他因素	不适合的生产布局;不适合的劳动制度等
其他因素	与劳动过程有关的劳动者生理、劳动者心理方面的因素等

2.常见职业病种类

根据《中华人民共和国职业病防治法》的规定,2013年12月23日,国家卫生与计划生育委员会、人力资源和社会保障部、国家安全生产监督管理总局、中华全国总工会四部门联合印发《职业病分类和目录》,新颁布的《职业病分类和目录》将职业病分为十大类132种,如表5-9所示。

表5-9 职业病分类

职业病分类	职业病种类
一、职业性尘肺病及其他呼吸系统疾病	(一)尘肺病 1.矽肺;2.煤工尘肺;3.石墨尘肺;4.炭黑尘肺;5.石棉肺;6.滑石尘肺;7.水泥尘肺;8.云母尘肺;9.陶工尘肺;10.铝尘肺;11.电焊工尘肺;12.铸工尘肺;13.根据《尘肺病诊断标准》和《尘肺病理诊断标准》可以诊断的其他尘肺。 (二)其他呼吸系统疾病 1.过敏性肺炎;2.棉尘病;3.哮喘;4.金属及其化合物粉尘肺沉着病(锡、铁、锑、钡及其化合物等);5.刺激性化学物所致慢性阻塞性肺疾病;6.硬金属肺病
二、职业性放射性疾病	1.外照射急性放射病;2.外照射恶急性放射病;3.外照射慢性放射病;4.内照射放射病;5.放射性皮肤疾病;6.放射性肿瘤(含矿工高氡暴露所致肺癌);7.放射性骨损伤;8.放射性甲状腺疾病;9.放射性腺疾病;10.放射复合伤;11.根据《职业性放射性疾病诊断标准(总则)》可以诊断的其他放射性损伤
三、职业性化学中毒	1.铅及其化合物中毒(不包括四乙基铅);2.汞及其化合物中毒;3.锰及其化合物中毒;4.镉及其化合物中毒;5.铍病;6.铊及其化合物中毒;7.钡及其化合物中毒;8.钒及其化合物中毒;9.磷及其化合物中毒;10.砷及其化合物中毒;11.铀中毒;12.砷化氢中毒;13.氯气中毒;14.二氧化硫中毒;15.光气中毒;16.氨中毒;17.偏二甲基肼中毒;18.氮氧化合物中毒;19.一氧化碳中毒;20.二硫化碳中毒;21.硫化氢中毒;22.磷化氢、磷化锌、磷化铝中毒;23.氟及其无机化合物中毒;24.氰及腈类化合物中毒;25.四乙基铅中毒;26.有机锡中毒;27.羰基镍中毒;28.苯中毒;29.甲苯中毒;30.二甲苯中毒;31.正己烷中毒;32.汽油中毒;33.一甲胺中毒;34.有机氟聚合物单体及其热裂解物中毒;35.二氯乙烷中毒;36.四氯化碳中毒;37.氯乙烯中毒;38.三氯乙烯中毒;39.氯丙烯中毒;40.氯丁二烯中毒;41.苯的氨基及硝基化合物(不包括三硝基甲苯)中毒;42.三硝基甲苯中毒;43.甲醇中毒;44.酚中毒;45.五氯酚(钠)中毒;46.甲醛中毒;47.硫酸二甲酯中毒;48.丙烯酰胺中毒;49.二甲基甲酰胺中毒;50.有机磷中毒;51.氨基甲酸酯类中毒;52.杀虫脒中毒;53.溴甲烷中毒;54.拟除虫菊酯类中毒;55.铟及其化合物中毒;56.溴丙烷中毒;57.碘甲烷中毒;58.氯乙酸中毒;59.环氧乙烷中毒;60.上述条目未提及的与职业有害因素接触之间存在直接因果联系的其他化学中毒

续表

职业病分类	职业病种类
四、物理因素所致职业病	1.中暑；2.减压病；3.高原病；4.航空病；5.手臂振动病；6.激光所致眼（角膜、晶状体、视网膜）损伤；7.冻伤
五、职业性传染病	1.炭疽；2.森林脑炎；3.布鲁氏菌病；4.艾滋病（限于医疗卫生人员及人民警察）；5.莱姆病
六、职业性皮肤病	1.接触性皮炎；2.光接触性皮炎；3.电光性皮炎；4.黑变病；5.痤疮；6.溃疡；7.化学性皮肤灼伤；8.白斑；9.根据《职业性皮肤病诊断标准（总则）》可以诊断的其他职业性皮肤病
七、职业性眼病	1.化学性眼部灼伤；2.电光性眼炎；3.白内障（含辐射性白内障、三硝基甲苯白内障）
八、职业性耳鼻喉口腔疾病	1.噪声聋；2.铬鼻病；3.牙酸蚀症；4.爆震聋
九、职业性肿瘤	1.石棉所致肺癌、间皮瘤；2.联苯胺所致膀胱癌；3.苯所致白血病；4.氯甲醚、双氯甲醚所致肺癌；5.砷及其化合物所致肺癌、皮肤癌；6.氯乙烯所致肝血管肉瘤；7.焦炉逸散物所致肺癌；8.六价铬化合物所致肺癌；9.毛沸石所致肺癌、胸膜间皮瘤；10.煤焦油、煤焦油沥青、石油沥青所致皮肤癌；11.β-萘胺所致膀胱癌
十、其他职业病	1.金属烟热；2.滑囊炎（限于井下工人）；3.股静脉血栓综合征、股动脉闭塞症或淋巴管闭塞症（限于刮研作业人员）

（二）职业病的防护

1.毒物防护

生产性毒物，是指在生产过程中产生的，存在于工作环境空气中的毒物。生产性毒物的种类繁多，影响面大，职业中毒约占职业病总数的一半。

预防职业性毒物必须采取综合性的防治措施（表5-10）。

表5-10 生产性毒物防护措施表

职业病分类		职业病种类
组织管理措施		重视预防职业中毒工作，在工作中应认真贯彻执行国家有关预防职业中毒的法规和政策，结合企业内部接触毒物的性质，制定预防措施及安全操作规程，并建立相应的组织领导机构
消除毒物		利用科学技术和工艺改革，使用无毒或低毒物质代替有毒或高毒的物质
降低毒物浓度	改革工艺	1.尽量采用先进技术和工艺过程，避免开放式生产，消除毒物逸散的条件；2.采用远距离程序控制，最大限度地减少工人接触毒物的机会；3.用无毒或低毒物质代替有毒或高毒物质等
	通风排毒	1.应用局部抽风式通风装置将产生的毒物尽快收集起来，防止毒物逸散；2.常用的装置有通风柜、排气罩、槽边吸气罩等，排出的毒物要经过净化装置，或回收利用或净化处理后排空
	合理布局	1.不同生产工序的布局，不仅要满足生产上的需要，而且要考虑卫生上的要求；2.有毒的作业应与无毒的作业分开，危害大的毒物要有隔离设施及防范手段
	安全管理	对生产设备要加强维修和管理，防止跑、冒、滴、漏污染环境

续表

职业病分类		职业病种类
降低毒物浓度	个人防护	1. 做好个人防护与个人卫生。除普通工作服外，还需对特殊工种的作业人员提供特殊质地的防护服。如接触强碱、强酸应有耐酸耐碱的工作服，对某些毒物作业要有防毒口罩与防毒面具等；2. 为保持良好的个人卫生状况，减少毒物作用机会，应设置盥洗设备、沐浴室及存衣室，配备个人专用更衣箱等
	增强体质	1. 合理实施有毒作业保健待遇制度，因地制宜地开展体育锻炼；2. 注意安排夜班工人休息，组织员工进行有益身心的业余活动，以及做好季节性多发病的预防等
	监测检查	1. 要定期监测作业场所空气中毒物浓度，将其控制在容许浓度以下；2. 实施就业前健康检查，排除职业禁忌症者参加接触毒物的作业；3. 坚持定期健康检查，早期发现员工健康问题并及时处理

2．粉尘防护

生产性粉尘是指在生产中形成的，并能长时间飘浮在空气中的固体微粒，如矽尘、煤尘、石棉尘、电焊烟尘等。生产性粉尘根据其理化特性和作用特点不同，对机体的损害也不同，可引起不同疾病，因此，应采取有效的预防措施控制生产性粉尘的产生（表5-11）。

表5-11　生产性粉尘防护措施表

防尘措施		具 体 说 明
组织措施		1. 加强组织领导是做好防尘工作的关键。粉尘作业较多的厂矿领导要有专人分管防尘事宜，建立和健全防尘机构，制订防尘工作计划和必要的规章制度，切实贯彻综合防尘措施，建立粉尘监测制度；2. 大型厂矿应有专职测尘人员，医务人员应对测尘工作提出要求，定期检查并指导，做到定时定点测尘，评价劳动条件改善情况和技术措施的效果；3. 做好防尘宣传工作，从领导到职工，让大家都能了解粉尘的危害，根据自己的职责和义务做好防尘工作
技术措施	改革工艺过程	1. 革新生产设备是消除粉尘危害的根本途径。应从生产工艺设计、设备选择，以及产尘机械在出厂前就应有达到防尘要求的设备等各个环节做起；2. 如采用封闭式风力管道运输，负压吸砂等消除粉尘飞扬，用无矽物质代替石英，以铁丸喷砂代替石英喷砂等
	湿式作业	1. 湿式作业是一种经济易行的防止粉尘飞扬的有效措施；2. 凡是可以湿式生产的作业均可使用，例如，矿山的湿式凿岩、冲刷巷道、净化进风等，石英、矿石等的湿式粉碎或喷雾洒水，玻璃陶瓷业的湿式拌料，铸造业的湿砂造型、湿式开箱清砂、化学清砂等
	密闭、吸风、除尘	1. 对不能采取湿式作业的产尘岗位，应采用密闭、吸风、除尘方法；2. 凡是能产生粉尘的设备均应尽可能密闭，并用局部机械吸风，使密闭设备内保持一定的负压，防止粉尘外逸；3. 抽出的含尘空气必须经过除尘净化处理，才能排出，避免污染大气
卫生保健措施	个人防护和个人卫生	1. 对受到条件限制粉尘浓度达不到允许浓度标准的作业应佩戴合适的防尘口罩；2. 开展体育锻炼，注意营养；此外应注意个人卫生习惯，不吸烟；3. 遵守防尘操作规程，严格执行未佩戴防尘口罩不上岗操作的制度
	就业前及定期体检	1. 对新从事粉尘作业的员工，必须进行健康检查，目的主要是发现粉尘作业就业禁忌证及作为健康资料；2. 定期体检的目的在于早期发现粉尘对健康的损害，发现有不宜从事粉尘作业的疾病时，及时将员工调离岗位

3. 物理有害因素防护

生产作业场所物理有害因素主要包括高温、高气压、振动、噪声、照度、紫外线、红外线、微波、电磁辐射（高频、超高频、微波）工频等。物理有害因素的防治主要是加强个人防护和采用合理的工艺及其设备（表5-12）。

表5-12 物理有害因素的防护措施表

防护内容	具 体 措 施
噪声	1. 如长期在超过86dB（A）作业环境下作业时应加强对作业人员听觉器官的防护，正确佩戴防噪声耳塞、耳罩和防噪声帽等听力保护器；2. 采用无噪声或低噪声的工艺或加工方法，选用低噪声的设备，加强对设备的经常性维护；3. 降低设备运行负荷，使用消声器、隔振降噪等工艺措施
高温	1. 控制污染，合理设计工艺流程，远离热源，利用热压差自然通风，切断污染途径；2. 隔热、通风降温、使用空调等；3. 合理安排作息时间，加强机体热适应训练，使用清凉饮料及高温防护服和防护帽
振动	1. 在厂房设计与机械安装时要采用减振、防震措施；2. 对手持振动工具的重量、频率、振幅等应进行必要的限制，工作中应适当安排工间休息，实行轮换作业，间歇使用振动工具；3. 使用振动工具时应采用防振动手套，或者在振动工具外加防振垫
紫外线	1. 电光性眼炎是眼部受紫外线照射所致的角膜炎、结膜炎，常见于电焊操作及产生紫外线辐射的场所；2. 电焊作业人员作业时应佩戴好防护面罩。如室内同时有几部焊机工作时，最好中间设立隔离屏障，以免相互影响；3. 车间墙壁上可以涂刷锌白、铬黄等颜色以吸收紫外线。尽量不要在室外进行电焊作业以免影响他人
电磁辐射	1. 在作业场所强磁场源周围设置栅栏或屏障，用铜丝网隔离，但一定要接地，这有助于阻止未经许可的人员进入场强超过国家暴露限值的区域；2. 远距离操作，在屏蔽辐射源有困难时，可采用自动或半自动的远距离操作，在场源周围设立明显标志，禁止人员靠近；3. 工作地点置于辐射强度小的部位，避免在辐射流的正前方工作；4. 工作中要加强对作业场所电磁场环境的监测，明确电场、磁场的实际水平
不良气象条件	加强管理、改善作业环境，严格按照国家有关作业标准进行作业，合理安排劳动作息时间，让作业人员轮流休息

【小结】

不同的职业环境在不同程度上都会造成一定的职业损伤，体力劳动和脑力劳动的职业损伤因从业方式和职业内容不同而表现不同。为避免职业损伤的发生或者减少职业损伤的程度，都应采取相应的措施给予预防。女职工是特殊的群体，因体质和特殊的生理期更需要有特殊的职业保护。物理性、化学性、生物性等多种因素引起的职业病都对从业者造成了身体上的严重损伤，需要采取具体的保护措施加以预防。

【课堂活动】

一起职业安全危害案例的分析

1. 目标

了解职业安全危害案例原因，试探寻安全预防方案，提升职业安全预防意识。

2. 程序和规则

步骤1：阅读下文，了解案例情况。

2018年4月10日晚间11时50分许，陕西商洛镇安县发生危爆运输车爆炸事故，致7人死亡13人受伤。据涉事单位陕西祥盛实业集团有限公司消息称,事故系一辆运输炸药的车辆送货至其公司仓库门口时发生爆炸,仓库内储存的炸药未殃及,已组织人手进行转移。7名死者中,有5名是该公司的员工,另外2名是运送炸药车辆公司的司机及押运员。

步骤2:分组查找网络资料,试分析事故原因。

步骤3:经过讨论梳理出类似案例的预防方案。各组出一名代表发言并撰写成稿。

3. 总结评价

职业安全预防工作是一项系统工程,需要全社会的关心和支持,只有让《中华人民共和国生产安全法》等有关法律法规逐步深入人心,让各级领导和作业人员的职业安全意识和自我保护意识不断增强,才能使职业安全预防工作逐步收到成效。

(建议用时:40分钟)

5.3 应急避险

【能力目标】

1. 掌握火灾的疏散与逃生方法。
2. 掌握心肺复苏的流程和操作步骤。
3. 掌握外伤止血步骤及常用方法。

【引入案例】

学生宿舍火灾逃生

2008年某学院一学生宿舍发生火灾,602屋内4名女生被困在阳台,面对凶猛的火魔,不顾楼下同学的劝说从6楼跳下,无一生还。与此同时,滚滚浓烟灌进了隔壁601寝室,将屋内3名女生困在阳台上。所幸消防队员接警后及时赶到,将女生们救了出来,此时距4名女生跳楼求生不过几分钟时间,初步判断该起原因为寝室里使用"热得快"引发电器故障并将周围可燃物引燃所致。

分析:事故的直接原因是学生违章使用"热得快"引燃周围可燃物引发火灾;宿舍楼道没有配置灭火器;临场处置错误;缺乏火场逃生的知识。

一、火灾的疏散与逃生方法

(一)火灾的危害

火灾对人体的危害主要包括烟和各种有毒的燃烧产物。

1. 烟的危害

散发在空气中能被人们看见的燃烧产物叫烟雾。烟雾实际上是由燃烧产物的悬浮固体、液体粒子和气体的混合物。高温烟气是造成人员伤亡的主要原因,是扩大火灾的主要载体,是影响灭火行动的最大障碍。

2．各种燃烧产物对人体的危害

资料统计，火灾中死亡的人数中 80% 以上是由于吸入毒性物质而致死。火灾中含有大量的有毒成分，如一氧化碳、二氧化碳、二氧化硫、氰化氢、二氧化氮、醛类等，这些物质均对人体有不同程度的危害。这些毒物主要来源于木材、纺织品、塑料等装修装饰材料的热分解。

（二）安全疏散设备设施

1．安全疏散设施的组成

安全疏散设施包括逃生路线图、疏散指示标志、疏散走道、安全出口，事故照明以及防烟、排烟设施等。有时还包括用于救生的避难袋、救生绳、救生梯、缓降器、救生网、救生垫、升降机等。

2．常见的安全疏散设施

（1）逃生路线图。客房门后或楼道里张贴的"逃生路线图"，是一张印有本楼层平面结构的图纸，房间位置和房号均有标志，同时有一箭头（通常为红色）自房间的位置沿走廊指向最近的疏散通道。某酒店消防疏散示意图如图 5-4 所示。

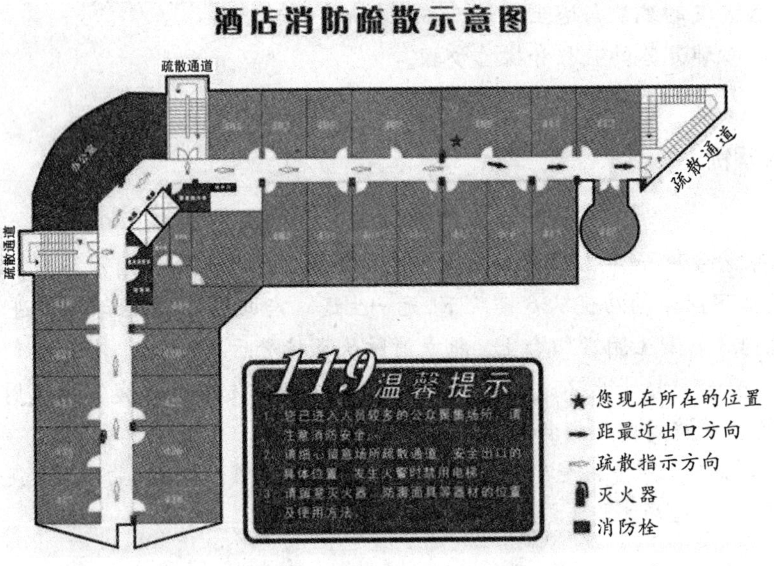

图 5-4　某酒店消防疏散示意图

（2）安全出口。建筑物内发生火灾时，为了减少损失，需要把建筑物内的人员和物资尽快撤到安全区域，这就是火灾时的安全疏散，凡是符合安全疏散要求的门、楼梯、走道等都称为安全出口。如建筑物的外门；着火楼层梯间的门；防火墙上所设的防火门；经过走道或楼梯能通向室外的门等，都是安全出口。

（3）疏散楼梯。疏散楼梯包括普通楼梯、封闭楼梯、防烟楼梯及室外疏散楼梯四种。疏散楼梯（室外疏散楼梯除外）均应做成楼梯间，围成楼梯间的墙皆应是耐火极限不低于 2.50h 的非燃烧体。楼梯应耐火 1～1.5h。

（4）事故照明灯和疏散指示标志。建筑物发生火灾时，正常电源往往被切断，为了便于人员在夜间或浓烟中疏散,需要在建筑物中安装事故照明灯(图 5-5)和常见的疏散指示标志(图 5-6),对安全疏散起到很好的作用,可以更有效地帮助人们在浓烟弥漫的情况下,及时识别疏散位置和方向,迅速沿发光疏散指示标志顺利疏散,避免造成伤亡事故。

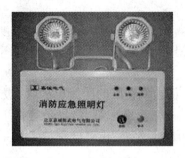

图 5-5　事故照明灯

图 5-6　常见的疏散指示标志

(5)过滤式自救呼吸器。这是一种自给开放式空呼吸器,广泛应用于消防、化工、试验室、公共场所等,一般存放于消防箱中,其防毒时间一般超过 35min。

(6)其他安全疏散设施。除了以上常见的安全疏散设施,根据需要,通常还会配备防火卷帘门、避难袋、救生绳、救生梯、缓降器、救生网、救生垫、升降机、强光手电等设施。

(三)火灾的疏散与逃生

1. 火灾自救和互救的基本原则

(1)及时呼救通知他人,并且拨打火警电话 119。

(2)如果是在火灾的初期且火势较小的阶段,应该尽早采取灭火措施,防止火势蔓延。

(3)保持镇定,快速找到安全通道和出口,尽早脱险,保障生命安全。

(4)尽量走楼梯,切忌乘坐电梯。

(5)身上一旦着火,不要乱跑,应立即脱掉衣物或就地打滚。

(6)学会寻找逃生通道,阳台、窗户、卫生间等都是逃生的主要地方。

(7)顾全大局,救助结合。

2. 公共场所发生火灾的自救互救方法

如果是在公共场所发生火灾,如餐厅、图书馆、宿舍或者教学楼,可以采用以下自救互救技巧。

(1)湿毛巾捂鼻法。用湿毛巾等物品捂住嘴巴和鼻子,尽量防止烟尘的吸入。这个时候应该尽量用湿毛巾或者湿布捂住自己的嘴和鼻子。同时不要顺着风逃生,应尽量走那些火势不容易蔓延的地方。要尽量弯着腰走,因为烟尘都飘浮在上空。

(2)毛毯隔火法。将毛毯等织物钉或夹在门上,并不断往上浇水冷却,以防止外部火焰及烟气侵入,从而达到抑制火势蔓延速度、增加逃生时间的目的。

(3)棉被护身法。用浸湿过的棉被(或毛毯、棉大衣)盖在身上,确定逃生路线后用最快的速度直接钻进火场并冲到安全区域,但千万不可用塑料雨衣作为保护。

(4）卫生间避难法。一旦出口被封死，那么就要学会重新寻找新的躲藏地点，卫生间就是一个很好的地点。因为卫生间有水源，且湿度较大，火势不容易蔓延进来。同时还可以将水泼在卫生间门外的地上，从而阻止火势向里面蔓延。

也可以选择在阳台或者窗口等比较容易让人看到你的地方，用呼喊、彩布条或电筒等发出求救信号。

（5）被单拧结法。把床单、被罩或窗帘等撕成条并拧成麻花状，如果长度不够可将数条床单等连接在一起，按绳索逃生的方式沿外墙爬下，但要切实将床单等扎紧扎实，避免其断裂或节头脱落。

（6）跳楼求生法。火场上切勿轻易跳楼。住在低楼层的居民可采取该方式。根据周围地形选择较低的地块作为着地点，然后将席梦思床垫、沙发垫等抛下作为缓冲物，并使身体重心尽量放低，做好准备以后再跳。此外，也可使用应急逃生绳进行逃生。

二、心肺复苏操作

心肺复苏既是专业的急救医学，也是现代救护的核心内容，是最重要的急救知识技能，它是生命垂危时采取的行之有效的急救措施。心肺复苏适用于由多种原因引起的呼吸、心跳骤停的伤病员，如急性心肌梗塞、严重创伤、电击伤、挤压伤、踩踏伤、中毒、溺水等。

（一）心肺复苏的操作流程

实施心肺复苏的操作流程如图 5-7～图 5-13 所示。

图 5-7　拍打肩部并判断意识

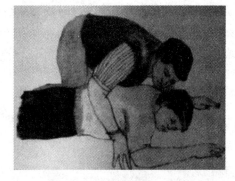

图 5-8　准备翻转体位

图 5-9　保护头颈部并翻转为仰卧位

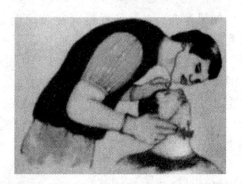

图 5-10　检查颈动脉并判断心跳

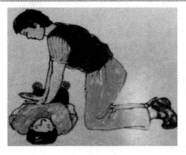
图 5-11 双臂绷直并按压 30 次

图 5-12 用仰头举颏法开放气道

图 5-13 口对口人工呼吸 2 次

（二）复苏 CAB 步骤

采用心肺复苏的步骤，一般以 C-胸外心脏按压（人工循环）、A-打开气道、B-口对口人工呼吸的序列进行。

1．胸外心脏按压

（1）定位。胸部正中乳头连线水平（胸骨下 1/2 处）；中指置于伤病员一侧肋弓下缘，中指沿肋弓向内上滑行到霜侧肋弓的汇合点，中指定位于此，食指紧贴中指并拢；另一只手掌的掌根部贴于第一只手的食指并平放，使掌根部的横轴与胸骨的长轴重合；定位之手放在另一只手的手背上，双手掌根重叠，十指相扣，掌心翘起，手指离开胸壁，如图 5-14 所示。

（2）姿势。上半身前倾，腕、肘、肩关节伸直，以髋关节为轴，垂直向下用力，借助上半身的体重和肩背部肌肉的力量进行按压，使胸骨下压深度至少 5cm，按压频率至少 100 次/分，有节奏地一压一松，按压与放松时间大致相等，尽量保证每次按压后的胸部回弹，并且手掌根不离开胸壁以防错位，尽可能连续按压不中断，如图 5-15 所示。

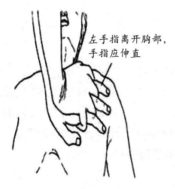
图 5-14 心肺复苏（定位）

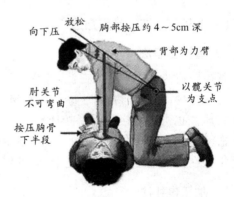
图 5-15 心肺复苏（姿势）

（3）开放气道。开放气道是人工吹气前至关重要的一步，其目的是维持呼吸通畅，保障气体自由出入。伤病员平卧于硬板或平地上，解开伤病员的衣领、领带、腰带、女性的胸罩等；迅速清理伤病员鼻内的异物，使呼吸道畅通；用仰头举颏法打开气道，救护者将一手掌小鱼际（小拇指侧）置于患者前额，下压使其头部后仰；另一手的食指和中指置于靠近颏部的下颌骨下方，将颏部向前抬起，帮助头部后仰，气道开放。成人头部后仰的程度为下颌角与耳垂连线垂直地面，如图 5-16 所示。

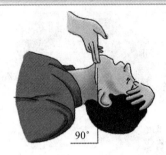

图 5-16 心肺复苏（开放气道）

（4）口对口吹气。保持气道开放，救护者用放在伤病员前额手的拇指和食指捏紧伤病员的鼻翼，以防止气体从鼻孔逸出；救护者吸一口气，用双唇包严伤病员的口唇四周，再缓慢持续将气体吹入，吹气时间持续1秒，同时观察伤病员胸部隆起；吹气完毕，救护者松开捏鼻翼的手，抬头换气，成人吹气频率每分钟10～12次。胸外按压与吹气之比为30∶2，共需5个周期，如图5-17所示。

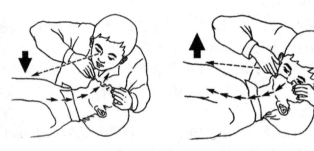

图 5-17 心肺复苏（口对口吹气）

三、创伤处理

（一）外伤止血的常用方法

1．直接压迫法

直接压迫法也称指压止血法，适合于头面部及肢体无异物的伤口出血。首先检查伤口有无异物，如无异物，将干净的纱布垫或手帕等放在伤口的出血部位，然后直接用手指按压。也可以直接用手指按压出血处。保持压力15分钟以上，不要时紧时松。如果血液渗透了按压在伤口上的布垫，不用管它，继续施压，尤其不要更换布垫。或者将手指压在伤口近心端的动脉之上，向骨骼的方向用力施压。

2．加压包扎法

适用于肢体末端较轻的、无异物的出血。用绷带及类似的条状物用力缠绕伤口，固定以后要检查手指或脚趾末端的血液循环情况。若出现青紫、发凉，说明绷带扎得过紧，要松开重新缠绕。

3．间接压迫法

间接压迫法适用于有异物（如匕首、碎玻璃片等）的伤口。首先在伤口周围垫上干净的纱布垫，再用绷带加压包扎。

4. 填塞止血法

填塞止血法适用于伤口较深的严重出血及大动脉、大静脉出血。应将纱布及类似物直接塞到伤口内,再用绷带加压包扎。

5. 用冰冷敷

冰冷敷能促使血管收缩及减少流血,可以用碎冰或冰毛巾冷敷患处,特别适合鼻子等部位出血。

另外如果伤口比较小,出血量比较少,可以用温水清洗伤口后迅速用创可贴贴上,很快会止住流血。

(二)常用的包扎方法

1. 环形包扎法

环形包扎法是最基本也是最常用的包扎方法,适用于肢体粗细较均匀伤口的包扎。方法:第一圈环绕时,绷带稍作斜置,以后环绕时每一圈压住前一圈的绷带,这样包扎更加稳固。此种方法适合于颈部、头部、腿部及胸腹部的小伤口包扎,如图5-18所示。

2. 螺旋包扎法

螺旋包扎法适用于肢体、躯干部位的包扎。用无菌辅料覆盖伤口,先环形缠绕两圈;从第三圈开始,环绕时压住前一圈的1/2或1/3处,最后用胶布粘贴固定,如图5-19所示。

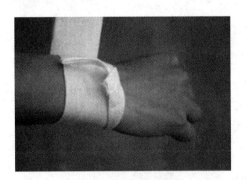
图5-18 环形包扎法

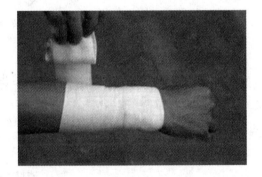
图5-19 螺旋包扎法

3. 螺旋反折包扎法

螺旋反折包扎法适用于肢体上下粗细不等部位的包扎,如小腿、前臂等。先用环形法固定始端,螺旋方法每圈反折一次;反折时,以左手拇指按住绷带上面的正中处,右手将绷带向下反折,向后绕并拉紧;反折处不要在伤口上,如图5-20所示。

4. "8"字形包扎法

"8"字形包扎法多用于手掌外伤、足部外伤及足踝扭伤,选用弹力绷带最佳。用绷带向上包一圈后再向下包一圈,是每一圈都与前一圈相互交叉,并覆盖上一圈的1/2,如图5-21所示。

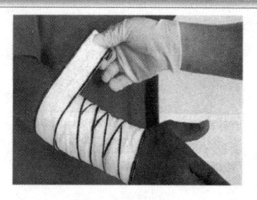

图 5-20 螺旋反折包扎法

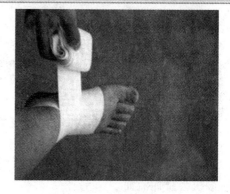

图 5-21 "8"字形包扎法

5. 三角巾头部帽式包扎法

三角巾头部帽式包扎法也称头顶帽式包扎。将三角巾底边折叠约两横指宽,边缘置于伤病员前额齐眉处,顶角向后;三角巾两底边经耳上向后在枕部交叉并压住顶角,再经耳上绕到前额齐眉打结;顶角拉紧,折叠后掖入头后部交叉处内。使用毛巾也可以进行帽式包扎,如图 5-22 所示。

图 5-22 三角巾头部帽式包扎法

【小结】

火灾是职场中常见的险情,正确的逃生疏散方法可以有效降低伤亡率,火灾应急预案和完备的消防设施必不可少。心肺复苏技术可以在有效的时间内抢救伤病员,而第一时间采取正确的创伤处理特别是止血包扎,则对挽救伤员生命意义重大。

【课堂活动】

消防技能训练

1. 目标

锻炼学生的火灾逃生能力。

2. 程序和规则

新生入学或者外出赴企业实习,身处陌生环境中,一旦发生火情,往往会因消防常识缺乏,贻误灭火和逃生时机,造成严重后果。为提高消防安全意识,可将全班分成若干小组,进行消防技能训练,按小组快速设计逃生路线,制订消防撤离演习方案。准备教具:灭火器、逃生路线图、模拟火场等。具体应包括以下几点。

步骤1:演习地点及参与人员。

步骤2:物资准备。

步骤3：报警程序。

步骤4：灭火和逃生装备使用。

步骤5：撤离程序及注意事项。

3．总结评价

训练结束后，教师根据实际情况进行总结。

（建议用时：2小时）

心肺复苏技能训练

1．目的

通过心肺复苏整个流程的模拟操练，掌握心肺复苏的操作技能。

2．程序和规则

步骤1：先进行情境模拟。即让一个假扮的老人在街头突发心脏病，没来得及取出速效救心丸，晕倒在地。周围人围观，束手无策。一位30岁左右的女子路过此地，向众人表明自己是某医院护士，请人群维持秩序，指定人员拨打120，让大家散开，不要围观，对晕倒老人开始实施心肺复苏，持续了近10分钟后，救护车到达现场，由急救医生接替她继续实施心肺复苏，送往医院。老人成功获救。

步骤2：再进行教具准备。心肺复苏模拟人一个，一次性人工呼吸口膜若干个。

步骤3：教师示范后，分组依次进行心肺复苏整个流程的模拟操练。

3．总结评价

（1）请分析教师和学生采取的现场救护方法是否正确。

（2）试讨论女护士在救护车到达前采取的救护措施对挽救老人生命的作用。

（3）教师根据训练情况进行总结。

（建议用时：1～2小时）

创伤包扎技能训练

1．目标

在紧急情况下，利用身边常见物品进行包扎。

2．程序和规则

步骤1：全班两人一组，模拟头部受伤流血不止，进行一对一的现场头部帽式包扎。

步骤2：教具准备。干净长毛巾和手帕各一条，准备两根约40cm的绳子或者鞋带。

步骤3：分析以下问题。

某周六，繁忙的急救中心接到120急救电话后，派车赶往一起车祸事故现场。由于道路交通堵塞，急救车用了半个多小时才到达出事现场。为防止大量出血，现场群众已经对一名伤员的下肢撕裂伤部位用干净衣物包扎止血，由于效果并不好，又加用橡皮筋捆扎止血。在等救护车的半个多小时中，从来没有松开过"止血带"。医护人员到达现场后，发现该伤员患肢肿胀、青紫明显，足背及趾端发凉，立即用剪刀剪开"止血带"。到达医院，经紧急救治后，该伤员还是因缺血时间过长，造成小趾末端坏死。

步骤4：试分组讨论回答下列问题。

（1）在使用止血带止血时有哪些注意事项？

（2）在缺乏专业止血工具时，橡皮筋可以用来捆扎止血吗？

（3）列举急救过程中可能产生的二次伤害。

3．总结评价

训练结束后，教师根据实际情况进行总结。

（建议用时：3～4小时）

第二部分

职业适应

模块六　职业形象与职业礼仪

【模块导读】

　　形象礼仪作为人们在社会交往中逐渐形成且遵守的基本行为规范,是道德修养、文化水平、交际能力、生活习惯的外在表现形式。具备良好的职业形象和职业礼仪作为事业成功的强力助推器,对于追求未来职场晋升的大学生来说是极为重要的。个人职业形象的成功塑造与职业礼仪的规范掌握已经成为职场人士展示自身职业素养的有力支撑。职业形象与礼仪是进入职场后在人生价值、职业理想、个人追求等方面与社会进行沟通交流并为之运用发展的有效途径。

6.1　职　业　形　象

【能力目标】

1. 了解职业形象的概念及意义。
2. 熟悉职场中对形象、服饰和姿态的基本要求。
3. 掌握提升个人职业形象的途径方法。

【引入案例】

导游晓春的困惑

　　晓春是位初入职场的导游,为了更好地展现自己,接团前她做了一番精心打扮,准备了一条宝石项链和一对钻石耳环,服装和手提包也都是大牌商品。可到了接站点,晓春感受到的却是游客们对她的"视而不见"。上车以后,晓春发现好多客人都是面无表情地眯着眼睛看她。在接下来的旅程里,无论是晓春的自我介绍,还是沿途景观介绍,游客一点回响也没有。第二天她换了一套更大牌的服装和首饰。不管晓春怎么动情地讲解,游客还是一声不吭地望向窗外,只有领队在重复集合时间的时候,游客才有所回应。带团结束后,旅游公司接到了本次游客对晓春穿戴打扮提出的意见,晓春却不以为然。

　　分析:职业人士的穿着打扮应与所从事的职业相适应。晓春忽视了导游职业平易近人的岗位需求,无形中与游客产生了不应该有的距离感,导游服务质量严重受影响。不适合的着装会严重影响职业形象。

一、职业形象概述

(一)职业形象的含义

　　职业形象泛指职业人外在、内在的综合表现和反映。外在职业形象并不是简简单单的外貌长相和穿衣打扮,而是通过衣着打扮、言行举止,反映你的个性、形象及在公众面前所树立起来的印象,是个人与其职业相适应并在公众面前树立起来的能反映其内在气质和职业特点的外在形象及举止行为。

(二)职业形象对职业发展的意义

每个职业都有其特定的职业形象。高雅有品质的职业形象不但能够展示个体的能力、专业水平和社会地位,还可以使人在求职、社交活动中彰显自信与尊严,对职业成功具有比较重要的意义。职业形象和个人的职业发展有着密切的关系。

1. 展现性格特征

企业在招聘员工时对应聘者职业形象的关注程度远远超过我们的想象。他们觉得那些职业形象不合格、职业气质差的员工不容易在众人面前获得较高认可度,不容易在与人合作过程中产生较好的工作效果。

2. 影响工作业绩

沟通所产生的影响力和信任度是来自语言、语调和形象三个方面,其中形象所占的比例最大,影响最深。塑造和维护高雅文明的个人形象就成为当今即将步入职场的高职院校学生的必修课程。

3. 助推职业生涯

职场员工的职业形象在很大程度上影响着企业的发展和进步。只有真正意识到了个人形象与修养的重要性,才能体会到高雅文明的个人形象在职业中所带来的美好精神风貌和现实意义。

二、职业仪容

仪容是指一个人的自然外观容貌。仪容包括发部、面部、颈部、手部等。仪容的修饰与一个人的道德水平和审美情趣有关。讲究仪容就是对外观容貌进行必要的整理和修饰,使得仪容符合职业活动要求和礼仪规范。

(一)发型修饰

发型是仪容的重要组成部分,也是他人第一眼关注的地方,整洁得体的头发不但令人心情愉悦,更能给人留下美好的印象。修饰头发应做到以下几点。

1. 头发整洁

头发要常梳、常洗和常理,以保持头发整洁光亮有弹性。切忌使用异味洗发护发用品。当头皮出汗、出油、蓬垢时,一定要选择适合的洗护用品及时打理。

2. 长短适中

在塑造职业形象时,头发的长短和发型要符合职业、身份、个人条件、工作环境等因素,不同职业按照不同的标准和要求,以端庄、典雅为宜。男士头发的标准是前不覆额、侧不掩耳、后不及领;女士头发长度不宜超过肩部,必要时盘发、束发,不宜披散。

3．适度美化

头发要勤于梳洗，可根据自己的发质和工作环境以及气候决定。中性头发每周洗两三次，干性头发每周洗一两次，油性头发最好每天洗一次。清洗头发的时候要注意洗发用品的选择，应选用高品质的弱碱性洗发用品，避免使用碱性过大的洗发用品。

（二）面部修饰

在职业中，仪容多指人的面容，作为最令人注目的地方，其美化修饰是非常重要的，必须予以重视。干净整洁的面部辅之以适当的修饰，通常会给人清爽宜人、淡雅美丽之感。

1．修饰眼部

眼睛是心灵的窗户，是人际交往中被人关注最多的地方。修饰眼部要注意清洁眼睛。及时清除眼部分泌物，注意用眼卫生，预防眼部疾患。选择与佩戴眼镜时，应注意保持眼镜的清洁。

2．修饰眉毛

眉毛应以自然美为主，依据脸型修理不同样式的眉形能使人的脸部显得轮廓分明。个别眉毛较粗浓的女生，或者眉毛较淡形状不太理想者，可以请专业修眉师帮助美化修饰。

3．修饰口部

要坚持早晚刷牙，保持口腔清洁无异味。与人交谈时要保持一定的距离，切勿口沫横飞。即将进入公共场合前，不要吃有刺激性气味的东西，必要时，可口含茶叶、口香液以祛除气味。适当呵护自己的嘴唇，防止嘴唇干裂、暴皮和生疮。

（三）肢体修饰

1．修饰手部

在日常生活中，手需要与人接触或经常触碰物品，从清洁、卫生、健康的角度讲，餐前便后、外出回来及接触各样物品后，都应及时洗手。手指甲应定期修剪，长度以不能从手心的正面看见为宜。

2．修饰腿部及脚部

腿部的曲线美也是在近距离之内为他人所注视，在修饰仪容时自然不能偏废。修饰腿部，应当注意细节的重要性。工作场所忌光腿和穿搭破损的丝袜，不暴露腿部。修饰脚部应注意以下几点：不裸露脚部；勤洗脚，勤洗鞋，勤洗袜，勤剪脚趾甲。

（四）化妆修饰

化妆是生活中的一门艺术。进入职场，适度而得体的化妆，可以更好地展现职业人员的风采，特别是对于女性职员更是尊重别人的礼貌行为。职业妆需要塑造的是淡雅、自然、优雅、知性、颇具亲和力的整体造型，切忌过于前卫另类。面部化妆以眼部化装为重点的重点、关键的关键。

1. 职业妆的基本要求

（1）修饰得体。在化妆时要注意适度矫正，以使自己化妆后能够恰当得体地提升美感，扬长避短。

（2）真实自然。化妆要求美化、生动，更要求真实、自然，淡妆为主，少化浓妆。化妆的最高境界，是没有人工修饰的痕迹，显得天然美丽。

（3）整体协调。高水平的化妆，强调的是整体效果，充分考虑到光线对化妆的影响力，使妆面、全身、场合、身份均较为协调，以体现出自己的不俗品位。

（4）修饰避人。化妆应在无人之处，可在化妆间或洗手间进行。勿当众化妆，勿在异性面前化妆，勿残妆露面。

（5）饰物适宜。遵守以少为佳、同质同色、符合身份的原则。佩戴饰物要考虑人、环境、心情、服饰风格、妆容等诸多因素的关系，力求整体搭配协调。

2. 化妆的原则

（1）符合美化的原则。化妆意在使人变得更加美丽，因此在化妆时要注意适度修饰，扬长避短。在化妆时不要自行其是、任意发挥、寻求新奇。

（2）符合自然的原则。自然是化妆的生命，化妆的最高境界是"妆成有却无"。要井井有条；讲究过渡，体现层次。

（3）符合协调的原则。高水平的化妆，强调的是整体效果。第一，妆面协调；第二，全身协调；第三，身份协调。

案例 6-1

小李与小白

小李与小白是同学，两人应聘到一家公司。上班第一天，小李化了精致的妆容，身着一套深色职业套装；而小白身穿一套休闲服，脚踏运动鞋。第一天数十名新员工里只有小李穿了正装。培训经理指派小李作为班长代表新员工发言，得到了领导的赏识，派到公司的重要部门报到。小白想不通，无论能力还是形象她都超过小李，为什么上班后却落到了小李的后面呢？

分析：第一印象对职场新人来说非常重要。整洁适宜的职业着装作为事业成功的助推器，是职场人都应当认真对待与把握的，它关系到大家未来职场的走向，对于完善个人职业形象，提升个人职业素养大有裨益。

三、职业服饰

服饰是一种无声的语言，体现了一个人的社会地位、文化品位、艺术修养，以及为人处世的态度。正确得体的着装，能体现个人良好的精神面貌、文化修养和审美情趣。良好职业形象的树立与正确着装有着密切的联系。

（一）着装场合区分

职业交际中所涉及的场合有三种：公务场合、社交场合、休闲场合。因每个人在年龄、性别、形体、职业等方面都有所不同，着装时必须考虑根据自己的个性选择最适合的服饰。不同的场合对服饰的要求有所不同，应视具体情况而定。

1. 公务场合

公务场合是指工作时涉及的场合，一般包括在办公室、会议厅及外出执行公务等情况。工作场合着装宜选择套装、套裙、工装、制服，也可以选择长裤、长裙、长袖衫。公务场合着装的基本要求是：端庄大方，得体保守。

2. 社交场合

社交场合是指在工作之余和共事伙伴或商务伙伴进行交往应酬的场合。社交场合着装的基本要求是：时尚得体，个性鲜明。宜穿礼服、时装、民族服装。这种社交场合所选择的服饰最好能衬托周围的环境，不宜过分庄重保守。

3. 休闲场合

休闲场合是指工作之余的活动场合，如健身运动、观光游览、购物休闲等场合。休闲场合着装的基本要求是舒适自然。适合选择的服装有运动装、牛仔装、沙滩装及各种非正式便装，如T恤、短裤、凉鞋、拖鞋等。

（二）着装"三服"要求

在职业装中涉及较多的三类服装是制服、西服和女士服装，简称"三服"，都有其不同的着装礼仪。

1. 企业制服

企业制服是指由某个企业统一制作，并要求某一个部门、某一个职级的员工统一穿着的服装。穿着制服时要保证制服的干净、整洁、完整，不允许出现又脏又破、随意搭配、制便混穿的现象。

2. 男士西服

男士穿着西装时，衬衫的领子要挺括，不可有污垢、汗渍；下摆要塞进裤子里，系好领口和袖扣；里面的内衣领口和袖口不能外露。穿西装一般应系领带，领带结要饱满，与衬衫领口要搭配；长度以系好后大箭头垂到皮带扣为宜；领带夹夹在衬衫的第三粒与第四粒纽扣之间。皮鞋的颜色不应浅于裤子，最好选深色，黑皮鞋可以配黑色、灰色、藏青色西服，深棕色鞋子配黄褐色或米色西服，鞋要上油擦亮。袜子一般应选择黑色、棕色或藏青色，与长裤颜色相配。三件套的西装，在正式场合下不能脱外套。

3. 女士服装

办公室服饰应尽量考虑与办公室色调、气氛相和谐，并与具体的职业分类相吻合。服饰的质地应尽可能考究，舒适方便，以适应整日的工作强度。较为正式的场合，应选择女性正式的职业套装或套裙；较为宽松的职业环境，可选择造型感稳定、线条感明快、富有质感和挺感的服饰。坦露、花哨、反光的服饰是办公室所禁忌的。

（三）职业姿态

姿态，是人们在外观上可以明显地察觉到的活动、动作，以及在动作、活动之中身体各部分呈现出的样子。在人际交往中，优雅的仪态可以透露出自己良好的礼仪修养，增加不少好印象，进而赢得更多合作和被接受的机会，创造财富。

职业素质教育

1. 站姿

站立是职业交往中一种最基本的仪态,最基本也最常见(图6-1)。优美的站姿是保持良好体型的秘诀,也是训练优美体态的基础。男士站姿总要求是姿势挺拔,刚毅洒脱;女士则应秀雅优美,亭亭玉立。

(1) 正规式站姿。抬头挺胸,立腰收腹,目视前方,双臂自然下垂,双腿并拢直立,两脚尖张开60°,身体重心落于两腿正中;男性也可两脚分开,比肩略窄,将双手合起,放在腹前或背后。

(2) 工作场合站姿。包括垂直站姿、前交手站姿、后交手站姿、单背手站姿、单前手站姿。

2. 坐姿

坐姿是静态的,指人在就座以后身体所保持的一种姿势。对大多数人而言,无论是工作还是休息,坐姿都是其经常采用的姿势之一。坐姿的基本要求是身体直立端正,神态从容自如,全身自然放松(图6-2)。

图6-1 标准站姿　　　　　　　　图6-2 标准坐姿

(1) 常态坐姿。入座时要轻要稳;面带笑容,双目平视,嘴唇微闭,微收下颚;双肩放松平正,两肩自然弯曲放于椅子或沙发扶手上;坐在椅子上,要立腰、挺胸,上体自然挺直;双膝自然并拢,双腿正放或侧放,双脚平放或交叠;坐椅子上,至少要坐满椅子的2/3,脊背轻靠椅背。

(2) 工作场合坐姿。包括正襟危坐式、垂腿开膝式、双腿叠放式、双腿斜放式、双脚交叉式、双脚内收式、前伸后屈式。

3. 行姿

在职业交往过程中,端庄文雅的走姿是最引人注目的身体语言,也最能展示一个人的气质与修养。走姿可以体现一个人的精神面貌,女性的走姿以轻松敏捷,健美为适;男性的走姿以协调稳健刚毅为宜。

（1）行姿的基本要求。身体重心稍前倾，抬头挺胸收腹，上体正直，双肩放松，两臂自然前后摆动，脚步轻而稳，目光自然，尽量走出从容、平稳的直线。行走时应遵守行路规则，行人之间互相礼让。男女一起走时，男士一般走在外侧。

（2）行姿规范标准。头正收颔，双目平视，表情自然。两肩平稳，防止上下前后摇摆，双臂前后自然摆动。上身挺直，收腹立腰，重心稍前倾。两脚尖略开，脚跟先着地，两脚内侧落地。行走中两脚落地的距离大约为一个脚长，即前脚的脚跟距后脚的脚步一个脚的长度为宜。步速平稳；行进的速度应保持均匀、平衡，不要忽快忽慢。

4．蹲姿

蹲姿是由站立的姿势转变为两腿弯曲和身体高度下降的姿势。职业中蹲姿是人们在较特殊场合下所采用的一种暂时性的体态。虽然是暂时性的体态，仍需特别注意，因为正确恰当的蹲姿能够体现一个人的修养，不恰当的蹲姿有损形象。

（1）正确的蹲姿。包括以下两方面。

① 高低式蹲姿。男性选用这一方式时较为方便。其要求是：下蹲时，左脚在前，右脚在后。左脚应完全着地，小腿基本上垂直于地面；右脚则应脚掌着地，脚跟提起。此刻右膝低于左膝，右膝内侧可靠于左小腿的内侧，形成左膝高右膝低的姿态。臀部向下，基本上用右腿支撑身体，如图6-3所示。

② 交叉式蹲姿。交叉式蹲姿通常适用于女性，尤其是穿短裙的女性。它的特点是造型优美典雅，其特征是蹲下后两腿交叉在一起。其要求是：下蹲时，右脚在前，左脚在后，右小腿垂直于地面，全脚着地，右腿在上，左腿在下，二者交叉重叠；左膝由后下方伸向右侧，左脚跟抬起，并且脚掌着地；两脚前后靠近，合力支撑身体；上身略向前倾，臀部朝下。

图6-3　标准蹲姿

（2）女士蹲姿的注意事项。除上述内容外，女士还要注意：无论是采用哪种蹲姿，都要切记将双腿靠紧，臀部向下，上身挺直，使重心下移；女士绝对不可以双腿分开而蹲；速度不可以过快或过猛。在公共场所下蹲，应尽量避开他人的视线，尽可能避免后背或正面向人。

【小结】

职业仪容与仪姿的重要性在每个行业都有具体体现，良好的职业形象不仅仅体现了个人文化素养，还会产生积极的宣传效应，甚至还会弥补从业者的某方面不足。反之，不良的个人形象往往会令人生厌，即便是一流的技术与硬件设施也无法给他人留下好的印象。个人形象会代表企业形象，反映组织管理与服务水平，甚至还会展现国家精神风貌。完美的职业形象无异于赢在从业的起跑线上，良好的职业形象也会使我们更容易在各自的职场当中收获成功。

职业素质教育

【课堂活动】

职业仪容服饰技能比拼

1. 目标

提升学生职业形象塑造能力,加强学生对职业形象规范的理解。

2. 程序和规则

步骤1:全班以小组为单位派代表参加比赛,利用全组成员物品打造完成个人职业标准仪容服饰(男女分组)。衣着搭配规范,发型标准整洁,妆容得体精美。

步骤2:前期准备10分钟,主要是形象塑造。

步骤3:展示过程5分钟,进行展示。

步骤4:评价总结5分钟,互评总结。

具体考核标准如表6-1和表6-2所示。

表6-1 职业仪容服饰技能比拼女生组

考核项	分值	得分
职业着装	30	
职业发型	30	
职业仪容	40	
合 计		

表6-2 职业仪容服饰技能比拼男生组

考核项	分值	得分
仪容仪表	50	
职业发型	50	
合 计		

3. 总结评价

通过比赛,小组互评,教师点评指导,检验学生对职业形象知识的掌握程度,将形象礼仪知识转化为学生的实际操作能力。

(建议用时:30分钟)

6.2 职业礼仪

【能力目标】

1. 理解认识职业礼仪的概念及作用。
2. 掌握职场礼仪的基本原则要求。
3. 掌握职业礼仪在职场当中的运用。

模块六　职业形象与职业礼仪

【引入案例】

爱冲动的小美

小美是公司入职不久的前台接待,性格直爽,办事热情,但是性格爱冲动,不能很好地处理情绪是她的职场弱点。有一次,因在接收快递时与快递员发生矛盾,所以一直在生闷气。正好接到一宗客户咨询电话,她将个人情绪全部发泄在客户身上,她说了很多不该说的话后挂掉了客户的电话。当天下午,这位客户怒气冲冲地来到公司,要求见总经理投诉小美。经理批评了小美,并且扣除了小美当月的奖金。

分析: 小美因为情绪失控、口不择言地激怒了客户,最后害的还是自己。初出茅庐的职场新人,从学校步入职场,都有一个过渡期和磨合期,初到职场更应遵守职场礼仪规则,提升应聘者个人综合素质,避免造成一生无法弥补的遗憾。

一、职业礼仪概述

(一) 职业礼仪的含义

职业礼仪是指人们在职业场所中应当遵循的一系列礼仪规范。掌握并恰当地运用职场礼仪规范,将有助于完善和维护从业者的职业形象。职场礼仪不仅可以有效地展现一个人的教养、风度、气质和魅力,还能体现一个人对社会的认知水平、个人的学识、修养和价值。通过职业礼仪在复杂的人际关系中保持冷静,按照规范要求在多变的职场环境中约束行为;通过礼仪细节在漫长的职业成长中完善自我,从而推动个人事业不断前进。

(二) 职业礼仪对职业发展的作用

1. 营造良好人际关系

本着真诚友善、和谐平等、互帮互助、自信自律、诚实守信的职场礼仪原则,用礼仪规范来约束个人职场行为。通过学习礼仪知识,掌握人际交往技巧,积累交往经验,在职场交往过程中学会遵循社会礼仪的基本原则,有利于营造良好的人际关系。

2. 提高社会适应能力

职业礼仪教育可指导从业者换位思考处理问题,在礼仪教育的过程中学会如何做人做事,从而提高个人社会适应能力。当代社会对礼仪素养的高低要求也逐渐成为用人单位在招聘过程中综合素质考核的重要因素。在应聘过程中得体的着装与谈吐、优雅的举止与风度,无疑是应聘者迈向工作岗位的有利基石。

3. 促进事业和谐发展

学习基本的职场礼仪规范和知识,能帮助求职者培养良好的道德情操,培养优雅的礼仪风度,纠正不正确的行为习惯,帮助防止不正当行为的发生和发展。强化个人自我约束和自我管理能力,规范个人职场行为,在职场中考虑他人心理反应,提升工作质量,促进事业和谐有序发展。

二、社交礼仪

（一）沟通礼仪

沟通作为两人及多人交流的基本方式，是社会交往最广泛使用的形式之一。沟通的底线原则是尊重他人与自我谦和，一个善于沟通交流且熟练掌握沟通礼仪的从业者，本身就具备了取得职场成功的先决条件。

1．语言恰当

语言表达清晰流畅，准确表达思想意图；沟通过程亲切友好，给沟通双方良好体验；谈话有节，适度幽默，时间把控有度。

2．举止得体

适度修饰仪表，保持整洁外表；姿态优美放松，手势运用适当；礼貌进退，表情得当，无过分多余动作。

3．距离适当

社交距离为 0.5～1.5 米，礼仪距离为 1.5～3 米。

4．沟通原则

正确使用规范化交流语言，淡化双方之间的陌生感，消除对方的抵触情绪；认真倾听交谈者的表述，不随意打断他人谈话。

（二）称呼礼仪

称呼作为思想语言交流的基本组成，不仅体现了双方的角色关系与权势关系，同时也反映出了人与人的亲疏远近。恰当的称呼是语言交流得以顺利进行的重要条件，相反则会造成阻碍，留下不愉快的印象，给以后的交往带来不良的影响。

1．符合身份

当清楚对方身份时，可以以对方的职务或身份相称；如不清楚对方身份，可以以性别相称，如"某先生""某女士"。

2．符合年龄

称呼长者时，务必尊敬，不可直呼其名；称呼同辈人时，可称呼其姓名，熟识后也可去掉姓称其名；称呼晚辈时，可在其姓前加"小"字，或直呼其名。

3．顺序原则

多人打招呼时，应遵循长幼有序，先上后下，先近后远，先女后男，先疏后近的原则。

（三）介绍礼仪

介绍作为日常交流与社交活动的重要方式，是人与人沟通的第一步环节。正确利用介绍，一方面可扩大朋友圈、交际圈范围，更有助于进行自我展示和自我宣传。

1. 介绍他人

应遵循男性介绍给女性,把后来者介绍给先到者的原则;应遵循晚辈介绍给长辈,把职务低者介绍给职务高者的原则;介绍双方时,应提前和双方做好意图说明,给予双方思想准备;姿态要举止文雅,介绍一方的同时,目光要照顾到另一方,如图6-4所示。

图 6-4　介绍礼仪

2. 自我介绍

在社交场合要寻找适当时机进行自我介绍,应突出自己的优点和特点;自我介绍时,语言应简单流畅,切勿自吹自擂,保持谦逊有礼;应以站立姿态为佳,举止端庄大方,表情友好亲切。

（四）名片礼仪

1. 出示名片

男性递给女性,职务低的人递给职务高的人;如多人在场,应按照顺时针方向依次递送,切勿越过他人;递送名片时,应保持微笑,上身前倾,注视对方,双手奉上;递送名片应把握好时机,初次见面时,边自我介绍边出示名片,双方交谈时,主动奉上名片表示希望日后联系;结束会面时,送上名片可加深对方印象,如图6-5所示。

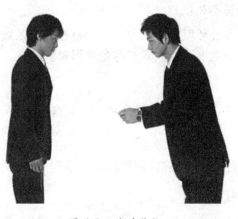

图 6-5　名片礼仪

2. 接受名片

接受名片时，应起身相迎，双手接过，态度恭敬；接受名片后，仔细浏览一遍，表示对对方的尊重；浏览名片后，要在现场妥当收藏，切勿随手一放或随意把玩；在接受对方名片后，要回敬对方一张名片。如当时未携带名片，应表示歉意后，及时做出解释，切莫没有反应。

3. 索要名片

向他人索取名片时，可主动提议交换名片，并先将自己的名片递出，态度要诚恳主动；面对他人索取名片时，一般原则不应直接拒绝，如确有必要，可委婉表达，同时需注意分寸。

4. 注意事项

名片是否存在残缺褶皱；不宜涂改名片，印刷字迹清晰；不宜头衔过多，内容真实可靠。

三、办公礼仪

（一）办公室基本礼仪

办公室既是办公的公共场所，又是展示企业文化与综合软实力的良好途径。从业者严格遵守办公室礼仪规范从事职业活动，既能展示职业形象，同样还可以折射出自身良好职业素质。

1. 办公室礼仪要求

办公室陈设应以整洁、便捷、高效为标准原则；保持办公桌上物品摆放有序，不摆放无关物品；保持办公室、办公桌每日擦拭，废物及时清理；文件按时分类归档，做好个人计算机的保密工作。

2. 办公室言谈举止

姿态端庄优雅，精神积极向上；遵守规章制度，注重文明礼貌；讲话音量适中，严禁嬉笑打闹；区分私事公事，恪守职业道德。

（二）办公区域内基本礼仪

相对从业者而言，办公环境较为固定。无论是在办公区域还是使用办公设备都应遵守礼仪规范，以便更好地展示个人素养与企业形象。

1. 电梯礼仪

遵循次序，切勿强挤；帮助他人，展现风度；侧身挪动，保持安静。

2. 会议室礼仪

提前预约，及时归还；保持整洁，恢复陈设；清理资料，关闭设备。

3. 使用办公设备礼仪

节约使用，杜绝浪费；先后有序，公私分明；避免遗失，严禁泄密。

4．食堂用餐礼仪

按时就餐,选取适度；轻拿轻放,保持卫生；餐具归位,清理残食；相互礼让,及时离位。

(三) 办公人际关系礼仪

办公室人际关系是指办公室内部工作人员之间的相互关系,良好的办公室交往关系有利于整体团队建设,同样是从业者提升修养的有效手段。

1．与上司相处的礼仪

尊重上级领导,不越权不越级；注重场合礼节,把握适度原则；汇报及时准确,内容条理清晰；及时完成任务,主动反馈信息。

2．与同事的相处礼仪

尊重他人隐私,保持平等谦虚；注重交往分寸,切莫谈论私事；尊重他人成果,借物及时归还；处理负性情绪,清晰个人往来。

3．与下级的相处礼仪

尊重独立人格,听取意见建议；批评就事论事,帮助改正错误；宽容胸怀以待,切勿迁怒他人；勇于承担责任,培养提携下属。

4．与宾客的相处礼仪

主动热情接待,谈吐大方有节；确认访者身份,明确来访意图；按照职责分配,协助办理事宜；拒绝收受礼赠,恪守保密原则。

四、通信礼仪

(一) 传统通信工具礼仪

1．电话通信礼仪

(1) 接听记录。电话铃响两遍就接,不要拖时间。拿起呼筒第一句话先说"您好"。如果电话铃响过四遍后,拿起听筒应向对方说"对不起,让您久等了",这是礼貌的表示,可消除久等心情的不快。如果电话内容比较重要,应做好电话记录,包括单位名称、来电人姓名、谈话内容、通话日期、时间和对方电话号码等。如对方要找的人不在时,不要随便传话以免不必要的误解。如必要,可记下其电话、姓名、以便回电话。

(2) 态度礼貌。电话的问候语会直接影响对方对你的态度、看法。通电话时要注意尽量使用礼貌用词。说话态度要和蔼,语言要清晰,既不装腔作势,也不娇声娇气。这样说出的话哪怕只是简单的问候,也会给对方留下好印象。只要脸上带着微笑,自然会把这种美好的、明朗的表情传给对方。

(3) 时间选择。打电话时,应礼貌地询问:"现在说话方便吗？"要考虑对方的时间。一般往家中打电话,以晚餐以后或休息日下午为好,往办公室打电话,以上午10:00左右或下午上班以后为好,因为这些时间比较空闲,适宜交流。

(4) 结束通话。挂电话前的礼貌也不应忽视。挂电话前,向对方说声"请您多多指教""抱歉,在百忙中打扰您"等,会给对方留下好印象。

(5) 私人电话。办公场合尽量不要打私人电话,若在办公室里接到私人电话时,尽量缩短通话时间,以免影响其他人工作和损害自身的职业形象。

2. 邮件通信礼仪

(1) 主题简明。邮件主题不要含糊其词,字数越少越好。

(2) 内容得体。正文条理清晰明确,标点符号运用得当。除"您好"和"谢谢"要用感叹号以外,其他都不用感叹号,因为在书面语和这个电子邮件的沟通当中,感叹号代表情绪过于激动,与公务交流不相适宜。

(3) 称呼准确。写称呼一定要把对方的职位和姓氏写出来。如果不清楚职位,可以用姓氏加先生或者小姐。如果是十分熟悉的情况下,可以用双方都习惯的称呼方式,但这种称呼方式仅限于非正式邮件。正式邮件必须要姓氏加职位,通常要用您好,而不是你好。如果用你好,有一种平级的关系,既不谦虚,也不太礼貌。

(4) 结束落款。写完正文之后,落款一定要写上自己的部门和日期,该说的一些感谢的话也要说,加上落款,就是一封完整的邮件。

3. 短信通信礼仪

(1) 称谓恰当。无论何种形式与他人进行沟通和交流,正确的称谓都尤为重要,见字如面。

(2) 首句映题,所发送内容信息一定要简单扼要、简短精悍,在首句中即反映出主题,帮助接收方及时高效地读取信息。

(3) 内容简洁。尽可能用一条信息容纳全部信息,如多项内容需要按条列出,避免一句话一发送,一件事一发送。

(4) 尾语设置。如果是比较重要的事情,可在结尾处注明"收到请回复,谢谢!"。如果没有收到回复,有必要打个电话确认对方是否收到信息。特殊的公务短信比如通知,应使用专用尾语"特此通知",以示规范和严谨,无以上需求,可写明"以上是×××全部内容"。

(5) 署名规范。如所发送的内容属于工作事务的公务短信,结尾署名需要较为正式和规范,具体可参考公文写作格式。

(二) 新型通信工具礼仪

1. QQ通信礼仪

(1) 工作QQ与私人QQ相区分,办公QQ只从事办公交流事宜,且不可发布与工作无关的个人信息。需添加他为好友时,应备注好个人信息,以方便对方确认同意。

(2) 使用QQ工作群时,应按群名片要求填写,更改群昵称,一般格式为:"部门+真实姓名",与其他群成员交流时,应文明礼貌,相互尊重。

(3) 及时查看QQ消息并给予回复,发送消息前应仔细检查,以免造成不必要的误解。一般不宜使用"抖动"功能催促对方,尽量不使用QQ表情作为回复内容。

(4) 主动与对方发起对话时,应以"你好"或"请问"等礼貌用语作为开始,在简单做完自我介绍后,和盘托出要说的事情或问题,发送内容应简洁、明了。对方回复后,应第一时间表示感谢。

模块六　职业形象与职业礼仪

（5）发送文件时,已提前告知对方,确认对方方便接收的情况下,再进行传输。如发送大文件时,应将文件压缩后传送,以便节省对方接收时间。

2．微信通信礼仪

（1）使用微信作为办公交流工具前,应提前整理个人化信息,充分展示自身较高职业素养的一面,还可设置一张职业感强的本人照片作为头像,增强辨识度。

（2）虽然微信沟通即时便捷,但在发送微信时也应尊重对方作息时间,同时控制数量；如有紧急问题需要及时处理,应采取电话沟通方式,切勿一味地等待,以免耽误重要事情。

（3）及时查看消息并给予回复,文本发送前要检查无误后发出,尽量避免撤回。如发送文本出现错误,发现后应第一时间补发一条信息作为说明解释。文本内容应简洁、有针对性,可配以图片加以辅助说明。

（4）发送工作信息时,最好避免使用语音功能,如一定要使用,请选择安静的环境,并做到口齿清晰,语速得当。同样,在接收语音消息时也应小心谨慎,尽量减少使用外放功能,严禁泄露交谈信息。

【小结】

对于职场人士来说,具备专业的职场礼仪知识,并能做到根据不同的职场环境变化运用不同的沟通技巧,展现自己专业的职业素养,往往会让个人事业如鱼得水。在职场中,讲究并遵循职业礼仪,才能顺利打开阻碍人际交往的大门,将平等、真诚、友好传递给交往的对方,建立起彼此尊重、信任、融洽的合作关系,既有利于工作的开展与效率的提升,又有利于提升自我在职场的价值。

【课堂活动】

介　绍　礼　仪

1．目标

明确介绍礼仪的要求规范以及为他人介绍时的先后顺序,熟练掌握正确的技能规范。

2．程序和规则

步骤1：全班以小组为单位,互换角色扮演。

步骤2：前期准备5分钟,分配角色。

步骤3：介绍过程15分钟,进行介绍。

步骤4：评价总结10分钟,互评总结。

具体评价标准如表6-3所示。

表6-3　介绍礼仪实践

实训内容		具体要求	评　价
自我介绍	情景1：朋友聚会	端庄得体 仪态大方 目光亲切 顺序得当	
	情景2：公司年会		
为他人介绍	情景1：客户与领导		
	情景2：男性与女性		

3．总结评价

通过课堂活动，小组之间互评，教师点评指导，加深学生对所学知识的掌握度，将介绍礼仪知识化为学生实际操作能力。

（建议用时：30分钟内）

6.3 求职面试的形象与礼仪

【能力目标】

1．了解求职形象与基本礼仪规范。
2．掌握应聘面试流程及注意事项。
3．掌握面试中、面试后相关礼仪要求。

【引入案例】

一封求职面试电子邮件

一家外资公司招聘一名员工，公司的面试和笔试过后最终只剩下3名应聘者有较好的外表条件与学识，聘用哪位需由高层会议讨论后才能决定。几天后，其中一位应聘者收到内容为："经过公司研究决定，你落聘了，但是我们欣赏你的学识、气质，因为名额有限，实是割爱之举。公司以后若有招聘名额，必会优先通知你。另外，为感谢你对本公司的信任，随寄本公司产品的优惠券一份。祝生活顺利。"的电子邮件。她在知道自己落聘后，十分伤心。但又为外资公司的诚意所感动，顺手花了3分钟时间用电子邮件给那家公司发了一封简短的感谢信。但两个星期后，她接到那家公司的电话，说经过高层会议讨论，她已被正式录用为该公司职员。后来，她才明白，这是公司最后的一道考题。公司给其他2个人也发了同样的电子邮件，也送了优惠券，但是回信感谢的只有她一个。她能胜出，只不过因为多花了3分钟时间去感谢。

分析：面试结束后，很多求职者都会认为这次应聘结束了。其实，还有不少工作要做，感谢信就是你需要做的工作之一。通常，面试官对求职者的记忆相对短暂，无论是不是面试官的考验，在应聘结束后发送一封言辞得当的感谢信，是帮助你从众多应聘者中脱颖而出的有效方式。

一、求职仪容要求与礼仪规范

（一）形象服饰

面试过程中，个人形象绝对不容忽视，第一印象的好与坏，会给面试官留下深刻印象。面试官也会根据个人形象对应聘者的学识、品位、修养、习惯等做出最初判断。

1．着装原则

个人服饰作为面试中极其重要的物化语言，可传递出多种个人信息，具有美感且适宜的服饰搭配，既能给面试者带来巨大自信，同时也能从侧面体现应聘者个人能力。衣着作为展示个人形象的重要手段，在扬长避短的同时，也应遵循面试职位的实际要求，有针对性地做好前期准备工作。

（1）TPO原则。T表示时间原则，即服饰打扮应根据不同时段决定；P表示地点原则,即服饰打扮应与具体场合相协调;O 表示目的原则,即服饰打扮给人留下的最终印象,并通过所选服饰充分展示传达出应聘者的价值取向、文化修养、审美品位等个人信息。

(2)整体性原则。面试着装应端庄得体、干练精明、朴素大方、温文尔雅,保持整体协调统一,在穿着方面应表现出稳重、大方、干练及富有涵养的个人形象。如图 6-6 所示。

(3)整洁原则。应聘者在任何情况下,衣着均应保持干净整洁。具体而言,要忌残破、忌折皱、忌肮脏。衣服的领口、袖口处不能沾有污渍,不能有开线、破洞,扣子、配饰应配备齐全。

图 6-6　求职形象

2．男性注意事项

头发清洁整齐,长短适中,发色庄重;着单色衬衫,西装以素色为宜,穿着前应熨烫笔挺;领带应紧贴领口,平整,可加领带夹;服装与鞋袜颜色应以保守为主;清洁脸部、手部,保持体味清新;配镜者,镜框款式应简洁大方。

3．女性注意事项

发型文雅端庄,梳理整齐,发色庄重;着装大方得体,套装为宜,裙长应在膝盖上下;无过多配饰,配饰应简单朴实;肤色丝袜,无抽丝、破洞;鞋子光洁明亮,跟高 5 厘米为宜;不宜擦拭过多香水。

(二)仪容要求

1．精致适度

应聘仪容装饰既是对应聘者提升自信的手段,也是对面试官尊重的表现。面试妆容塑造要扬长避短,整体协调统一,展现应聘者的个人魅力。面试发型设计应符合大众主流审美,既不能蓬头垢面,也绝不能油头粉面。应设计出与应聘职位相符合的发型,展示应聘者的职业气质。

2．修饰避讳

在公共场合化妆、补妆、整理内衣是极为失礼的事情,给他人不尊重的感觉,显得层次格局不高,毫无修养可言,有损应聘者个人形象。如需补妆,要到化妆室等较为私密的地方进行。补妆时,应及时查看发型是否整齐、口红是否沾染、面容是否脱妆,衣着是否异常。

(三)礼仪规范

求职面试过程中,应聘者一切活动都能显示出个人素质修养。时间的把控、表情的展示、手足姿态,都在无形地诉说个人文化内涵。

1．守时原则

面试应提前 15 分钟到达面试指定地点,做到守时守约以表诚意,增添用人单位的信任度。无论迟到还是违约，都是极其不尊重面试官的行为，如因客观原因造成无法按时赴约的情况下，应在第一时间主动打电话通知用人单位，无论是否得到许可，都应表示感谢。

2. 神态交流

面试过程中，切勿东张西望、表情不定，如望天花板，不停翻眼，拂头发，摸耳朵，咬嘴唇，抖腿，无意识地玩手指，玩笔或笑场用手捂嘴的情形。不良的表情动作会给面试官留下应聘者胜任力不强与素质低下的印象。面试就座后，应保持微笑，礼貌回答面试官的提问，做到表情自然，切忌僵硬死板、面无表情。真诚自信的微笑，既能很好地展示自己，又能舒缓面试中紧张的情绪。回答问题时，应注意与面试官的眼神交流。同时，应聘者不能只关注一个面试官，而"不闻不问"其他面试官。用眼神与每位面试官进行沟通是十分必要的，可以为成功聘用打下基础，应聘者在面试时以正视主面试官为主，环视其他面试官为辅。

3. 仪态原则

"行如风、站如松、坐如钟"是对人体姿态审美标准的最好概括。

（1）行姿。行姿基本要求为"舒展、庄重、稳健"。人行走的姿态能反映出其个性、素质及修养等，是职业仪态礼仪的一部分。正常行走姿势，应当是身体重心前倾，昂首挺胸，上身保持直立，两腿步伐伴有节奏向前迈步；两眼目视前方，目光自然平静，不要眼神涣散。男性应步伐沉稳有力，女性应步履自然，均以直线方向行进。

（2）站姿。站立时应当做到身体直立，双腿稍开，姿态稳定，不应持物，目视前方五个方面。站姿所禁忌的是歪脖、挺腹、斜腰、翘臀、屈腿等。切忌双手抱在胸前或叉腰，或放进裤袋；不要东倒西歪、耸肩勾背、左摇右晃；不要弯腰或驼背，这样会显得轻浮、缺乏自信和教养，更重要的是有失个人形象的端庄大气。

（3）坐姿。应聘者在面试时坐姿应注意沉着、安静、端正。入座时要轻而缓，动作协调柔和，不随意拖拽椅子，应轻轻用手拉出椅子不要弄出大的声响。尽可能坐在椅子的1/2处。入座和起座时动作要和缓，不要过急或过猛。从椅子旁边走到椅子前入座，背对椅子轻轻坐下。落座后，挺胸收腹，腰部挺起，将两臂及双手收于腿上。

（4）手势。应聘者手势应当规范，尽量少用，不可滥用。面试时，手势不宜多，动作不宜过大。面试中不得用手抓挠身体的任何部位，避免出现拉衣袖，抓头发，抓耳挠腮，玩饰物，揉眼睛，不停抬腕看表等手势动作。如需送上材料时，应将材料文字正面面向面试官，双手奉上，表现大方得体，谦和自信。

4. 前期准备

（1）个人简历与资料。应聘者需准备电子版和纸质版的个人简历，简历内容应真实无误，简单明了。同时，还应准备各类证件及证书的原版、复印件、扫描版。

（2）面试心理准备。面试前应换位思考，根据你所面试的职位要求及面试单位的特点，试想一下面试官会从哪些方面考量、评价应聘者。同时，求职者还应全面审视自己的优缺点，做到更好地介绍推荐自己。

（3）收集招聘单位资料。应聘者在面试前应了解面试单位目前的经营情况、企业文化、未来发展等情况，这样既可增加面试者的信心，还能有针对性地做好准备功课。

(4)演练面试礼仪。在面试到来前演练整个面试流程,熟悉面试礼仪,如握手、入座、标准站姿、递送物品等。同时,面试前一定要试穿面试着装,以便及时发现问题及时处理。

案例 6-2

小张的面试经历

某公司招聘文秘,由于待遇优厚,面试者众多。小张也前往参加,她在大学期间获得过多种荣誉,专业基础扎实,英语表达能力流利,本人也是五官端庄、身材匀称,在众多应聘者中极为出众。面试时,小张为了展现自我化了浓妆,还涂了鲜红的口红,走到面试官面前后不请自坐,在从包中取出应聘材料时,化妆包不小心跟着掉了出来,物品散落一地。3位面试官互换眼色后,轻轻地摇了摇头,简单问了她几个问题后,就请她回家等消息了。

分析:掌握正确的仪容仪表礼仪,会给面试官留下良好的印象,使对方愿意更深入地了解求职者。在面试中求职者的着装与礼仪和工作能力同样重要。虽说留下完美的印象未必会被录取,但若给面试官留下不好的印象,极有可能名落孙山。

二、面试中礼仪举止

(一)入门礼仪

进入面试房间前,仔细倾听是否被叫到自己名字,如被叫到,应第一时间回复"到",而后进入面试房间。无论房门是虚掩着还是开着,都应敲门应允后进入,切勿冒失闯入,给人无礼的印象。开关门动作应轻巧缓和,在向各位面试官行礼问好后,主动报出姓名,未经允许不得擅自坐下,等待面试官说"请坐"后,方可落座,坐下时姿态优雅,端庄得体。

(二)握手礼仪

在求职面试过程中,握手为常用礼仪方式。握手既能增进交流,同时还能树立应聘者良好个人形象。握手的标准方式为两者相距一步远,双足立定,上身微微前倾,伸出右手,四指并拢,手掌与地面垂直,拇指张开与对方相握,虎口相交,握力适中,随即分开,恢复原状。与人握手时,表情要自然、热情、友好。必须同时双眼注视对方的双眼,切勿东张西望。

(三)称呼礼仪

面试过程中,应正确、适当称呼对方,借此体现应聘者教养及对面试官的尊重。一般方式为:姓+职务,如王经理、孙主任。

(四)自我介绍

面试中,自我介绍切忌长篇大论,应在最短时间内将个人优势展现出来。做到个人定位清晰,语言表达流畅,叙述简洁有力。做自我介绍时,应表现谦虚、落落大方,切勿自吹自擂、言不达意,具体时间控制在40秒内。

（五）谈话礼节

1．音调抑扬顿挫

讲话时应注意音调的高低起伏、抑扬顿挫以增强讲话效果。应避免平铺直叙过于呆板的音调。这种音调让人听着乏味，达不到预期的效果。

2．讲话速度快慢适中

讲话时，要依据实际情况调整快慢，讲话速度最好不要过快，应尽可能娓娓道来，给他人留下稳健的印象，也给自己留下思考的余地。

3．措辞要谦逊文雅

切勿大大咧咧，不注重措辞，这样容易给面试官造成不好的印象。另外坚持以事实说话，少用虚词、感叹词。

4．要符合常规

语言的内容和层次应合理、有序地展开，注意语言的逻辑性和层次感。

5．尽量不要用简称方言、土语和口头语，以免对方难以听懂

当不能回答某一问题时，应如实告诉对方，含糊其词和胡吹乱侃会导致惨败。

（六）职业举止

面试过程中，用有声和无声的语言与动作，展示应聘者的职业化举止，向面试官展示"我是这个职位的最佳人员"。

1．沟通能力

用最高效简洁的方式传递信息，在互动中认真倾听对方的观点并给出积极的回应，并在整个过程中传递对对方的尊重。

2．专业能力

展示对专业知识深度与广度的灵活掌握和充分理解，通过专业知识展示，表明应聘者对录用职位的符合程度。

3．学习能力

展示应聘者的学习意愿，并具有在外部反馈和工作积累里学习总结的能力，并能将学习到的经验复用在工作场景内。

4．协作能力

表达可快速融入团队的能力，能积极响应团队内部各类需求，尽力提供协助，协同内外部资源完成团队工作。

5．判断能力

能准确领会对方意图，迅速准确地找到完整答案，回答与提问环环相扣，紧密联系。

（七）细节事项

1．关好手机

面试前，自动将手机关机或调至静音状态。

2．使用敬语

多用"您""贵公司""请""谢谢"等敬语。

3．善于倾听

面对提问时，应集中精力，切勿漫不经心，精神涣散。

4．保持安静

如巧遇熟人，切勿旁若无人地大声嬉笑打闹。

三、面试结束礼仪

（一）礼貌告别

面试结束后应礼貌话别，应对占用面试官宝贵时间而致以感谢，然后携带好个人物品从容离开。这不仅是礼貌之举，同时会给面试官留下很好的印象。

（二）书面致谢

感谢信是对面试官的一种尊重，会加深面试官对应聘者的良好印象。在表达应聘者对这份职位的热情的同时，让面试官更加确认这是一个合适的求职者。

（三）细节事项

1．始终如一

即使面试官明确告知未录取结果，也应冷静大方，切勿浮躁不安。

2．保持淡定

不急于追问面试结果，切勿表现得急功近利，让人心生反感。

3．彬彬有礼

离开时在对面试官礼貌有加的同时，要对工作人员也表示尊重与感谢。

【小结】

面试是整个求职过程中最重要的阶段，它通常是招聘单位录用你之前的最后一道工序。大方得体的求职形象能给招聘单位留下深刻的第一印象，第一印象的好坏往往左右着面试官对应聘者的评价，很大程度决定着应聘者的成败。同样，由于应聘者讲究礼仪，可以在面试时塑造良好的个人形象，展示高超的职业素养，在激烈的竞争中取得胜利。反之，如果不注重形象礼仪，本来很好的机会，可能由于修饰打扮、言行举止的某一个失误，导致应聘失败，甚至遗憾终生。

【课堂活动】

面 试 礼 仪

1．目标

熟悉面试流程，掌握正确的面试礼仪。

2．程序和规则

步骤1：全班以小组为单位，进行面试者、面试官角色扮演。

步骤2：前期准备10分钟，分配角色，制作名牌。

步骤3：问题设置5分钟，制定5～10个问题。

步骤4：面试过程20分钟，进行面试。

步骤5：评价总结10分钟，互评总结。

具体面试内容如表6-4所示。

表6-4 面试礼仪实践

实训内容		评 价
面试模拟	分组模拟面试，全程录像	合格者颁发聘书
面试着装	对模拟面试着装进行评价	合格者颁发聘书

3．总结评价

通过小组之间互评和教师点评指导，加深学生对所学知识的理解，提升学生面试实际操作能力。

（建议用时：45分钟）

模块七　个人能力与工作方法

【模块导读】

个人能力是从事专业工作的基本条件。主动提升个人能力,并使之与未来从事岗位工作所需的能力相匹配,是进入职场前最为重要的准备工作。在校期间,大学生应该结合自身的职业规划,对自己的目标职业进行考察,了解其所需的岗位工作能力,进行针对性锻炼和培养。要在岗位工作中做出成绩,还需要与现实环境多磨合,熟悉工作流程,掌握工作技巧与方法,善于整合应用外部资源,这样才能让能力得以更好地发挥出来。

7.1　能力与岗位胜任力

【能力目标】

1. 了解能力与岗位胜任力的联系和区别。
2. 掌握提高岗位胜任力的方法。
3. 能够熟知用人单位看重的岗位工作能力并有计划地提升。

【引入案例】

一流公司为何都要死磕"入职培训"

关于岗前培训,有的企业管理者认为,招聘中只要坚持了录用人员个人能力与岗位能力匹配,新员工就能够实现在干中学,在学中干,无须花力气培训,人才也自然能够做出业绩。期待职场"小白"自我发挥。而有的企业管理者,则把培训看得十分重要,他们认为尽管招聘的环节过程可以基本判断其个人能力与岗位工作的匹配度,但还需要通过培训使新员工的能力得到再提升,更重要的是,其能力与岗位需要进一步匹配。接受什么样的培训,很大程度上会影响今后一个人在职场中的表现。一流公司一定是使出浑身解数,不遗余力地设计"入职培训",帮助"职场小白"实现华丽蜕变。

分析:个人能力代表了运用专业知识解决实际问题的可能性,标志着能够达到岗位任职的基本条件和标准,也就是具备任职的资格。而岗位胜任力则是能力和素质的统称,代表了任职所具有的潜能,需要经过较长时间的潜移默化的过程逐步形成。入职新人不仅要主动提高个人能力,还要尽快适应岗位工作环境和社会身份变化,不断提高自身的岗位胜任力,以便快速地在岗位工作中做出成绩。

一、能力与岗位工作

(一)概念的界定

能力是完成一项目标或者任务所体现出来的综合素质,是达成一个目的所具备的条件和水平。此外,能力在活动效率及活动成功率中起着决定性作用。一般来说,能力是人在实践活动中所展现的实力,脱离了实践活动来讨论能力是没有意义的,没有实践应用无法体现个人能力,能力也无法发展。

岗位工作中的"能力"则是指可以把工作任务圆满完成的能力的总称,是胜任岗位工作的基本要求,包括本能、潜能、才能、技能等,它直接影响着一个人在岗位工作中的表现,以及工作完成的质量和效率。

(二)能力的类型

1. 实际能力和潜在能力

人的能力可以分为两个方面:一方面是人们在实践活动中所展现出的实力或者说是在某些技能方面所获得的熟练程度,即实际能力;另一方面是指潜在能力,是人尚未显示出的能力,但通过日后的训练或学习能够达到的水平或技能熟练程度。实际能力和潜在能力二者是不可分割的统一体,前者是后者在训练及学习后的实际体现,后者是前者能够显现的根本。

2. 一般能力和特殊能力

一般能力即人们常说的智力,是人在实践活动中从多方面所展现出的最基础、最全面的能力,具体可以分解为感知力、记忆力、思维能力、想象能力、语言能力等。特殊能力则是人们通常理解的特长,是人在某些技能方面所展现出的一般能力的突出、优异发展,其包含文学能力、数学能力、艺术表演能力等。一般能力在经过学习及训练之后,可以形成特殊能力或组成特殊能力的重要部分。

3. 再造型能力和创造性能力

再造型能力又称模仿能力,是指能使人快速学习及顺应环境,让人们可以按照曾经的经历快速展开活动的能力;再造能力是人在认识活动中不可缺少的能力。创造性能力是指在实践活动中展现出超乎正常思维的能力,具有创新、变通、独特的特点,是实践活动中创新环节不可缺少的能力。再造能力是创造能力的前提和基础,通常情况下,人先是进行模仿,然后再进行创造。

(三)岗位工作所需的能力

1. 学习能力

学习能力是指人在实践活动中有效地获取新的知识和信息,并转换为今后实践活动中的借鉴标准的能力。学习能力包含观察力、记忆力、抽象概括能力、注意力、理解能力等。

2. 执行能力

执行能力是指人在完成既定目标时所展现的能力,具体体现在个人完成实践活动时的意志力、操作能力、完成度等。在一个企业中,员工的执行能力一般是指员工在落实企业管理者的经营路线、计划设计和项目规划的实施能力和贯彻能力。公司员工执行能力的强弱直接影响着公司的方针、策略转化成利益的多少,更直接决定公司的战略目标能否最终实现。

3．沟通能力

沟通能力是指人在实践活动中，与他人进行交换信息和协调解决问题的能力，其主要包括表达能力、应变能力、倾听能力和设计能力等。在岗位工作中，避免不了与他人的合作和完成上级安排的任务，沟通能力则保证职场人能够正确理解上级与合作者意图，并成为向别人阐述清楚个人想法的重要支撑。

4．应变能力

应变能力是指人在实践活动时，面对环境条件的转变所做出的反应。应变能力既可以是来自人的本能反应，也可以是经过缜密思考决定。应变能力能够让人可以有效地审时度势、随机而动，也可以让人在动态变化中辨明方向，快速做出选择。

5．心理承受能力

心理承受能力是人在面对恶劣环境条件所引起的焦虑心态及负面情绪时，产生的调整能力及承受能力，是个体面对挫折、面对苦难等非自我性环境所保持的理性程度，包括在逆境中的忍耐力、竞争力、调节力等。一般情况下，拥有较强的心理承受能力有助于人进行整体心理状态的调试。

6．系统思考能力

系统思考能力是个人在实践活动中对环境总体的把握，有时可以表述为"大局意识"。良好的系统思考能力能够帮助个体在实践活动中对总体布局、预期结果、实施路线、过程优化等做出全方位思考。

（四）能力与岗位工作的匹配

工作岗位的层次与应聘者的职业能力相对应。一般来说，工作岗位层次及专业性越高往往匹配的员工越具有更强的职业能力。具有特殊工作技能需求的岗位，更会因为工作性质、工作内容以及工作环境等职业要素对应聘者的能力做出特殊要求。因此，在校期间，应根据目标岗位积极提高自身能力，争取使自身能力与岗位要求相吻合。由于个体能力存在差异性，能力发展不尽相同，个体在岗位工作选择时，也需要遵循能力与岗位工作的匹配原则，寻找与自身能力特别是特殊能力相吻合的岗位工作，以便将个人优势凸显出来。

二、岗位胜任力

在企业中将优秀工作者与普通员工区分开来的个人特征是"胜任力"。"胜任力"可以是工作态度、职业技能、认知行为、专业知识等能够被衡量的个人特征，它显著区分了优秀工作者和普通员工。岗位胜任力是指在企业岗位、工作环境和企业文化中体现工作能力的个人特质，也指承担职务（职位）的资格和能力。

（一）岗位胜任力的特点

一是与企业职位相关，是完成工作职责所需要的重要个人特征，具有浓厚的职位特点；二是可以从卓越的成就者特性中凝聚出来，同时也可以指引其他员工；三是可以衡量和测评；四是与所在职位特性具有极高的关联度，是员工素质的显性及隐性的综合体现；五是可以通过外在训练和学习等方式进行内在提升，以期达到职位需求。

（二）岗位胜任力模型

1. 冰山素质模型

冰山素质模型由戴维·麦克利兰提出。他认为人的个体素质应该划分为两部分，即浮在水面上的"冰山以上部分"和隐藏在水面下的"冰山以下部分"，如图7-1所示。

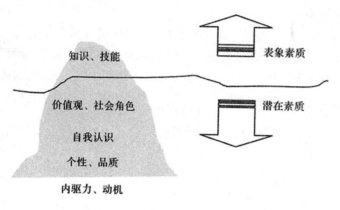

图7-1 冰山素质模型

"冰山以上部分"主要包括职业技能和专业知识，是个体在职场中体现出的外在素质；"冰山以上部分"素质由于外显进而便于他人了解与度量，同时也比较容易通过训练和学习进行提升和发展。而"冰山以下部分"主要包括社会角色、价值观、内驱力、动机等，这些属于个体内在特质，不容易辨识与度量，通过训练及学习提升的难度更大。然而，"冰山以下部分"的这些个人特征却更能决定一个员工的职业素养及能力水平，是岗位考核的关键所在。因此，求职者在应聘时不仅仅要表现自身具备职位所需的职业技能及专业知识，更要体现出自身的内在特质，从而全方位展现自己。

案例7-1

游泳冠军是被教练逼出来的

德国有一位著名游泳教练，他本人不会游泳，只能纸上谈兵，却培养出一个个世界游泳冠军。他的训练方法是：泳道一头是浅水，另一头是深水。一般教练为保证队员的生命安全，让队员自深水带游向浅水带，他却让队员从浅水带游向深水带。因为最后是深水带，游不动就会有沉下去的危险，所以，队员们必须发挥最大潜能，游过深水带才能游完整个池子。相反从深水游向浅水，起初必然拼命而最后必然放松，游不动时还可以站起来，这便无法激发出潜能，而只有向前拼命游，没有退路，潜能才会被发挥出来。人们不禁感叹，原来游泳冠军是被教练逼出来的。

分析：游泳教练使用了逆向思维的方式，让训练的运动员在逆境中最大可能地发挥出潜能。事实证明，人在不断地突破极限时就会建立自信，一点一点进步，最终获得成功，应该勇于尝试突破极限，挖掘潜在能力，以使自身更加优秀，更能符合岗位工作的需要。

2. 猎人素质模型

"猎人素质模型"由清华大学原校长蒋南翔教授提出。模型指出，人才的培养类似于猎人的培养，主要关注3个层面。第一个层面是"干粮基底"，即人才步入社会中必须首先具备的外语能力、计算机能力、逻辑推理能力以及语言表达能力等。第二个层面是"猎枪能力"，而职场中的"猎枪"就是岗位所需的专业技能、与他人的沟通能力、难题求解能力等，这些能力可以通过教育和培养获得，属于可转移能力。第三个层面是"猎人精神"，即人才的内在品质，包括合作意识、奉献精神、竞争意识等。而卓越的人才往往具备更高层次的职业素质，拥有更优异的行为表现，如图7-2所示。

图7-2 猎人素质模型

3. 素质洋葱模型

美国学者R.博亚特兹针对戴维·麦克利兰的素质模型进行了深入研究与分析，并提出了"素质洋葱模型"，如图7-3所示。模型中的洋葱代表个体，洋葱的每一层则代表个人的核心素质。

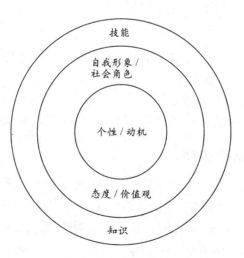

图7-3 素质洋葱模型

最核心部分是个性/动机，这是最难以学习与度量的个体素质，同时也是最核心部分。向外依次是自我形象/社会角色、态度/价值观、技能、知识，越外层的素质越容易通过培训与学习进行提升，也更容易进行度量。

（三）提升岗位胜任力

1．知错善改

把每一个错误看作一次修正的机会，将错误记录下来，从每次犯错中不断修正，总结规律。此外，产生错误也是不可多得的宝贵经验，应该细心记录，并及时进行归纳，保证犯过的错误不再犯。同时，吸取他人的教训也可以让我们少走弯路。

2．注重细节

对待岗位工作需要从细节出发，可以借助列清单来完成细节的记录，从每个细节上进行逐一提升。应学会把工作核心要点记录下来，并一条一条来执行，每一次执行都站在上一次的基础上，这样工作才会越做越好。

3．广纳谏言

提高岗位胜任能力仅靠自身努力还不够，应注意思考他人的建议，考量其中的可取之处，以及对自身完成岗位工作任务和自我提升有哪些帮助。保持开放的心态，从不同的视角听取不同的声音，接收更多的信息，可以让我们变得更加多元、更加强大，进而在岗位工作中产生更多新思想，增强更大内驱力。

4．加强规划

应注意有自己的独立思考和明确的个人规划，明晰自身需要掌握的岗位技能，想要获得的结果成效，清楚分析为了完成岗位工作还需要哪些资源，读哪些书籍，参加哪些培训，请教哪些人群。应善于为岗位工作目标制订详细可行的计划，逐项完成岗位工作任务，在不断的任务挑战中逐步提高岗位工作能力。

5．坚持复盘

复盘源自围棋里的说法，要求下棋的人学会总结，从过去的经验中学习。职业院校学生需要养成每天回顾思考的习惯，反思做的每一件事情，思考问题是否有更好的解决方案，假设如果重新来一遍如何改进会更加合理。同时，应注意考量尚未达成的目标，查找实现或未实现的原因，归纳经验和规律，吸取教训和改正。

三、几种关键的岗位能力

作为专业技术技能型人才，职业院校学生具有良好的专业理论基础，在校期间经过实习实训，具有较强的实操能力，能够运用理论指导实践。因此，职业院校走出来的学生受到了很多企业的青睐，较为容易被就业市场吸纳。但为了能够更好地适应就业市场需要，增加应聘成功的概率，大学生还应该做到知己知彼，了解用人单位看重的岗位能力，进行有针对性的提升。这里，介绍几种用人单位招聘时着重关注的职业技能。

（一）专业技能

专业技能是指通过日常培训和知识汲取，逐渐习得的职业技能和专业知识。一般情况下，职业院校学生的职业技能水平和特殊工种操作熟练度，是其区别于普通高等院校学生的就业优势所在。

模块七　个人能力与工作方法

（二）决策能力

决策能力是指对既定目标实现的决定和取舍的能力。具有较强决策能力可以使人有效识别和理解问题，比较不同行为导致的结果，从而有效选择适当方法，采取行动来应对现有问题。

（三）创新能力

创新能力是指个体在新的实践活动中，通过以往经验、知识储备及理论基础，对以往的方式方法、理论思想进行更新创造的能力。员工的创新能力对于企业的技术发展、产品革新、体系改革、企业文化等方面的创新有着重大推动作用，特别是在创新驱动发展战略下，创新的价值越发突出，因此，也是用人单位最为看重的。

（四）终身学习能力

对于毕业生来说进入职场绝不意味着学习的终止，恰恰是新学习阶段的开始，岗位工作对知识的不断更新以及技能的不断提升更加看重，因此，树立终身学习的观念是必不可少的。

（五）组织协调能力

组织协调能力是指在企业运转中，对现有资源进行合理分配，协调群体活动的能力。组织协调能力是从业者能够在用人单位中顺利完成工作的重要保障。特别是对于想要在职位上有所提升的职场人来说，组织协调能力则更是不可或缺的。

此外，职业院校学生还应该注重提升个人的语言表达能力、逻辑分析能力、信息归纳能力、团体协作能力、环境协调能力等，以提高自身在就业市场的竞争力。

【小结】

每一项岗位工作都需要一定的工作能力与之匹配。对于即将进入职场的大学生来说，清楚地认识到目标岗位工作的能力要求，并能够查找个人能力存在的不足，有计划地、有目的地提升工作能力是极为重要的，这是能否顺利进入职场的关键。当然，还需要在实习和实践过程中加强与岗位工作的磨合，强化岗位胜任力，尽最大可能激发个人的潜在素质能力，实现个人突破和工作创新，这是在职场中快速成长、表现突出的制胜法宝。

【课堂活动】

能力发展目标和计划

1．目标

力争对自我进行客观的判断，找到不足和差距，为就业打下良好的基础。

2．程序和规则

步骤1：请根据目标职位的胜任能力要求，结合自己目前的实际情况，填写能力发展目标和计划。

步骤2：根据填表说明认真填写。

步骤3：结合填写结果分析个人能力发展计划的可行性合理性。

个人能力发展目标与计划如表7-1所示。

职业素质教育

表7-1 个人能力发展目标与计划

能力分类	当前能力水平	发展目标与计划
语言能力		
数理能力		
空间判断能力		
察觉细节能力		
书写能力		
运动协调能力		
动手能力		
社会交往能力		
组织管理能力		

填表说明：进行如下能力的自我评估，填写到能力评估栏，A为较强，B为强，C为一般，D为弱，E为较弱，根据自身能力情况填写发展目标与计划。

3．总结评价

通过明确目标职业岗位能力需求，对标个人现实能力水平，能够做出有针对性的合理的提升计划，为顺利求职和走上就业岗位奠定基础。

（建议用时：30分钟）

7.2 提高适应能力

【能力目标】

1．了解适应能力。
2．掌握提升适应能力的方法。
3．熟知在社会和工作环境中保持良好心态的方法。

【引入案例】

动物世界中，能活下来的才是最强的

强壮的身体、锋利的牙齿和闪电般的速度，是动物世界里一些最可怕动物的特点。但是，还有一些其他动物生命力也很顽强，也许它们并不强壮，却能轻松应对险恶的环境，能忍受或者适应恶劣的环境。以下是动物王国中生命力和适应性最强的动物。骆驼即使不饮水也能长时间行走，它们的体温还不受环境变化的影响，可以忍受出汗引起的25%的体重损失而不会脱水；土狼是很强悍危险的杂食动物，敢偷狮子的美食，甚至敢于挑战人类；黑曼巴蛇在南非很常见，速度快、身体长，有致命的毒液，是世界上爬行最快的蛇之一，也是世界上最大的蛇之一，平均身长为2.4米。这些动物没有狮子老虎的凶猛，没有猎豹鲨鱼的速度，也没有大象鲸鱼庞大的身躯，能够在竞争残酷的动物世界中生存下来，依靠的无非是对环境的极强适应能力，无论环境多么变幻莫测，极端恶劣，这些动物都可以找到适合生存的方式，成为大自然的胜利者。

模块七　个人能力与工作方法

分析：人类社会的竞争虽不比动物世界来得激烈残酷、不死不休，但仍然遵循适者生存的竞争法则，如何能在社会和职场中找到立足之地，适应社会和职场环境是初入社会的大学生的必修课。

一、适应能力的基本常识

（一）适应能力的定义

适应能力是指个体在环境改变情况下所展现出来的个体特质。社会适应能力就是个体在社会这个大环境下，如何融入及适应社会，甚至改变社会所展现出的个体特质，是个体与社会总体达成和谐状态的能力。

（二）适应能力的内容

适应能力通常包括适应行为和社会技能两个方面，包括沟通技巧、交流合作等与他人交往的能力，工作生活、表达情感等与自我有关的行为能力，以及职业技能、专业知识等与任务有关的能力。一般情况下，适应能力与个体的思想观念、道德品质、专业知识、职业技能等有着紧密的联系。要在社会中立足，就必须要适应社会大环境，而适应能力也是企业招聘时所关注的重点。

（三）适应能力的表现

适应能力是个人生活自理的能力、基本劳动的能力、选择并从事某种职业的能力、社会交往的能力、用道德规范约束自己的能力等的集合，通常表现为以下几个方面。

一是在自然环境中能够保持身体健康，正常开展生产生活实践；二是在社会环境中，能够正常地开展生活、学习、劳动、人际交往等活动，能够独立思考判断问题和解决问题，行为能力达到其年龄和所处社会文化条件所期望的程度；三是在岗位工作环境中表现出较强的竞争意识、生存能力、耐挫能力、交际能力与合作能力；四是在环境发生变化时，能够与环境取得和谐的关系，产生正常的心理和行为变化。

二、如何提高适应能力

职场是不同于学校的全新环境，不同的定位、不同的人际关系甚至生活环境，初入职场时，高效地适应社会环境，快速地融入职场，是正确起步职业生涯的关键。下面介绍一些提高适应能力的方法。

（一）转换身份，端正态度

从学生到职场人，是身份的转变，也是认知和态度的转变。职场有它的规则，有它的特点，如果还以学生的视角来看待你的岗位、上司和同事，自然无法真正融入职场中。适应能力的提升需要学会转变身份，改变认知，端正态度，要怀揣着无比的热情、充足的干劲、谦虚的心态，认真对待每份工作。

（二）不怕犯错，不避责任

在职场犯错很正常，成功人士都是在无数个错误中摸爬滚打出来的。犯了错不要紧，但要把错误铭记于心，不能再犯，而承认错误的态度也要诚恳，不能逃避责任。

（三）明确立场，切忌站队

在任何用人单位中，都会有各式各样的"小团体"，这是无法避免的，每个同事都或多或少有交往密切的或反感疏远的人。但作为职场新人，切忌站队表忠心，这只会让自己失去更多的支持和学习的机会。

（四）虚心请教，勤奋学习

职场看重职业技能和专业知识，在初入职场时，提升能力是为今后成长助力的关键。要学会从老员工处汲取宝贵的经验，同时，要提高自身的学习能力，并使自己在某些方面青出于蓝。

（五）主动出击，迎难而上

刚进入职场，难免遇到难题、挫折，但切忌止步退却。在激烈的职场竞争中，不进则退，要勇于承担难点、重点，主动出击，才会收获成果。

（六）改造环境，助推成长

职场新人不仅要适应环境，还要通过实践来改造环境。从某种角度来说，适当地变换环境以及努力地改变环境都是一种环境适应能力。让周围的环境成为人生路上的助推剂，而不是前进脚步下的绊脚石，才能更好地发挥自身潜能，取得更大的成绩。

案例 7-2

微软公司打破常规的管理办法

比尔·盖茨有段很著名的话："在微软，你必须时刻调动起你的工作激情，非常灵活地利用一切有利于你发展的机会，这就要你具有极强的适应能力。我们试图给员工尽可能多不同岗位的工作机会，鼓励有兴趣参与管理的员工，去不同的管理部门工作。为此，如需要在地区或部门之间调换你的工作时，你都应坦然地去面对。"微软员工在同一个工作岗位上大约只能待3个月，一旦员工胜任了现有的工作，那么也该轮到他去试试别的工作了。这是一种打破常规的做法。事实证明，微软的这项令人难以理解的举措收到了良好的效果，整个公司的工作效率总是保持着一种蒸蒸日上、生机勃勃的局面。

无论是从事什么职业的员工，常年坚持在一个岗位上重复着相同的操作，久而久之，肯定会产生一种单调、厌倦的心理或消极的感觉，进而影响工作的积极性和创造性，效率低下也就在所难免，极容易使人陷入思想僵化的境地。这些负面特征对员工来说都是极其危险的。微软公司定期给员工变换环境的做法，一方面，打破了以往那种"职位高低，工作好坏"的等级观念，强调每一个岗位都非常重要，每一个人都要适应在不同的岗位上工作，并经受磨炼；另一方面，也是更重要的一点，这项制度强调的是对员工实际工作能力和对环境适应能力的培养。

分析： 适时地改变环境，换岗位，可使员工在新岗位上萌发新的、从未有过的渴望和激情。在新岗位上会遇到些新的问题和挑战，就要求员工不断地去增加知识，提高自己在新环境下的适应能力，工作效率自然也会高出许多。

三、在职场中保持良好心态

初入职场的大学生往往都面临着来自各方各面的压力,在竞争激烈的职场中保持健康的心态是每一个职场人应该注意的。同时,心情舒畅的工作往往会带来更高的效率、更好的成果。以下是三个保持良好心态的"秘诀"。

(一)凡事坚持乐观向上

乐观向上,能够看到自己所拥有的,珍惜自己所拥有的,不去执着于自己没有的;认真做好每一件小事,积累每一份成就感,也是在累积信心和动力;多同一些乐观向上的人在一起,常与别人分享快乐,心境也会变得更为积极向上;不要过于在意别人的看法,不要期待每一个人都对自己喜欢和满意,坚持做最真实的自己很重要。

(二)正确面对职场竞争

不要过分执着于成功。在竞争激烈的职场中,成功是每个职场人所期待的。然而有竞争就必然有失败,正确面对失败、理性分析失败是职场真正成功的关键。积累失败的经验,实际上是在增加通往成功之路的奠基石。没有必要执着于一次成功或失败,要着眼于未来,把握住现在。

(三)控制好个人的情绪

"己所不欲,勿施于人"是一种道德。每个人都会产生负面情绪,但在职场却最需要保持冷静,控制好个人的小情绪,把控好自己的小性子。我们需要学会将注意力转移到愉快的事情上,跳出原有的局限,换一个角度看待问题,对问题做出新的理解,以便分散烦恼,弱化不良情绪的刺激。

【小结】

事实上,适者生存的定理在职场中更加明显。对于职场新人来说,如果无法快速熟悉岗位工作环境,不能尽快了解岗位工作的规则和流程,将会降低工作效率,影响工作效果,丧失工作激情,进而大幅降低个人在职场中的表现。即将进入职场的大学生应不断提升自身的适应能力,置身于岗位工作中,找到规律,掌握方法,培养兴趣,提升激情,进而以最佳的状态投入工作,使自己在面对职场挑战时能够游刃有余。

【课堂活动】

个人心理调适能力测试

1. 目标

通过测试练习,能够有效测评个人的心理适应能力。

2. 程序和规则

步骤1:请结合自己目前的实际情况,逐一认真填写本测验表。
步骤2:按照本表的评分标准,计算个人得分。
步骤3:对照四个得分区间分析个人心理调适能力。
心理调适能力测验表如表7-2所示。

表 7-2　心理调适能力测验表及评分标准

1. 设想你正好赶上一场严重的伤亡事故,一些人正围拢过来,下面哪个行为模式最适合你要采取的行动?
    A. 尽快地离开现场,对流血的尸体感到恶心。
    B. 在围观者中恐惧地看着这场面。
    C. 尽管没有受到急救训练,但尽自己的力量去帮助事故中的受伤者。
    D. 因为受过急救训练,立刻自愿投入抢救行列之中。
    E. 立刻查问谁有急救站、消防队或警察局的电话号码

2. 指出你在下列的情况发生时是如何悲伤("特别悲伤""较为悲伤""稍微有点""一点也不")。
    A. 你的狗作为你的忠实朋友,因衰老而死亡。
    B. 3个星期前做的假日计划推迟了3个月。
    C. 你的一个好朋友突然去世。
    D. 你听说霍乱在非洲蔓延,已造成数千人死亡。
    E. 在你和家人准备乘飞机出去的前一天,你听到一次空难事故,有几百人遇难。
    F. 某个朋友弄丢了你借给他的一本你最喜欢的书。
    G. 交通阻塞耽误了你重要的约会。
    H. 你不小心打碎了一筐鸡蛋。
    I. 你听说石油价钱马上上涨10%。
    J. 市政府宣布要检查拖欠缴纳所得税者

3. 你已经邀请了你的老板和他的夫人某天到你家做客。但在晚宴的前一天,你突然意识到你房间装饰不可举行这样的晚宴,你将采取下面哪项对策?
    A. 打电话给这个老板,装病以拖延这个晚宴。
    B. 整个晚上装饰房间,使晚宴按计划进行。
    C. 按时举行晚宴,并对房间的装饰抱歉。
    D. 把不适合的地方遮盖起来,将灯光调暗,使不协调的装饰不引人注意。
    E. 把晚宴改在附近的饭馆里

4. 你和你的朋友开车发生了撞车事故,下面哪条是你要做的第一件事?
    A. 下车去看另一个车里的人怎样。
    B. 解开你朋友的安全带。
    C. 坐着镇静一会儿以恢复大脑的思维。
    D. 关闭发动机。
    E. 立刻环顾周围,害怕第三辆车也撞上

5. 指出你在遇到下述情况时是如何不安("特别严重""严重""稍微有点""一点也不")的。
    A. 半夜之后邻居孩子的哭声干扰你睡不着觉。
    B. 你听说整个交通因某种原因要中断。
    C. 你孩子的宠物——小猫被汽车压死了。
    D. 你银行支票来了,实际情况比你预想的要恶劣得多。
    E. 你的假期照片全作废,因为你忘记将镜头盖取下。
    F. 你花了很多钱装饰房间,而事后你一点儿也不喜欢。
    G. 你要欣赏一个喜欢的节目,而此时电视机坏了。
    H. 你听说最近某国的太空实验失败了,4名宇航员遇难。
    I. 通常在你的生日时,你会收到一大笔钱,而今年因经济原因,你得到的钱很少。
    J. 你的一个孩子因偷窃被警察拘留

模块七 个人能力与工作方法

续表

6．刚搬来一年的你的邻居第一次举行晚会，一直喧闹到近天亮，下面哪条最接近你要采取的行动？

　　A．给居委会打电话抱怨噪声。
　　B．打电话给邻居，非常有礼貌地要求他们把声音弄小点。
　　C．用被子盖住头，强迫自己入睡。
　　D．打电话警告邻居如果他们继续这样，你要叫警察。
　　E．起床，敲门要求加入舞会。
　　F．自己计划一个晚会以进行报复。

7．你花了很多钱买一台收录机，很快就坏了。下面哪条最接近你要采取的行动？

　　A．写封措辞强硬的信给制造商。
　　B．将收录机抱回商店，要求退钱。
　　C．自己修理。
　　D．抱怨不断，可不知采取什么行动。
　　E．要求商家以同样价钱换一台收录机。
　　F．写一封有礼貌的信给制造商，要求厂家换一台好的收录机

8．用"是"或"不是"回答下列问题。

　　A．你是否在争吵中失手打过别人？　　　B．你是否因家庭的某种状况而担心过？
　　C．如果某人想向你借钱，你是否愿意？　D．如果另一方赢得了选举，你是否很恼火？
　　E．如果在体育比赛中失利，你是否爱生气？F．你是否相信某些人很走运？
　　G．你是否有时因问题成堆而心情不畅？　H．在财政方面做出决定能否使你破产？
　　I．你是否发现要改变你做事的方法是比较困难的？　J．你是否很好地遵守时间

评分标准：

第一题　A 为 1　　B 为 1　　C 为 2　　D 为 0　　E 为 0

第二题	特别严重	严重	稍微	一点也不
A：	2	0	0	2
B：	1	1	0	0
C：	0	0	1	2
D：	0	0	0	0
E：	2	1	0	0
F：	2	0	0	1
G：	2	1	0	0
H：	2	1	0	0
I：	0	0	0	0

第三题　A 为 2　　B 为 2　　C 为 0　　D 为 0　　E 为 1

第四题　A 为 2　　B 为 2　　C 为 2　　D 为 0　　E 为 2

第五题	特别严重	严重	稍微	一点也不
A：	2	1	0	0
B：	0	0	0	0
C：	2	0	0	1

续表

D：	2	1	0	1
E：	2	1	0	0
F：	1	0	0	1
G：	2	1	0	0
H：	0	0	0	0
I：	2	1	0	0
J：	0	0	1	2

第六题	A 为 2	B 为 0	C 为 2	D 为 2	E 为 0	F 为 2
第七题	A 为 2	B 为 0	C 为 1	D 为 2	E 为 2	F 为 0

第八题	是	否
A：	2	0
B：	2	0
C：	0	1
D：	0	0
E：	1	0
F：	2	0
G：	1	0
H：	1	0
I：	1	0
J：	0	1

计算你的得分：

0～10 分	充满自信，适应力强，能够很好地处理生活中的问题。
11～15 分	生活中有时会遇到令你不知所措的事情，不过一般情况下不是可以较好地处理。
16～25 分	缺少应有的自信，面临生活中的危机会采取退缩行为，心理调节能力偏低。
26～35 分	易于焦虑不安，情绪极不稳定。应采取一定的措施自我调整或求助于心理医生

3．总结评价

结合测评结果，学生需要有针对性地提高自身适应能力，在不断变化的环境中主动进行自我疏导，或借助外力开展自我调适。

（建议用时：30 分钟）

7.3 工 作 方 法

【能力目标】

1．了解工作方法及其重要性。
2．掌握正确的工作方法，提高工作效率。
3．掌握如何创新工作方法。

模块七　个人能力与工作方法

【引入案例】

找怀表的故事

一个有钱人在堆满谷物的谷仓里丢了一块心爱的怀表,他心急如焚,找了许多人帮助寻找。这些人翻遍了谷仓,却始终没有找到有钱人那块心爱的怀表。这时一个人留下来对他说有把握帮他找回怀表,有钱人将信将疑,并说如果找到将奖赏这个人。只见那个人走进空无一人的谷仓,找到位置静静地坐下来,一切都变得安静的时候,"滴答,滴答"的声音从一个角落传了出来,怀表就这样找到了。

分析: 这个故事给我们的启示是做事情时,如果方法不当,盲目操作,即便用了很多气力,也不一定会有好结果;相反,如果运用了正确的方法,则能起到事半功倍的效果。

一、工作方法的基本常识及重要性

(一)工作方法的概念

工作方法是指人们在实践的过程中为达到一定目的和效果所采取的办法和手段。工作方法是有记录、有计划、有执行、有结果、有改进的循环法,在整个过程中,应时刻体现目标驱动,并采集数据作为佐证,而真正运作时则具有相对复杂性。

(二)工作方法的重要性

要去完成一项任务,办好一件事情,解决一个问题,都应对适当、科学、正确的方法选取作出要求。而方法对解决问题、完成任务尤为重要,只有选对了方法,才能快速、准确地达到目的。在现实的工作中,人们都会通过不同的手段来解决问题并实现目标。在这个过程中,至关重要的环节是选择好的方法。正确而科学的方法能够指导人们用最少的时间和资源达成目标并完成任务,还能够在竞争中占领先机,处于优先地位。

(三)PDCA 循环管理方法

PDCA 循环管理方法由美国管理学家戴明首先总结提出,因此又称戴明理论,它是保证工作成果质量,提高工作效率的科学工作方法。从某种角度来说,质量管理方法的实施过程就是质量计划的制订和组织实现的过程,这个过程按照 PDCA 循环,周而复始地运转。PDCA,即 plan-do-check-act(规划—执行—检查—改进行动)的简称,这是质量管理的基本方法,也是企业管理各项工作的一般规律。针对工作的质量目标,按照做出计划、计划实施、检查效果、改进行动来进行活动,以确保项目目标的达成,进而促使品质持续改善。

二、掌握正确的工作方法的意义

(一)可以构建工作的和谐

正确的方法就是做好工作的重要保证。积极、主动地掌握正确的工作方法,常常能收到事半功倍的效果。想要形成和谐的工作进程,采用正确的工作方法显得尤为重要。

1. 正确的方法能让问题迎刃而解

在工作中我们经常看到这样的现象：有人工作很努力，业绩却不理想；同样的工作，不同的人采用了不同的方法，却取得迥然不同的效果。若想高效解决问题，取得突出的业绩，正确的方法是关键，也是决定性因素，它可以使难题迎刃而解。

2. 要清楚问题的症结

生活和工作中总会出现各种各样的问题等待着人们去解决，而单一地从问题本身出发并不一定能找到解决问题最有效、最直接的办法。此时，就需要透过复杂的表象揭示事物的本质，找到问题的症结所在。凡是问题，总有根源。追根溯源，考虑好事情的前因、后果，正确分析后再作决断，才是一种正确的工作方法。

3. 要有发现问题的眼睛

一项工作的完成不代表其中不再存在问题，对工作复盘是必要的。职场人需要拥有一双发现问题的眼睛。只有发现了问题，才会产生解决问题的主观能动性，也只有在问题的不断解决中，工作方法才能得到创新和升级。因此，发现问题才是解决问题的前提。

（二）可以提高工作效率

提高工作效率可以从以下几个方面着手：团队成员相互学习，并养成相互学习的习惯，在相互借鉴督促中提升效率；重视团队的合作和协调沟通，减少环节衔接障碍；遇到难解的问题，多向他人请教，学习好的经验；目标规划做到明确，正确的目标，以及长远的规划，才是完成工作的保障；要有大局观念，做出正确取舍，保证总体效率；建立良好、和谐的工作关系，同事之间和谐相处，有利于提高办事效率。

案例 7-3

6 人团队合作的启示

一个外企招聘白领职员，董事长让前6名应聘者一起进来，然后发了15元钱，让他们去街上吃饭。并且要求必须保证每个人都要吃饱饭，不能有一个人挨饿。6个人从公司里出来，来到大街拐角处的一家餐厅。他们上前询问就餐情况，服务员告诉他们，每份最低也得3元。他们一合计，照这样的价格，6个人一共需要18元，可是现在手里只有15元，无法保证每人一份。于是，他们垂头丧气地出了餐厅。回到公司，董事长问明情况后摇了摇头，说："真的对不起，你们虽然都很有学问，但是都不适合在这个公司工作。"其中一人不服气地问道："15元钱怎么能保证6个人全都吃上饭？"董事长笑了笑说："我已经去过那家餐厅了，如果5个或5个以上的人去吃饭，餐厅就会免费加送一份。而你们是6个人，如果一起去吃，可以得到一份免费的午餐，可是你们每个人只想到自己，从没有想到凝聚起来成为一个团队。这只能说明一个问题，你们都是以自我为中心，而没有一点团队合作精神的人。缺乏团队合作精神的公司又有什么发展前途呢？"听闻此话，6名大学生顿时哑口无言。

分析： 对于一个企业而言，团队合作的重要性不言而喻。团队合作精神是推动企业发展的关键，通过团队合作，营造工作氛围，使每个人具有归属感、使命感，将有益于工作效率的提高。

三、如何创新工作方法

（一）意识创新

意识创新是工作创新的首要前提。在职场中，有人整天都在忙忙碌碌，却鲜见工作进展；也有人浑浑噩噩，每天都在混日子，求安稳，很难在工作中找到亮点，做出突破。实际上，这些都是缺乏创新意识的表现。在岗位工作中，有意识地提升创新精神非常重要。

（二）思路创新

思路创新，顾名思义就是以新思路、新理念来看待和解决实际问题，做出区别于以往的判断和实践。要有超前意识，要有自己独立而正确的想法；对计划的制订，要考虑其新颖性，使其具备一定的特色；工作结束后，要以简练生动的方式总结经验，以给自己和他人借鉴。

（三）认真对待

对待工作的态度往往决定了工作方法创新的可能性。当职场人集中全部精力一心想把岗位工作做好，以不甘落后的精神干事业，那样在面对实际工作困难和工作棘手问题时，便自然会开动脑筋，尝试解决问题。做好事务性的工作就是要一步三回头，要仔细，要认真，事情办完了多检查几遍，尽量做到滴水不漏。

（四）学习积累

学习新知识，掌握新方法，应用新设备、新载体，主动地做好工作，是每个优秀员工的基本素质。在方法上，需要不断总结反思，推陈出新，强化积累过程。这里要强调的是，创新不是一蹴而就的，方法创新是点点滴滴的沉淀，是日积月累的过程，容不得一丝懈怠。对于职场新人来说，要善于不断学习、积累、借鉴先进成果，并运用到工作中。

【小结】

科学的工作方法与合理的工作规划能够帮助职场人更快速、更高质量地完成岗位工作，而实现工作思路的转变和工作方法的创新，则是职场人走向成功的阶梯。事实上，工作方法的快速掌握和应用革新，需要职场人有一双发现的眼睛，有不断进行总结、不断作出反思的精神动力，还需要尽快熟悉工作流程，注意工作细节，在反复的实践中找到关键诀窍。

【课堂活动】

思考并回答有关工作方法的几个问题

1．目标

考察自身是否善于使用和创新工作方法，找到自身尚需提升的方面。

2．程序和规则

步骤1：结合本节的学习内容，思考自己曾经在什么工作中实现了方法创新，并取得了良好成效。

步骤2：回顾实现方法创新的过程，谈谈个人的体会和启示。

步骤3：回答下列问题，认真思考如何有针对性地提高工作效率和质量，列出适合自己的对策。

3．总结评价

教师根据学生答题情况进行总结评价。

回答有关工作方法的几个问题

（1）苦累面前多思"得"，工作当中多思"责"，"专心致志，以事其业"。这体现出的工作方法是（　　）。

  A．任其职，尽其责

  B．不拆台，勤补台

  C．不在其位，不谋其政

（2）下列选项中，不属于会议常见缺陷的是（　　）。

  A．沟通过程一团和气

  B．项目计划要素不全

  C．既有讨论又有决策

  D．反馈不畅，争论不休

（3）安排工作有必不可少的四要素，其中不包括（　　）。

  A．最高管理者

  B．项目完成标准

  C．结果考核评估

  D．项目完成的最后期限

（4）在安排工作中，作为管理者应该采用的用语或态度是（　　）。

  A．我们一起努力把当前的事情做好

  B．好好做，这是一次表现的机会

  C．尽快完成

  D．这项工作必须在……日前完成

（5）下列关于工作总结的表述，错误的是（　　）。

  A．确定计划目标

  B．确定实际完成量

  C．找出产生差距的根本原因

  D．制订减少差距的方案和执行计划

（建议用时：50分钟）

模块八　职业需求与社交素质

【模块导读】

大学生在不断学习专业理论和参与社会实践的进程中,逐渐积累了经验与学识,但是,如果不能准确把握个人职业需求,练就职场社交的基本能力,就很难真正做到学习与就业、学校与社会的有效对接。本模块通过理论阐释与典型案例分析,介绍职业需求与社交素质,让大家了解职业需求的含义和意义,进而准确判断和定位自己的职业需求。通过学习基本社交知识,提高社交素质意识,丰富社交知识,练就职场社交能力,为出彩的职业人生奠定坚实基础。

8.1　职业需求

【能力目标】

1. 理解职业需求的含义及类型。
2. 掌握职业需求的意义和实现途径。
3. 能够准确定位个人职业需求,为职业生涯规划奠定基础。

【引入案例】

林俊德院士的职业需求

林俊德,中国工程院院士,40多年的科研旅途中,他先后获得30多项科技成果,参加了我国全部核试验任务,为国防科技和武器装备发展倾尽心血。在癌症晚期,他仍以超常的意志工作到生命的最后一刻。为了和死神争分夺秒,他选择了不浪费化疗资源,忍着病痛工作(图8-1)。他甚至还为了自己的工作,竟然要求医生拔出胃管。林俊德可谓是把一生都奉献给了国家!在工作中非常诚恳,对别人宽容,对自己严格。我们都应该学习林俊德的这种精神:吃苦耐劳,坚持奋斗,不抛弃,不放弃。

图8-1　林俊德院士忍着病痛工作

分析:每个人都有职业需求,职业需求受到个性特征、工作环境、薪资待遇、发展前景等诸多因素的影响。如果想使自己的职业达到新的高度,就需要鉴别自己的职业需求,然后制订目标和计划,掌握实现职业需求的途径和方法,丰富和完善自己的职业人生。

一、职业需求的含义和类型

职业需求是指一个人对某种职业的渴求和欲望,这种渴求和欲望成为一个人职业行为的积极性的源泉。自从出现了社会分工,就出现了职业需求。随着社会的发展,

职业素质教育

职业不断分化和产生，不断赋予职业需求以新的内容。职业是多种多样的，人们对职业的需求也不尽相同。人们的职业行为也是在一定的职业动机的策划下，为了达到某一个职业目标而发生的。

根据职业需求的发生过程，主要有以下三种相对应的类型。

（一）自然性职业需求与社会性职业需求

自然性职业需求，就是为了谋求那些保持或维持自己的生命以及延续后代的条件而从事一定的职业的要求，这种自然性职业需求是人类生存的基本需求。人们在自然性职业需要之外，在自己的社会职业活动中形成的对人类文化的渴求、对政治的渴求以及对人们之间交往活动的渴求，就是一种社会性职业需求。对于"白领"来说，自然性职业需要挤占了社会性职业需要。许多人由于周而复始的紧张工作，累垮了身体；有的人到而立之年依然孑然一身。人们在择业时，既要考虑到自然性职业需要，也要考虑到社会性需要，要从生活的全方位来满足自己的需要。

（二）物质性职业需求和精神性职业需求

物质性职业需求表现为对职业活动中物质方面的渴求，包括衣、食、住、行等诸多方面，是人们最基本的、最重要的欲求，也是其他一切需求的基础。精神性职业需求则是一个人在职业活动中对精神文化方面的渴求。比如掌握知识、对美的享受、创造的欲望等；再比如，职业活动促进了同事、朋友之间的感情交流，使人们看到了自己的力量和智慧，这将使你的精神更加愉悦。

（三）合理的职业需求与不合理的职业需求

合理的职业需求与不合理的职业需求主要是根据职业需求的可能性来区别的。人们的职业需求是复杂多样的，现实中不是每一个人的所有职业需求都能变成现实。有的需求经过努力可以实现，有的需求无论你怎样努力也是实现不了的。求职人员都应该对自己的职业需求有客观的、合理的、科学的分析，以保持合理的职业需求，舍弃不合理的职业需求，只有这样才能够找寻到适合自己的职业。

案例 8-1

王同学的就业选择

王同学，某职业学院软件工程专业毕业，从事过销售、仓管、保安等工作。为帮助其实现稳定就业，市公共就业服务机构的领导亲自协调，介绍并带领其到该市一家招商引资重点企业去应聘，该企业非常重视，行政经理和人力资源部经理亲自面试并给出2条职业发展路径：一种是走专业技术道路，到研发部门；另一种是到企划部门，从事计划制订与分配管理工作。并考虑到企业地处开发区，路途偏远，可提供宿舍居住。王某表示考虑2天给予答复。一个月后，该企业人力资源经理反馈王某一直未与其联系，后经过询问才了解王某已与同学一起创业，但市场竞争激烈，生意举步维艰。

分析：上述案例中的王同学是对自己职业需求含混不清，自我认识不足，对现实情况不了解，导致了就业的盲目性。择业首先要认识自我，给自己恰当的认知和定位，从而确定大致的择业方向和范围。要明确自己的职业价值观，在搞清楚阶段性目的和价值取向之后，才会有一个相对明确的求职方向和目标，从而确定自己的职业规划方案。在得到帮助的情况下，还要懂得尊重和感恩。

二、了解职业需求的意义和实现途径

根据前面的学习,明确个人职业需求具有四个方面的意义。

(一)确立方向,提供策略

有利于以既有的成就为基础,确立职业和人生的方向,提供奋斗的策略。了解并准确定位,实现自己的职业需求,就要立足自己的实际情况,从自己的实际情况出发,选择适合自己的人生道路。确定了自己的合理化的职业需求,就会设定好人生梦想,找到一个有成长空间和发展前景的事业,把梦想变为具体的目标规划来加以实现。

(二)塑造自我,增值价值

有利于突破生活的局限,塑造清新充实的自我,重新认识自身的价值,并使其增值。一个人的人格是否成熟,取决于是否有正确的自我认知和自我定位。只有不断地完善自我,提升自己的能力,才能让自己更好地适应这个社会。无论有多少困难和险阻,都不放弃。坚定自己的信念,突破难关,坚持前行,不断地突破自我,创造奇迹。

(三)准确评价,找准差距

有利于准确评价个人特点和强项,找准个人目标和现状的差距。第一,应该尽力把本专业学精学好,培养自己的兴趣,除了"爱我所选"外,也可以尝试着去"选我所爱"。在发展兴趣之外,更重要的是找寻终身不变的志向,这就是职业需求。第二,接受现实,回归敬业乐群的态度,发掘出自己独到的才智。第三,逐渐知道自己的问题在哪里,或者说要知道自己需要什么,想提升什么。一旦有了目标,接下来就是为这个目标制订具体可行的落实计划,切实训练自己的时间管理能力,提高学习和工作效率,这都是职业需求带来的内生动力。

(四)发现机遇,增强竞争

有利于发现新的职业机遇,增强职业竞争力。我们每个人都应该在承认拥有生而为人的共性的同时,也相信自己具备着上天赋予的独特价值。通过社会分工合作,来找到自己在社会中生存和立足的根本。职业需求可为人生发展带来方向性指南,从而增强职业竞争力。对很多成功的人士来说,刚好是遇到了特定的机遇,将自己的不可替代性和社会的需求链接起来,从而形成了社会角度的不可替代性。

目前,大学生仍处在学习专业知识、丰富实践经验的时期。实现个人职业需求的途径要从以下7个方面开始。

1. 评价自己状态

决定改变之前,应该先对自己的整体状况做个评价。当对自己的状态有了一个初步的评价和认识后,可能就有想要改变自己的动力了。那么接下来不妨列一个表格,看看在所有这些参与评价的项目里,哪些是你不满意的,找出它们并标注出来,并认真思考该如何改变它们。

2．设定合理目标

走出校门，走上工作岗位，就意味着你追求职业需求的开始。不管你决定做出什么样的改变，都要使自己的行为合理且可行，不能仅凭意愿行事，否则不但无法认清自己的职业需求，反而会越来越糟。

3．重视精神追求

对于即将步入职场的我们，更加需要有职场的精神追求，以积极进取的心态面对职场，以更高的要求来不断鞭策自己，让职场之路越走越宽广。职业需求能激发出潜力，并会不断提示个人的目标与弱点。一旦明确了自己想要实现的职业需求，就可以有计划，有目标，有动力地去实现它了。

4．提高专业素质

高职院校学生在学校接受较多的是专业知识和技能的培养，社会中与该专业有关的职业岗位的要求往往远远高于这些内容，它往往更注重考查学生能否胜任工作岗位所必须具备的职业潜质。专业素质的基本要求虽然是最终体现在岗位工作的业绩中，但是，我们的高等教育应该将其纳入课堂教育中来，成为我们课堂教育的一部分，充分体现教育服务社会的基本功能。学生应该更加关注和提升社会中职业的实际需要，并以此为依据，不断学习适应未来职业需求的专业知识。

5．锤炼心理素质

锤炼优秀心理素质，提高抵御职业风险能力。以财务管理专业为例，该专业主要是为企业和事业单位培养复合型的理财人员。在企业中其未来的职业高度应是CFO的角色，那么，在他的专业知识和技能的要求中就包括了该职业未来心理素质的要求。这个要求是和专业学习的内容密切相关的，CFO的职业要求是他必须学会承担风险及迎接风险。若在学校学习期间就进行这方面的学习和训练，进入社会后就可以较快地进入职业角色。

6．养成良好习惯

应养成良好的个人习惯，习惯可以塑造性格，性格决定命运。许多职业要求我们必须养成具有职业特征的个人习惯，而这种习惯的出现往往是被动的，甚至是付出了代价的。其实，我们在学校学习的过程中就可以将这种职业特质提前运用到个人素养的培养中。

7．加强文化修养

加强文化修养，提高职业持久竞争力。在人文精神的培训中，学生在学校期间就应该树立敬业态度和社会责任感，增强精益求精的工作理念和坚忍不拔、知难勇进的蓬勃向上的精神。人文精神是职业教育中德育教育的重要组成部分，它不但使个体的素质得以长足发展，而且将使整个社会随之而兴旺发达。如果没有一定的文化修养及人格魅力，就很难取得他人的理解和支持，也就很难协调各方面的工作，更不可能高瞻远瞩，为企业的战略发展服务。

三、为实现职业需求创造条件

近年来,随着经济的快速发展,社会对高技能人才的需求也越来越多,这为高等职业教育的发展提供了广阔的空间,高职教育在规模和数量上也得到了快速的发展,为社会培养了一批应用型的高技能人才。但是随着高职教育的高速发展,我们也不难看出,现在的高职教育面临着市场对人才的需求和高职人才培养之间出现了断裂的问题。高职教育应该如何以市场需求为导向进行人才培养,是当前高等职业教育亟待思考的问题。

(一)进行教学计划创新

许多高校的专业教学计划都是按照专业知识体系的要求进行设置的,很少考虑到职业素质的要求,故在课程设计和课时的安排上大同小异,没有将市场的变化、职业的需求反映出来,很多教学计划常年不变,跟不上社会要求的节奏。

(二)激发专业认知能力

学生在校学习的过程中,通过专业实训感知实务和理论的主要差别,通过专业实训真正将所学到的理论知识融入其中,使他们在进入职场之前了解和掌握应当具备的专业知识和专业素养。

(三)引导培养自学能力

历史上所谓掌握最高教育的人,几乎都是"自学型"的。所谓"有教育"的人,不能只看成是有学历或是有文凭,而应是那些一边努力工作,一边运用自己的知识逐步实现愿望的人。因此,在以职业需求为导向的专业素质教育中,教师应当充当朋友的角色,而不是一位教书先生和念书先生。

(四)加强竞争力的培养

高职院校的专业设置一定要顺应市场需求和岗位需求。在新加坡和日本这样的发达国家,专业设置紧随市场变化而变化。要紧密结合专业知识讲授职业要求,将知识和能力的要求传授给学生,让他们不仅掌握知识,还了解体现该知识的能力要求,提前了解职业素质的基本要求,为学生进入社会打下良好基础。

【小结】

职业需求是一个与职场成功密切相关的话题,是高职院校学生不可回避的重要问题。在大学生就业形势日趋严峻的今天,职业需求更是推动大学生顺利、成功就业并获得未来职业发展的重要动力。从目前的情况来看,在校大学生专业思想不稳定,专业兴趣欠缺,最重要的是对职业缺少强烈的渴求和欲望,"推着日子过""当一天和尚撞一天钟""车到山前必有路"等消极懈怠甚至错误的思想十分普遍,职业意识比较淡薄。前面两个典型案例集中体现了主人公强烈的职业需求和社会责任感,希望学生可以从中得到一些有益的启发。

职业素质教育

【课堂活动】

准确把握自己的职业需求

1．目标
通过测评，让学生正确认识并准确把握自己的职业需求。

2．程序和规则
步骤1：由教师提供测评标准（表8-1），学生可以根据自己实际情况完成测评。
步骤2：学生课后自主完成职业需求测评卷。
步骤3：对测评情况进行统计分析。
步骤4：课上展示测评结果。

表8-1 职业需求测评40题

序号	题　目	非常重要	重要	有时重要	不重要
1	让我可以付得起账单或信用卡				
2	有引导我成长的"老师"或领导				
3	能让我赚很多钱				
4	我能控制自己的命运				
5	能让我成为高效团队中的一员				
6	我能持续学习到新东西				
7	让我清楚地知道对我有什么要求和期待				
8	我能得到支持和指导				
9	我觉得自己做出了很大的贡献				
10	这份职业社会上不容易失业				
11	我的表现能通过充分的回报来认可				
12	对于我很有意义				
13	因为我的表现，我能得到提升				
14	提供好的退休计划				
15	我能支持和帮助别人				
16	需要很多的创造力				
17	我能发展出我大部分的潜能				
18	有稳定、规律的上班时间				
19	让我个人有成长				
20	我和别人有足够多的接触				
21	提供生理上的舒适度				
22	提供给我很多福利，比如医保社保等				
23	让我工作起来没有太多压力				
24	帮我达到我的终极职业目标				
25	我能被同事们认可和接受				

模块八 职业需求与社交素质

续表

序号	题 目	非常重要	重要	有时重要	不重要
26	让我可以付得起房租或买得起房子				
27	我能对社会做出贡献				
28	即使我犯了错,也不担心失去工作				
29	让我可以参与我喜欢的娱乐休闲活动				
30	让我觉得自豪				
31	有一个让我值得去做的美好前景				
32	有让我喜欢的合作关系				
33	不太占用我的家庭时间				
34	我的才华被展示和被欣赏				
35	我周围的人都因为我的工作尊敬我				
36	给我有合适的午饭和休息时间				
37	让我更好地施展我的能力和天赋				
38	让我不会受伤或者得病				
39	我因为我的成就而出名				
40	让我养活家庭				

3．总结评价

职业测评的作用主要有预测、诊断、区别、比较、探测、评估。这是针对学生的职业表现做一个功能的检测,通过测评能知道自己的不足,在今后可以不断加强。职业测评是帮助学生准确地对自身的兴趣、性格、能力等特征进行分析,发现自身潜在竞争优势,并能充分发挥一个优势职业的作用。

（建议用时：40 分钟）

8.2 社 交 素 质

【能力目标】

1．理解社交及社交素质的含义。
2．掌握社交基本原则和基本礼仪。
3．懂得如何有针对性地培养基本社交素质,为个人发展创造有利条件。

【引入案例】

孟同学的恐惧

孟同学,厦门某大学软件工程专业学生,出生在农村,父母均在厦门创业办公司,他从小寄养在奶奶家。由于长期缺乏父母的关爱,性格异常内向,怕见人,怕说话,怕与人打交道,怕对方的目光,内心敏感多疑,见人总是低着头,无法沟通。他父亲说,他曾被诊断为"社交恐惧",主要表现在害怕社交,受社交恐惧的困扰,把自己锁在自己的内心小世界里。觉得自己来自农村,一直比较自卑,对自己缺乏自信。

分析: 孟同学童年缺乏关爱,早期的生活经历给他造成许多不良的影响,没有机会进行完整的自我意识培养。导致孟同学现状的影响因素:一是孟同学自身的性格因素;二是外部环境和人生经历等。

一、社交素质与基本原则

从一般含义上说,所谓社交,其实就是人与人之间的相互结识互动过程中的相互理解、相互影响。它是人的思想、观念、兴趣、情感和态度的相互交流过程,其目的在于沟通、协调和建立起良好的人际关系。所谓社交素质,也就是人们在社会生活中与他人沟通思想,联络感情,增进友谊,从而建立起广泛的社会联系的一种素养和能力。

在现代社会中,学习和掌握一定的社交能力和社交技巧,对于人们的工作、学习和生活都有着十分重要的意义。社交的基本原则如下。

(一)互酬原则

人际交往时,人与人之间的关系是相互的,其行为具有互酬性。因此,在我们的交往中,应该常常想到"给予"而不是"索取";相反,如果取而不予,就会失去朋友。如果一个人没有认识到培养社交素质必备的互酬原则,不懂得社交中的相互性,则坠入社交迷茫是在所难免的。

(二)自我袒露原则

一个人把自我向别人敞开心扉比关闭心扉更能使人感到满足,而且这种好的感觉也会再次传染给别人。本节引入案例中的孟某就是典型的"社交恐惧"型人格,他不敢与人交往,更不敢向别人敞开心扉,所以这种闭锁心理阻碍了他人格的完善,必然直接影响他未来的职业生涯乃至人生发展。

(三)真诚评价原则

人们在交往的过程中,免不了要互相议论或评价,对人评价的态度要诚恳,情感要真挚,如果恶意诽谤,口是心非,或者阳奉阴违,就会招致对方的反感。

(四)互利性原则

古人云:"投之以桃,报之以李。"互利原则要求我们在人际交往中了解对方的价值观倾向,多关心、帮助他人,并保持对方的得大于失,从而维持和发展与他人的良好关系。要解决人际关系不协调的矛盾,就要采用互利的原则,"互利"是矛盾双方都能接受的调节。这里说的"互利",不是互相利用的功利性色彩。互利既包括物质性的互利,也包括精神性的互利,也就是在满足对方需要的同时,又能得到对方的报答。人际交往永远是双向选择,双向互动。你来我往才能长久交往。在交往的过程中,双方应互相关心、互相爱护,既要考虑双方的共同利益,又要深化感情。

案例 8-2

小心眼儿的小翠

小翠是某学院一年级学生。由于自己爱计较,也就是有些"小心眼儿",往往为了一点小事哪怕是同学的一句话就会生气,从而在与同学的交往过程中经常闹别扭,弄得大家都很不开心,自己心里也总是不能平静,总想着那些细枝末节。她十分烦恼,其实自己也不想这样,但又不知道该如何改变。小翠过于敏感,患得患失,吃一点儿亏就如鲠在喉。特别计较别人的一言一行,总感到是针对自己的。小翠认识到了自己的问题,有主动改变的意愿。

分析:她应懂得人际交往的互酬心理。不要只想到自己的私利,不要怕自己吃亏。要明白自己付出多少,也会得到多少。应遵守人际交往的宽容原则,学会"宽以待人",豁达大度,只要不是原则性的问题,就不必过于计较。要避免"自我中心",不要凡事都先想到自己,一旦触及自己就觉得别人是有意针对自己的。要充实拓宽自己的知识面,开阔眼界,丰富的知识修养能使人更加豁达。

二、社交素质的培养

培养大学生的社交素质,首先要强化学生的主人翁意识。目前的教育模式潜移默化地影响着学生的自我意识,高职院校应该开设相关的社交概论课程,培养学生的主人翁意识,促使他们主动参与各项活动,给予积极的社交指导,使其在学习和团体工作的过程中学会与人交往,分析问题,想办法解决矛盾,这样他们的社交能力就在无形中大大提高。社交素质的培养和提高是一个十分现实、复杂而具体的过程,对于任何人来说都是一个永恒的课题,它广泛涉及心理、文化和社会等各方面的因素。社交素质的培养可以从以下几个方面去加以努力。

(一) 全面了解自己

一个人要想取得社交的成功,必须对自己做出客观的分析和评价。这种分析和评价主要包括以下内容:自己在他人心目中的形象如何?自己的脾气、性格和处事方式等能否会赢得更多人的喜欢?自己在以往的社交中有哪些值得总结和提高的地方?通过上述的自我分析和自我评价,可以发现自己在社交生活方面存在的缺陷,从而明确今后的改进目标。

(二) 充分了解对象

要充分了解交往对象的性格和类型。社交成功的一个重要"秘诀",就是要对交往对象有较为全面的了解,这种了解不仅包括交往对象的身份、经历及家庭和社会背景,而且包括其脾气、爱好、兴趣、习惯等个性特征,这样我们在社交过程中就能做到因人而异,区别对待。同时在社交过程中还要学会观察对方的心理活动和心理变化,因为这是社交成功的关键所在。

(三) 消除紧张心理

社交中紧张、畏惧心理的产生,根源在于一些人对自己缺乏自信;特别是初次见面或同某些领导交谈时,这种心理障碍常常显得更为严重。因此,要想提高自己的社交能力,必须克服这种心理障碍。要学会肯定自己,在强化自我形象的过程中逐步增强自己的自信心。可以先采用心理强化法,努力找出自己的长处,即使自认为不值一提的特长,也可通过心理强化,把它扩大成足以自豪的优点,借以缩短与对方的距离,增强自己的信心。如果我们能够在心理上与对方保持平等的地位,就能以平等的态度与其进行交往。

(四)学会自我控制

在社交场合中,有时难免会发生令人不快或引起争吵的事,这时就要求我们进行自我控制,不致因发怒而伤害到同学和朋友。要学会宽容和制怒,学会用意念来控制自己的行动。

(五)开拓社交范围

要广泛开拓自己的社交范围,这是因为人的需要是多层次的,人的爱好也是多层次的,所以,人所结交的朋友也应是多层次的。只有广为交友,才能使自己获得人生和事业的成功。

(六)经常参加活动

一个人要想提高自己的社交能力,固然离不开书本知识的学习,但更重要的是要善于在社交活动的实践中加以学习、观察和总结。从社交成功人士的身上,以及从自己的亲身经历中取得直接或间接经验,这样才能使自己的社交能力得到较大的提高,从而逐步展现出一个社交成功者的风采。

三、社交礼仪的培养

在人际交往中,我们常常会遇到这样的情况:与有的人接触以后会留下深刻的印象,而有的人却很快就被遗忘。之所以产生这种区别,主要在于不同对象在人际交往中的人际吸引力不同,而这种人际吸引力除了高超的社交能力外,还和高雅的社交礼仪有关。提高社交素质,特别需要注意掌握一些重要的社交礼仪,因为这不仅是一个人的外部名片,而且是一个人内心素养的显露,往往影响甚至决定人的职业生涯。

(一)亮相要有风度

交往最初印象的好坏取决于亮相。幽默风趣的谈吐、坦诚热情的态度、端庄含蓄的举止、从容潇洒的步履、整齐典雅的仪态、亲切自然的表情,这是社交场合受人称道的风度,具有这样风度的人在社交中是会受到人们欢迎的(图8-2)。与不同的人交往,自己亮相时的言行举止和神态应有所区别。

图8-2 握手礼仪

(二)语言应该得当

语言交往是人际交往的主要方式,包括听和说两个方面。善于聆听,乐于交谈,就能使人们在良好的心理气氛中顺利交往。

模块八　职业需求与社交素质

（三）举止应该优美

人际交往中优美的举止会增强交往的效果,古人说:"坐如钟,立如松,行如风。"讲的就是人们交往中言行举止要优美。

（四）气质应该高雅

气质也是一种美。从生理意义上说,气质是指人的神经系统活动的类型。每个人都可能通过塑造自己的个性来开掘自己的气质美,增加吸引别人的气质魅力。大学生正处在这种气质的开掘塑造时期,不仅对现在人际交往有着重大意义,也对今后人际交往影响深远,因而培养大学生高雅的气质十分重要。

【小结】

交往是人类社会的一种基本的社会活动。通过社会交往,树立正确的交往观念,把握健康的交往内容,培养高尚的交往道德,选择有益的交往途径,建立良好的人际关系,这对大学生的健康成长和未来事业的成功都具有重要意义。交往是大学生人生发展的需要,是自我完善并逐步实现社会化的需要,是实现人生价值的需要,是身心健康发展的需要,是学业与事业成功的需要。培养必要的社交素质至关重要。

【课堂活动】

社交素质测评

1．目标

了解自己的社交素质。

2．程序和规则

步骤1：由教师提供测评标准（表8-2）,学生可以根据自己实际情况完成测评。
步骤2：学生课后自主完成社交素质测评卷。
步骤3：对测评情况进行统计分析。
步骤4：课上展示测评结果。

表8-2　社交素质测评题

序号	题　目
1	每到一个新的场合,你对那里原来不认识的人,总是: A．能很快记住他们的姓名,并成为朋友 B．尽管也想记住他们的姓名并成为朋友,但很难做到 C．喜欢一个人消磨时光,不大想结交朋友,因此不注意他们的姓名
2	你打算结识人交朋友的动机是: A．认为朋友能使我生活愉快 B．朋友们喜欢我 C．能帮助你解决问题
3	你和朋友交往时持续的时间大多是: A．很久,时有来往 B．有长有短 C．根据情况变化,不断弃旧更新
4	你对曾在精神上、物质上诸多方面帮助过你的朋友总是: A．感激在心,永世不忘,并时常向朋友提及此事 B．认为朋友间互相帮助是应该的,不必客气 C．事过境迁,抛在脑后

续表

序号	题目
5	在你生活中发生困难或发生不幸的时候： A．了解你情况的朋友，几乎都曾安慰帮助你 B．只是那些知己朋友来安慰、帮助你 C．几乎没有朋友登门
6	你和那些气质、性格、生活方式不同的人相处的时候总是： A．适应比较慢 B．几乎很难或不能适应 C．能很快适应
7	你对那些异性朋友、同事： A．只是在十分必要的情况下才会接近他们 B．几乎和他们没有交往 C．能同他们接近，并正常交往
8	你对朋友、同事们的劝告、批评总是： A．能接受一部分 B．难以接受 C．很乐意接受
9	在对待朋友的生活、工作诸多方面，你喜欢： A．只赞扬他（她）的优点 B．只批评他（她）的缺点 C．因为是朋友，所以既要赞扬他的优点，也要指出不足或批评他的缺点
10	在你情绪不好、工作很忙的时候，朋友请求你帮他（她），而你会： A．找个借口推辞 B．表现得不耐烦，断然拒绝 C．表示有兴趣，尽力而为
11	你在穿针引线编制自己的人际网络时，只希望把这些人编入： A．上司、有权势者 B．诚实、心地善良的人 C．与自己社会地位相同或低于自己的人
12	当你生活、工作遇到困难的时候： A．你向来不求助于人，即使无能为力也是如此 B．你很少求助于人，只是确实无能为力时才请朋友帮助 C．事无巨细，都喜欢向朋友求助
13	你结交朋友的途径通常是： A．通过朋友介绍 B．在各种场合接触中 C．只是经过较长时间相处了解而结交
14	如果你的朋友做了一件使你不愉快的事，你会： A．以牙还牙也回敬一下 B．宽容，原谅对方 C．敬而远之
15	你对朋友们的隐私总是： A．很感兴趣，热心传播 B．不去了解 C．当作没发生

请根据自己的实际情况，认真考虑下列问题，从所给备选答案中选出最符合自己的一项。

测评分析与建议：如果1～5题中选择C项较多，说明你对社交恐惧，存在较重的闭锁心理或功利心；如果6～10题中选择B项较多，那么说明你心胸比较狭隘，社交适应力较差；如果11～15题中选择A项较多，说明你不太在意别人的感受，权衡自身利益较多，以上这些都需要做出调整。

3. 总结评价

现代是一个开放的社会，开放的社会需要开放的社会交往。社交素质测评是指测评主体采用科学的方法收集被测评者在社交活动领域中的表征信息，针对社交素质测评指标做出量值或价值的判断过程，或者直接从所收集的表征信息中引发与推断某些素质特征的过程。通过社交素质测评，学生能够了解自身社交的问题和不足，并及时调整，才会有利于就业后的职业发展。

（建议用时：30分钟）

8.3 蓄积职场社交力

【能力目标】

1. 理解职场社交的含义和意义。
2. 能够了解职场社交的规律，尽快进入职场角色。
3. 掌握职场社交的技巧，成就出彩职业人生。

【引入案例】

从同事到冤家

小贾是公司销售部的一名员工，为人比较随和，不喜争执，和同事的关系处得都比较好。但是前一段时间，同一部门的小李总是处处和他过不去，有时候还故意在别人面前指桑骂槐，对跟他合作的工作任务也都有意让小贾做得多，甚至还抢了小贾的好几个老客户。起初小贾觉得都是同事，没什么大不了的，忍一忍就算了。但是看到小李如此嚣张，小贾一赌气告到了经理那里。经理把小李批评了一通，从此小贾和小李成了冤家。

分析：小贾、部门经理、小李3人犯了一个共同的错误，那就是没有坚持"对事不对人"。正确的做法是应该把双方产生误会、矛盾的"疙瘩"解开，加强员工的沟通来处理这件事。我们都应该学会主动、真诚并讲究策略地沟通，这样就可以化解很多工作与生活中的误会和矛盾。

一、职场社交的含义及重要性

职场社交是一种与客户、同事交流的方式。职场社交涉及的内容很多，职场环境、社交的方式及职场人脉等都是职场社交的必要内容。进行职场社交的本质目的是获取职场上的发展，让自己的职业道路与职场规划变得顺利一些。不同人的职场社交理解不一样，那些擅长与人交际的朋友，在职场中能轻松与同事交流，很快便能使用新的职场环境，职场社交也是十分容易的。合理的职场社交能凸显自己的优势，帮助自己在职场中建立合适的人际管理,自我的职场价值也得到体现。

职场社交是自我营销的一种方式。不同职场人的社交方式不同,合适的职场社交可让大家轻松融入全新的工作环境中,自己的职场发展也会变得轻松一些。无论从事什么类型的工作,都要一直保持积极的工作热情与信仰,不只是单单满足职场规划,还要考虑到其他人的职场发展。要充分体现职场社交的价值,先要懂得如何超越自我,敢于在职场中展现自己的优势与特长。

职场社交的重要性介绍如下。

(一)职场社交是交流信息、获取知识的重要途径

现代社会是信息社会,人们对拥有各种信息和利用信息的要求,也在不断地增长。通过人际交往,我们可以相互传递、交流信息和成果,使自己丰富的经验,增长见识,开阔视野,活跃思维,启迪思想。

(二)职场社交是个体认识自我、完善自我的重要手段

在人际交往的过程中,彼此从对方的言谈举止中认识了对方。同时,又从对方对自己的反应和评价中认识了自己。交往面越宽,交往越深,对对方的认识越完整,对自己的认识也就越深刻。只有对他人的认识全面,对自己认识深刻,才能得到别人的理解、同情、关怀和帮助,自我完善才可能实现。

(三)职场社交是集体成长和社会发展的需要

人际交往是协调集体关系、形成集体合力的纽带。而良好的集体,能促进青年学生优良个性品质的形成。良好的人际关系还能够增进学生集体的凝聚力,成为集体中最重要的教育力量。良好的人际交往能力是积极向上的,反之,则不利于个体的健康发展。

二、职场社交的规律

职场中的社交能够在无形中影响我们未来职业的发展,良好的社交素质能够给我们带来很多发展的机会。职场社交有以下四个定律。

(1)沉默的定律。在遇到自己不想要去参与的事情或者是不应该去争取的事情时,我们最好是保持沉默,只有这样才能避免自己的职场人际关系出现危机。

(2)失忆定律。在面对很多尴尬的问题或者是回答后会对对方产生危害的问题时,我们应该选择性地遗忘,而且在特殊情况下,我们应该把自己的感受也选择性地忘记,只有这样你才能在职场中生存下来。

(3)微笑的定律。在职场的社交活动中我们应该时刻保持微笑,微笑能在无形中增加自己的能量。在处理尴尬事情时,微笑还能将问题的解决变得更加简单,让我们轻松地回避一些难以回答的问题。

(4)感怀定律。在身边的人需要帮助和关怀时,你应该给予关怀,并且送出自己的安慰和鼓励,让对方感觉到温暖。

作为职场人,不仅需要扎实的业务技能和专业知识,而且需要良好的沟通能力。与内部人员沟通,与相关单位沟通,处理各方关系等,都离不开良好的社交素质。

案例 8-3

研发部的梁经理

研发部的梁经理总是以电子邮件向属下交代工作,他的属下除非必要,也都是以电子邮件回复工作进度及提出问题。很少找他当面报告或讨论。他对其他同事也是如此,电子邮件似乎被梁经理当作和同人们合作的最佳沟通工具。但是,最近大家似乎对梁经理这样的沟通方式反应不佳。梁经理的部门逐渐失去向心力,许多下属除了不配合加班,还只执行交办的工作,不太主动提出企划或问题。而其他各位主管也不会像梁经理刚到研发部时那样,主动到他房间聊天。大家见了面,只是客气地点个头。开会时的讨论也都是公事公办的味道居多。了解这些情形后,公司总经理告诉梁经理,工作效率很重要,但良好的沟通则会让工作更加顺畅。

分析: 很多管理者都忽视了沟通的重要性,而是一味地强调工作效率。实际上,面对面沟通所花的时间成本能让沟通效果大为增进。沟通顺畅,工作效率自然就会提高;如果忽视沟通,工作效率则势必下降。

三、职场社交素质的提高

(一) 掌握职场社交技巧

(1) 记住别人的姓或名,主动与人打招呼,称呼要得当,让别人觉得被礼貌相待,会给人以平易近人的印象。

(2) 举止大方、坦然自若,使别人感到轻松、自在,激发交往动机。

(3) 培养开朗、活泼的个性,让对方觉得和你在一起是愉快的。

(4) 培养幽默风趣的言行,要幽默而不失分寸,风趣而不显轻浮,给人以美的享受。与人交往要谦虚,待人要和气,尊重他人,否则事与愿违。

(5) 做到心平气和,不乱发牢骚,这样不仅自己快乐、涵养性高,别人也会心情愉悦。

(6) 要注意语言的魅力,应安慰受创伤的人,鼓励失败的人,祝贺取得成就的人,帮助有困难的人。

(7) 处事果断、富有主见、精神饱满、充满自信的人容易激发别人的交往动机,博得别人的信任,产生使人乐意交往的魅力。

(二) 提高职场社交能力

社交素质与社交经验的关系非常密切,如果可以提高自己的人际交往能力,人们的日常社交生活也会得到改善。人们不单可以减少与别人发生冲突,也可以令自己和别人有更愉快的交往经验。要有效地提高人际交往能力,可从以下两方面着手。

1. 对环境的辨析能力

对环境具有良好的辨析能力,可以使自己有效地达到社交目标。社交环境瞬息万变,交往的对象也有不同的特质,要适应不同的社交环境、人物,便要有敏锐的观察力和认知能力。一个人对环境的辨析能力是社交能力的一个重要部分。如果能够对情境间的细微之处加以区分,往往更能掌握社交环境的变化,并由此而做出合适的行为,以适应千变万化的环境。

2．对别人心理状态的洞察力

洞察别人的心理状态也是社交能力重要的一环。要增进个人的社交能力，一方面要提高对自己及别人的需要、思想、感受的洞察力；另一方面也要细心观察不同的情境和人物，分辨其中不同之处并加以理解分析，以加强对千变万化的社交环境的掌握。与人交往并非深不可测，一句真诚的话语，一次放松的谈心，一个会意的笑容或眼神，都可以换来健康、乐观、平和的心境，营造出宽松和谐的人际空间。要有不断学习、不断提高这方面能力的意识。

【小结】

每个人生命的主宰其实就是自己，关键是你要有所改变，要有强烈成功的愿望。我们希望通过对人际交往特点以及交往原则的认识与理解，可以使大家领悟到交往的一些知识。结合这些特点与原则，找到合适的方法，培养我们的人际交往能力，促进我们自身的人际关系。那些在生活、学习、工作中，不愿交往、不懂交往、不善交往的同学，要不断塑造自身形象，以积极的态度和行为对待人际交往，从而建立和谐的人际关系。

【课堂活动】

了解职场社交规则

1．目的

丰富职场经验，为全面涉足职场做好心理和技术上的准备。

2．程序和规则

由教师提供 22 条社交法则，学生可以结合自己实际情况进行学习。

步骤1：学生课后自主学习法则。

步骤2：结合自己的现状，写一份职场社交素质个人提升计划。

职场社交 22 条法则

职场社交素质的高低不仅会影响一个人的工作，同时还会对其心理健康产生影响。人际关系良好，资源就可以在关系网中流通，就会事事顺畅；关系僵硬或者破裂，就会出现天堑鸿沟，也就好事难成。因此，懂得在职场中如何搞好人际关系是事业成功的第一要素。职场人士若能在交往中遵循以下法则，对于建立良好的人际关系，提升自己的社交素质，有着极其重要的作用。

法则1：拆除心中的篱笆墙。敞开你的心扉，积极主动与陌生人交往，克服嫉妒心理。

法则2：用诚信换取信任。真心交往，说到就要做到，建立彼此的信任。

法则3：要有一颗宽容的心，要把对手变成朋友。

法则4：学会倾听，做一位好听众。倾听为你赢得客户，是对别人的最大赞赏，多听少说会赢得好的人缘。

法则5：管好自己的嘴巴。谨言慎行，不要乱说话。说话要有分寸，尤其注意别人的短处是揭不得的。

法则6：永远不要说"你错了"，要巧妙地指正别人的错误，避免不必要的争论，糊涂一点儿会减少许多麻烦。

法则7：掌握说话的艺术。会说不如巧说，要见什么人说什么话。

法则8：恰到好处地赞美他人，这是人际交往的"万能钥匙"。要掌握赞美的艺术，学会赞美的方法，坦诚地欣赏他人。

法则9：用幽默化解尴尬。幽默是人际交往的润滑剂，可以减少人际冲突。

法则10：别吝惜你的微笑。微笑是促进人际关系和谐的甘露，是融化人际坚冰的阳光。

法则11：高调做事，低调做人。做人不可锋芒太露，谦虚容易让人接近，狂妄自大往往惹人讨厌。

法则12：尊重别人，就是尊重自己。要想获得别人的尊重，就要首先尊重他人。

法则13：与人交往，要保持适当的距离，过亲过疏都可能造成社交障碍。

法则14：有时忍是必要的，忍得一时，赢得长远。有理也要让三分，以忍为上，吃亏是福。

法则15：树立良好的个人形象。好形象容易获得他人的认同与喜爱，要努力把个人形象打造成"一流品牌"。

法则16：运用你的人格魅力，增强自己的人际吸引力。

法则17：遵守互惠互利原则，这是交往的根基。付出就会有回报，帮人就是帮己。

法则18：融入团队或组织。让自己成为团队或组织的一员，建立起正常和谐的人际关系，注意处理好个人与"小圈子"的关系。

法则19：与下属和谐相处。应进行感情投资，与下属处好关系，要平易近人。批评下属要讲究方法。

法则20：融洽与上司的关系。学会主动服从，用忠诚赢得信任和重用，巧妙化解与上司的冲突。

法则21：与同事友好相处。对同事要热情，与同事最好不要有金钱来往。

法则22：交际恶习要根除。学会控制情绪，不要乱发脾气；吃亏是福，不要占别人的便宜；不可抢他人风头；不要有虚荣心。

3．总结评价

任课教师根据学生提供的职场社交素质个人提升计划进行点评总结。

（建议用时：30分钟）

模块九　职场要求与职场典范

　　职场是人们生存和发展的活动场所,是由若干不同的职业、岗位构成的活动集合平台。人们面对眼花缭乱的职场,要想轻松愉快地发展好自己,首先须认识职场。作为职场新人了解职场运作规则,培养适应职场变化与挑战的能力是十分必要的。尽管每个人对第一份工作都怀着不同的感情,但希望职业生涯有个良好开端的愿望应该是共同的。初入职场,我们必须调整好自己的心态,从认知职场开始,参照职场典范,规范自身行为,培养优秀职场人应具备的基本素质,从而不断地开创出属于自己的一片天地。

9.1　职场认知与要求

【能力目标】

1. 了解职业活动的模式。
2. 熟悉职场的本质特征。
3. 掌握职场的基本规则。

【引入案例】

王浩的烦恼

　　王浩毕业后,来北京3年了,一直在频繁地换工作,居无定所。他的第一份工作是在一家小型的网络公司当职员。由于踏实勤劳的工作态度,他很快升为制作部主管。但是由于公司经营不善,他不得不开始找第二份工作。3个月后找到在一家小媒体驻北京办事处做客户代表的工作。工作后发现,整天只有他和另外一位同事两人待在办公室里接电话,整理客户档案,工作内容枯燥,没有提升余地。5个月后他主动辞职。之后又找到一个台资IT公司在北京分公司的工作,他业绩不错,但辛苦程度也是可想而知的。3个月后他再一次递交了辞呈。

　　在一个人头攒动的招聘会现场,王浩应聘某国企总经理助理,在进行自我介绍后,对方对他的印象还不错。当问他期望的薪水时,他答复3000元,谁知对方竟带着怀疑的眼光看着他说:"现在1500元就能招名本科生了。"如此不屑的态度让王浩气愤至极,他心灰意冷地离开了招聘会现场。接下来,王浩开始在几个专业的网络招聘网站上进行投档应聘。虽然接到几家公司的面试通知,但大部分公司都要求新员工从底层做起,甚至还有家公司让他做无底薪业务员,这让王浩无法接受。最后,他的应聘全部以失败告终。

　　分析: 本案例有三个问题。一是王浩对自己缺少明确的定位,从来没有认真地考虑过自己适合的行业和岗位;二是缺乏职业规划,他及早做好自己的职业规划,对自身的优势及职业发展有明确的设计,有意识地去学习相关的知识,让自己的职业生涯处于一个持续的良性上升的状态；三是他不懂求职技巧，在应聘时要突出自己的优势和特长，学会包装自己。正是一些职场必备素质的缺失，造成了很多像王浩一样的求职者面临求职困难的局面。

一、职场概述

（一）职场内涵

职场是职业内活动与职业外活动的交汇点，因此，了解职场就要先了解职业内活动和职业外活动。职业内活动，是指职业岗位职责范围内的一切工作行为，它和特定的职业岗位、职责、工艺联系在一起，是工作时间范围内的劳动活动；职业外活动，是指与职业岗位、职责、工艺虽有联系，却不在工作时间范围内实施的一切活动。狭义的职场是指工作的场所；广义的职场是指与工作相关的环境、场所、人和事，还包括与工作、职业相关的社会生活活动、人际关系等。

职业活动就是劳动者的职业行为，有两种表现形式：一种是直接的职业行为，即个人在从事职业工作时的具体劳动行为，比如，车工开机床、切削零件等；另一种是间接的职业行为，即个人为从事某种职业劳动而开展的活动行为，比如，为了得到车工职位而接受职业技能培训、考取职业资格证书以及为应聘该工作岗位而进行的各种准备工作等。无论是直接的职业行为还是间接的职业行为，都属于职业行为范畴。为了便于区别这两种行为的性质，我们把直接的职业行为称为职业内活动（简称为职业活动），把间接的职业行为称为职业外活动（称为职业生活）。

（二）职场要素

1. 职业内活动要素

与职业内活动相关的要素主要有劳动者、职业岗位、劳动工具、工作时间、职业目标，如图 9-1 所示。这些要素按照一定的规律发挥作用，就形成了职业活动的内在结构及其功能，即职业内活动规律。职业活动是由劳动者发起的，劳动者是职业活动的主宰。

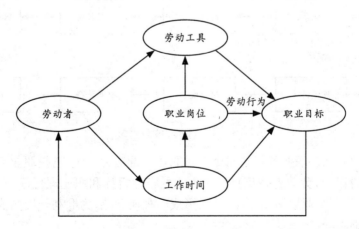

图 9-1　职业内活动模型

（1）劳动者。职业活动的主体是劳动者，没有劳动者的行为，也就没有职业活动。劳动者必须是符合劳动力资格要求（也就是要符合国家的法律规定）的劳动者。

以劳动年龄为例,我国劳动法规定劳动者的最低年龄是 16 周岁,达到这个标准以上的为劳动者,拥有职业活动的资格和权利;达不到这个标准的未成年人,就没有职业活动的资格和权利。

(2) 劳动工具。劳动工具是职业活动的条件,是指劳动者从事职业活动的各种工具和手段,既包括劳动者自身的体力、智力等资源,也包括车床、汽车等各种硬件器具,又包括语言、文字、图表、信息等软件工具。

(3) 职业岗位。职业岗位是职业活动的客体,是指劳动者进行职业活动的场所。在一般情况下,职业岗位由社会组织提供,属于用人单位提供的职业活动的场所,代表着职业活动的空间,这个空间的大小取决于职业岗位的性质和要求。

(4) 工作时间。工作时间是职业活动的时间,是指劳动者开展职业活动的时限。职业活动过程是以身体消耗为代价的,当人体消耗达到一定程度时,就会出现过劳反应甚至死亡。所以,任何国家都从保障劳动者健康的角度出发,对职业工作时间进行了硬性规定,要求劳动者必须在规定的时间内从事职业活动。比如,我国实行每天工作 8 小时、每周 5 天工作制。没有时间概念的工作是不存在的。即使没有硬性时限规定的自由职业者,他的工作时间也不可能是无限的。

(5) 职业目标。职业目标是职业活动的结果,是指劳动者需要达到的职业标准和要求。职业目标是职业活动的规划蓝图,也是衡量劳动者职业活动效果的标尺。职业目标是由组织设定的,不同的职业有不同的职业目标。劳动者必须按照职责需要,通过职业活动来完成职业任务,实现职业目标。

2. 职业外活动要素

与职业外活动相关的要素主要有劳动者职业意识、岗位评估、自我评价、职业生涯规划、素质准备、职业抉择、职业成长、确定锚位。这些要素将职业外活动分解成多个阶段,反映的是职业外活动的基本规律,对劳动者在职业外活动中表现出来的行为模式做出了高度概括,如图 9-2 所示。

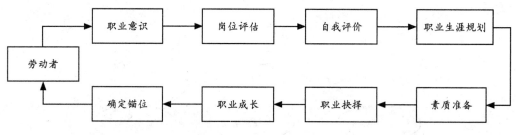

图 9-2　职业外活动模型

(1) 职业意识。职业意识是指个人对职业的看法和想法,它是职业活动的最初动力。在这个阶段中,劳动者将认真思考人生的奋斗目标和职业理想等,有助于强化职业意识,进一步明晰职业活动方向,从而形成一种使命感,为顺利开展职业活动奠定良好的思想基础。

(2) 岗位评估。岗位评估是指劳动者在大致确定了职业发展方向后,对社会组织的岗位需求状况进行分析研究,并对相关问题得出评估结论。比如,社会上什么岗位缺人?哪些岗位过剩?什么职业岗位将是社会需要持续增加的?哪些职业岗位将要

模块九 职场要求与职场典范

逐步减少的？什么岗位准入条件高？哪些岗位准入条件低？对这些问题的确认，直接关系到职业选择成功的概率。

（3）自我评价。自我评价是对自身的长处和短处做出实事求是的分析和判断，以便了解自己的职业能力倾向。常用的方式是填写一些自测量表和回答一些自测题，了解自己的个性、志趣和爱好。比如，自己具备哪些素质？适合干什么？不适合干什么？等等。应正确认识自己的优势和劣势，便于有针对性地开展职业活动。

（4）职业生涯规划。职业生涯规划是指个人结合自身情况，对主观因素和客观环境进行分析，为自己确立职业方向和职业目标，制订用于实施的教育计划、发展计划等。

（5）素质准备。素质准备是根据职业规划的目标有针对性地提高职业技能，为进入职场做好准备。比如，自己在知识能力方面与职业要求有多大差距？是否还有提高职业技能的潜力和条件？对这些问题的梳理，为及时采取措施提高自己的职业技能指明了方向。

（6）职业抉择。职业抉择是根据自己的意愿在众多的职业中做出最终选择的过程。这个抉择不仅对职业活动，甚至对自己一生的职业生涯都会有极其重大的影响。

（7）职业成长。职业成长是职业外活动最重要的内容，直接反映职业活动效果，在职业活动中处于核心地位。对于个人来说，解决温饱永远是最低的标准，必须把职业活动视为成长的契机和人生价值的体现，这样才能享受到职业生活的快乐。

（8）确定锚位。职业锚是由美国著名的职业指导专家施恩教授提出来的，其核心内容是新员工在早期工作中逐渐对自我加以认识，从而发展出更加清晰全面的职业自我观。这个职业自我观由以下三部分内容组成：自省的才干和能力，自省的动机和需要，自省的态度和价值观。施恩教授认为，职业生涯发展实际上是一个持续不断的探索过程。在这个过程中，每个人都在根据自己的天资、能力、动机、需要、态度和价值等慢慢形成较为明晰的与职业有关的自我概念。随着一个人对自己越来越了解，这个人就会越来越明显地形成一个占主要地位的职业锚。因此，职业锚是"自省才干、动机和价值观的模式"，是长期稳定的职业定位和长期稳定的职业贡献区。

案例 9-1

职场认知，从改变自己开始

郝楠毕业后加入了一家食品企业的营销队伍。5年后，一起入职的同事有的升到了业务主管，有的担任了区域经理，而他却还在原地踏步，做着业务代表。于是，他决定重新塑造一个崭新的自己。首先，他放弃了周末及节假日等休息时间，报名参加了各种专业培训。为了改变不爱说话的性格缺陷，他想方设法在各种场合锻炼自己。其次，改变自己的"包装"方式。他穿上了闲置已久的西装，打上了漂亮的领带，让人感觉到他是一个专业的营销人员。制订自己的作息时间表，每天6点起床，6点半早餐，将近8点到公司上班。晚上7点晚餐，做工作总结和写次日工作计划、工作日记一直到当晚11点。几个月过去了，他周围的一切都发生了变化：他的勤奋好学赢得了公司上下的一致好评。积极主动而富有成效的工作，更让他在营销员队伍中迅速脱颖而出，并作为大区经理的预备人选纳入公司培养计划，实现了"凤凰涅槃"。变则通，他用自己的行动与实践完整地诠释了这一真理。

分析：做好充分的从业准备，不仅要定好目标，选择适合自己的职业，还要有计划、有步骤地完成职业实践，并能坚持不懈地努力，这样才能最终获得职业成长。

二、职场本质关系

（一）契约关系

契约，最初是指双方或多方共同协议订立的有关买卖、抵押、租赁等关系的文书。职场上的契约精神是指一个人和企业发生了雇佣关系，除了为企业提供经验、技能，还必须遵守相应的职业道德。表现形式有精神契约和文字合同契约，在职场中多为文字合同契约。

（二）价值交换

价值交换也是支撑职场的基本规则，交换的两端分别是一个人可创造的价值与他的职场位置（包含收入）。只有这种人与人之间精神和物质的交换过程达到互惠平衡，人际关系才能和谐，而且只有在互惠平衡的条件下，人际关系才能维持。职业人士要为企业创造价值，如果自己什么事都没干，既没有为企业创造价值，也没有为客户创造价值，最终双方的契约关系会决裂。1979年诺贝尔经济学奖获得者西奥多·舒尔茨提出了一个非常重要的理念，叫人力资本理念。他认为企业就是人力资本跟财务资本的契约关系，一个人到一个企业工作，他用自己的知识、技能、管理概念、创新方法等投入企业工作中，为企业、为客户创造价值，然后企业返还给他报酬，所以企业是人力资本跟财务资本的契约关系。

（三）合作共赢

职场上，多数人必须与他人协力合作，才能完成一项工作。这需要开展合作，建立共识，追求组织"共好"，降低个人偏好及私利，让每个人的贡献都超越自己原本的能耐，成果才有机会超过原本的价值总和，进而实现共赢。

三、职场规则

要想在职场中游刃有余，就必须了解职场的基本规则。

（一）找准自己的比较优势

要想准确认识自己在职场发展中的比较优势，把握好职场中的定位发展规则，重要的是排除外部因素（如收入、职位）对自己的不利影响。定位准确，才会得到合适的用人单位聘任，得到上司的正确培养。只有找准自己的比较优势，合理确立自己的职业目标，才能在竞争多变的职场中抓住机遇。

（二）学会尊敬和服从上级

职场之所以会有上下级，是为了保证团队工作的开展。上级掌握了一定的资源和权力，考虑问题是从团队角度而难以兼顾到个体。

1. 工作如果不能达到上级的要求，一定要及时和上级沟通

在实际工作中，有的工作需要一定的时间来保证。可能在一定时期内你的工作还

模块九　职场要求与职场典范

没有让别人看到显著成绩,这时不要和你的上级过于疏远,要创造条件去和他沟通,让他知道你的进度和计划,以及要取得的成绩。

2．如果认为决定不合理,要通过正常的途径与方式反馈

如果认为团队所做出的决定不合理,要通过正常的途径与方式去反馈,并给上级留出时间,同时要执行决定。一个团队的决定有可能是对的,也有可能不太合理。但决定具备一定的权威性和强制力,是从大局和整体的角度出发的。如果对团队工作有益就要服从;如果有不尽完善的地方,要选择正常的程序和方式提出建议并等待回复。

3．上级安排的临时性工作一定要及时反馈

有时上级会安排临时性的工作给你,这些工作可能非常紧急,上级会要求随时反馈完成期限,这也是让上级增进对你信任度的机会。你必须执行到位,及时做出反馈。

4．成就上级从而成就自己

职场上快速发展的人无疑都是善于和上级合作的,他们在做好分内事的同时,会积极帮助上级分担工作,排忧解难。上级也会把更多的锻炼机会提供给他们,把自己的真经传授给他们。他们会逐步熟悉上级的工作内容和技巧,而这些都是得到快速发展的重要条件。

5．不要在同事面前发牢骚或说上级的坏话

同事之间既有合作也有竞争,当你有牢骚要发或想讲上级的坏话时,千万不要当着你的同事的面,也许在你逞口舌之快时,你的坏话已传到上级耳朵里,甚至已被加工渲染,这会让你非常被动。

（三）注意职场运作的具体思维和行为规则

1．主动交流,收起孤傲的姿态

每个人都有一个心灵的舒适区域,容易表现得很自我,不愿意和陌生人交谈,不愿意被人指责,不愿意按照规定的时限做事,不愿意主动地去关心别人。这在学生时代是很容易被理解的。在工作之后,必须改变这一现状,否则会很快变得没有人理睬。

2．不要用不确定的词汇

不要把"好像""也许""大概""可能""说不定"之类的词汇放在嘴边,尤其在与上级谈论工作的时候。领导十分痛恨听到的是"我晚些时候会把这个文件发给所有的人""我工作已经努力了"之类的话。

3．不要拖延工作

在学校时很多同学喜欢考试前突击复习,在工作中这样的习惯是绝对不行的,因为工作是永远做不完的,容不得你"突击"。

4．不要"纸上谈兵"

陆游的诗"纸上得来终觉浅,绝知此事要躬行",告诉世人一个道理,做任何事纸

职业素质教育

上谈兵是没有用的,关键是要付诸实践。在职场中很多人遇事说得头头是道,但不能将理论知识转化为行动力,这样的人在职场中是不受欢迎的。

5. 不要让别人等你

在任何情况下都不要让别人放下手头的工作来等你。这种现象在工作中很可能导致失去潜在的合作伙伴。职场中的岗位在工作上具有内在关联性,某个岗位工作出了问题,整个工作链条就会停止,这样,你造成的不良影响或损失或许更大。

6. 不要认为细节不重要

企业管理的精髓就在于将简单的事情做细致,每一个细节都容不得马虎,否则都有可能出现质量或生产问题。

7. 不要推卸责任

工作便意味着责任。当我们在工作中出现了错误,给单位带来不良影响时,就应该主动承担责任,耍小聪明推卸责任最终会被"聪明"所误。工作中犯错误是难免的,关键是对待错误的态度。面对错误,有些人害怕上司的责罚,有的隐瞒错误,有的找各种借口推脱责任,还有的把责任推给别人,这都是极其不负责任的态度。

8. 不要表现得消极

不管你对所做的事情是否有兴趣,都要主动做好。在职场中80%的工作都是烦琐、枯燥、机械的,如果仅仅为此而表现得闷闷不乐,那么你会郁闷更久。学会喜欢自己的工作,并把注意力放在日常工作能学到些什么上去。如果现在你不断地抱怨工作,那么接下来你就会努力地寻找工作。尽量少用"有趣""好奇"之类的词语来描述自己想要的工作,而应用"充实""有成就感""乐意"之类词汇。

【课堂活动】

职场生存训练

1. 目标
提升职场认知能力。

2. 程序和规则
步骤1:将学生按6人左右分成若干小组。

步骤2:在组内与同学讨论自己的生活目标与事业目标。每名学生围绕实现目标过程中的关键问题进行讨论,比如:何时实现?分几步实现?榜样是谁?自己在多大程度上了解他?自己身边有这样的人吗?并用表格的形式进行比对,然后简要写在活页挂纸上。

步骤3:各个小组选派代表在班级内做演讲展示。

步骤4:学生代表做现场点评。

步骤5:结合学生讨论内容,教师点评如何提升职场认知能力。

3. 总结评价
请学生思考下面的问题,并请同学之间进行互评。

(1) 最能概括你自己的三个词是什么?

模块九　职场要求与职场典范

(2) 在职场中你该如何突出自己的优势与特长呢？

(3) 工作中如何与同事、上司相处才会使关系更融洽？

（建议用时：30分钟）

9.2　职场典范与特质

【能力目标】

1. 能够了解职场现状。
2. 能够理解职场特质与职场典范。
3. 掌握职场必备的基本素质。

【引入案例】

黯然离职的小华

小华应聘到M公司后从事人力资源管理工作，主管开始给他教授面试技巧和流程，他看着那些电子流程很不以为然，觉得很容易。因此面试也是想当然地和主管去面试求职者，并在旁边旁听，把主管面试人的问题记下。随着时间的推移，终于轮到小华真刀真枪地招聘人了，这时才发现打了电话后，近90%的求职者没有到场，面试了一天也未见成果。他下载了很多简历，能用上的没有几个。最让他头疼的是他的主管是个对下属要求严格的人，每周都会查询他的工作结果，对他的学习内容不太满意。主管让他做流程的时候，他却把过去主管讲过的流程一股脑全忘了。主管起初还是比较耐心地对待小华的，可是小华后来屡次出现很低级的错误，使主管对他的能力表示怀疑。小华觉得主管和他作对，于是找部门经理投诉主管。这样一来，主管和小华的矛盾升级了，主管彻底放弃了对小华的指导，任由他自行发展。之后的几个月，小华加班加点地工作，招聘工作也没有什么起色，他实在撑不下去了，就主动提出了离职。

分析： 小华离职的原因是觉得主管没有耐心，不能给他充分的指导。可他没有意识到自己很少向主管请教，也很少向主管汇报他的工作动向和工作困难。一个人如果盲目自信往往会耽误了自己，怨天尤人更没有意义，及时检讨自己的不足才是解决问题的关键。

一、职场现状

（一）不会与人相处

与人打交道是职场活动中重要的技能，打交道的对象包括你的上司、同级、下属、客户以及各种与你工作有关系的人士。当你不能完全明白对方的意图时，不要轻易做出判断或下结论。恰当的相处技巧是姿态低一些，态度谦卑一些，要让对方感觉到你十分尊重他。

（二）缺少充电意识

社会迅速发展、各种信息不断涌现，我们必须树立终身学习意识。如果你总做一个缺乏知识和能力的"门外汉"，那么，无论懂得多少职场规则，也难以在职场上游刃有余地工作。

（三）没有抗压能力

职场中的压力是无时不在的，压力永远都是一把双刃剑。职场新人要把职场带来的压力当作一种必须要面对的生活经历，战胜压力也是一种成就自己职场人生的必经之路。

（四）出现职业倦怠

由于工作及自身状态等内外部因素的影响，职场人总会经历一个职业倦怠期。这一时期应冷静应对，分析问题的原因，再决定是继续做原来的工作还是跳槽或转行。如果责任在于自身，那么反省一下是不是由于自己不适应环境造成的。如果是环境因素，就要分析如果自己离开这个环境，状况是否能得到缓解和改善。

（五）频繁跳槽

一旦出现工作压力或职业倦怠，职场新人很容易离开一家企业，进而找到另一家企业。对于跳槽，当作一种历练也并无不可，毕竟成熟的职场人需要经历不同的环境与文化。但过于频繁地跳槽，对自己的职业生涯绝对是有害无益的。

二、职场典范特征

职场特质是职场中某些人特有的内在个性品德品质，是其他人所不具有的，这些特质形成了职场人发展的优秀职业素质。

（一）较高的文化素养和学习能力

文化素养的形成是人在学习了人文文化、科学文化中的一些学科知识之后，运用相关知识和学科方法理解、研究、分析问题，经过实践的检验，最终形成自己的思想观念和行为习惯的过程。一个具有较高文化素养的人，同样具有良好的职场价值观念，不断追求进步的职场精神，以及敬业、刻苦和宽以待人的行为准则，构成了良好的职业涵养。不断学习、善于学习的学习意识和学习能力，是职场发展的不竭动力。

（二）健康的职业心态

职业心态是指在职业活动中表露出来的心理感情，即指职业活动对职业能否成功的各种心理反应。好的职业心态体现在以下几个方面。

（1）坚定不移的意志和决心。强烈的成功欲望需要有坚定不移的意志和100%的决心加上100%的行动。成功的职场人总是用执着的行动摆脱困难。

（2）强烈的终身学习的意识。无论个人、团体、民族还是全社会，只有不断学习，才能获得新知，跟上时代发展的步伐。学习将成为发展永恒的主题，必须把终身学习当作克服工作中的困难，以及提升和发展能力的重要支柱。

（3）自信的精神。自信是在正确评价自我发展优势基础上充分相信自己的一种信念。它是心理健康的重要标志之一，也是取得成功必须具备的心理特质。

（4）顽强的毅力和耐力。顽强是一种下决心要取得结果的精神，是在困难面前不屈不挠地向目标前进。

（5）感恩的心。感恩是积极向上的思考和谦卑的态度，它是自发性的行为，是人生基本的准则，是一种处世哲学，是一种生活智慧，是注入道义上的净化剂、事业上的

模块九　职场要求与职场典范

原动力和内驱力。

图 9-3 为美国心理学家马斯洛总结的 4 条职场心态。

图 9-3　职场心态

（三）执着的行动力

行动力是职业典范最为明显的特质，唯有行动才能将理想变为现实。

1．制订明确细致的工作计划

工作计划就是明确自己要做什么事，以及完成这些事的方法等。工作计划是提高工作效率的前提，也是完成工作任务的重要保障。成功的职场人，是心中有数、计划性特别强的人。因此，做任何工作都应有计划，以明确目的，避免盲目性，使工作循序渐进、有条不紊。

2．不抱怨，顾全大局

优秀的员工能从大局出发，在事关大局和自身利益的问题上，能以宽广的眼界审时度势，以长远的眼光权衡利弊得失，自觉做到局部服从整体，自我服从全局，眼前服从长远，立足本职，甘于奉献。愿意在岗位上从小事做起，把个体长远发展目标建立在大局发展的基础之上，以公司整体利益为重。这种统观全局、服务大局的优良素质，会给员工工作带来动力。

3．注重细节

随着现代社会精细化程度和专业化程度发展越来越高，要求精细化的管理时代已经到来。要努力培养自己关注细节，提高把事情做精做细致的能力，细节决定着事业的成败。

（四）努力创造自我发展的环境

外在条件和环境对成功有着一定的影响。成功同环境的关系是多因素互动、逆动的关系。影响人才成长的环境有很多方面，从环境对人才作用的性质角度出发，可把环境分为逆境、顺境两种，这两种境遇与成才有着密切的关系。在不同境遇下，主体只有把握环境，调控自我，才能做环境的主人，才能自主成才。

（五）外因对内因有着重要的影响力

事物的发展是内外因共同作用的结果。成功正是外界的有利因素与自身具备条件的密切结合。外因是事物变化发展的条件，好的外部发展条件会带来捷径。如果有完善的外部条件却没有与之相匹配的内在素养，成功一样会擦肩而过。成功要遵循规律，要有良好的内因，也要用好外因。

三、职场必备基本素质

即将步入职场，我们不仅需要认知职场，还要学习了解职场必备的基本素质。

（一）分析、判断、决策和行动能力

良好的分析、判断、决策和行动能力是优秀职场人的基本素质。分析判断能力较强的人，往往能自如地应对一切难题；反之则往往对问题不得其解，以致束手无策。分析判断能力是进行决策和行动的基础，看似复杂的问题，经过理性梳理，会变得简单化、规律化，从而做出决策并付诸行动就相对容易了。

（二）学习和努力接受新事物的能力

善于学习及善于接受新事物是优秀职场人的基本素质。在职业生涯中，只有不断地更新知识才不会迅速被落下，职场中的一切都与学习有关。在职场中、在事业上取得较大成就的人都是热爱学习的。

（三）良好的职场适应力

职场适应力就是适应职场环境的能力。进入职场一定要以积极的心态面对现实，经常给自己一些积极的心理暗示。只有拥有乐观的心态，才能争取获得更多的加薪晋级的机会，也才能成长为职场精英。

（四）客观评价自己和他人

每个人都会有优点与缺点，所以要客观地看待自己和他人。了解自己就是尽可能全面、客观地评估自己的比较优势。对他人也要客观看待，尽可能看到别人的优势，即使是竞争对手，也要以和为善。

（五）包容

包容是一门精深的艺术。包容既指包容自己，也指包容他人。包容自己就是不要纠结过去，要向前看；包容他人，意味着也要包容他人的错误。对别人的失意、挫折、伤痛不宜幸灾乐祸，而是要抱着一颗宽容、关怀的心。

（六）沟通

沟通是人们职场生存和发展的重要素质。职场人每天所做的大部分事务都与沟通有着千丝万缕的关系。无论是在求职还是已经身在职场，有效沟通都是你通往成功的桥梁。

（七）良好的职场礼仪

职场礼仪是指人们在职业场所中应当遵守的一系列礼仪。礼仪是一个人职业形

模块九 职场要求与职场典范

象的外在表现形式,是内在素质的外化。职业形象是内在和外在素质的统一体现。优秀的职业人也应具有良好的礼仪素质,这项也是职场人必备的基本素质。

(八)文化认同

目前,越来越多的企业在笔试阶段引入性格测验或心理测验这一工具,凸显出企业对于毕业生性格和心理素质的重视,而归根结底,这都是企业衡量毕业生是否认同企业文化以及能否顺利融入公司文化的标尺。

案例 9-2

从打工仔到 CEO

董明珠30岁那年,丈夫去世后留下一个2岁的孩子。父母也难以分身出来给予照顾。她在36岁、孩子8岁那年做了人生中最重要一个决定:去南方打工。她到了深圳、珠海,应聘成为海利电器的推销员。厂里安排一个老员工带她熟悉业务,不管老员工走到哪里,她就跟到哪里。出差时摔骨裂了,坐火车只能坐卧铺。还没挣着钱就先开始花钱了,她心疼得哭。1991年,跟"师父"学艺,做了300万元的销售额。1992年,一个人做了800万元,占公司总销售额的1/8。1993年,一个人做了近5000万元。她开始单干,不久就被调到安徽,刚上任就发现前一任销售留下了42万元的坏账。想了想这笔钱还是得要,她就跑去找商家天天要钱。40天的曲折经历,让她体会到各种狡诈与风险,也让自己变得更强大起来。经过努力,她在安徽省一年的销售额达到1600万元,于是她出名了。1993年空调热销,让所有销售们大赚了一笔。她被越级提拔任经营部长。从此她告别了普通员工身份,在通往CEO的升职之路上一路狂奔。

分析:董明珠作为职场典范,36岁的她用自己的坚韧和执着走出了一条人人敬佩和赞叹的成功之路。在职场打拼,要有明确的目标和一流的执行力。无论职位高低,都要尽职、尽责、尽心、尽力。

【小结】

职场典范成功的因素有两点:一是忠诚企业,敢于独立思考、直言不讳,具有职场人发展的优秀职业素质;二是保持健康的职业心态,即使下放到基层当学徒也不抱怨,努力创造自我发展的环境。机会是为有准备者提供的,一个人不可能平白无故获得成功。只有现在好好学习,积极培育职场特质,以后才可能碰上"机遇",赢在职场。

【课堂活动】

设计商务营销活动

1. 目标

结合活动实际,分析一下成功与失败的原因,并找出自己与职场典范还有哪些差距,要能提升职场认知。

2. 程序和规则

步骤1:讲解活动要求;将学生分成若干10人左右的小组。

步骤2:小组内策划一次商务营销活动,活动内容根据实际情况由学生自行设计。要有具体的实施思路和办法。

171

步骤3：分组展示营销活动,展现自身的职业素养。
步骤4：总结在活动的过程中展现了哪些职业素养。
步骤5：学生代表进行现场点评。
步骤6：结合学生讨论内容,教师点评如何提升职场认知能力。

3．总结评价

(1) 你认为你们小组设计的方案可行吗?
(2) 你在小组中提出了哪些可行的意见和建议?被采纳了吗?
(3) 通过本次活动,你认为自己是否已具备了某些职场特质?
(4) 你将谁视为自己职场的典范?为什么?
(5) 你觉得该从哪几个方面提升自己的职场认知能力?

(建议用时：30分钟)

9.3 职 场 发 展

【能力目标】

1．了解影响职场发展的因素。
2．掌握优秀职场人应具备的基本素质。
3．学会职场自我修炼。

【引入案例】

机会就是这样丢掉的

小A和小B是某广告公司的美术编辑,都在试用期。小A有在深圳做过两年美术编辑的经验。由于试用期后只能留下一人,人们以为小A被留下的可能性较大。小A上班时间从来都是一身T恤短裤的打扮,光脚穿一双凉拖,同事给她起了一个外号：疯丫头。

小B与小A相反,是第一次应聘美编工作,专业能力多少有点生疏,少言少语,穿着也像她的为人一样,总是一身淡雅的套装,说话温柔可爱,属于淑女型女孩。

某天室内突然飘出一股腥臭的味道,大家发现窗台下面有"嚓嚓"的响声,原来那里居然有一大袋海鲜。众人的目光不约而同地集中在小A身上,因为这个袋子是她拎回来的。满以为她会把海鲜收起来,不承想她一点拿走袋子的意思都没有。这时小B端过来一盆水说："把海鲜放在水里吧,我帮你拿到走廊去,下班后你再带走。"小A这才红着脸把袋子拎走。结果可想而知：试用期一到,小A就离职了。

分析：小A把自己的才气和个性当作资本,她失去这份工作的机会完全是由于平时不注意形象,以及没有注意与同事融洽地进行合作互助造成的。这个职场教训会使她终生难忘。

一、影响职场发展的因素

职场发展看的是人的综合素质,这是职场发展的"潜力股"。个体的综合素质由许多不同特征构成,包括以下八个方面。

（一）进取心与责任心

进取心是指使个体具有目标指向性和适度活力的内部能源，认真而持久的工作是个体事业成功的前提，而具有进取特质的个体也就具有了事业成功的心理基石。责任心强的人常能够审时度势选择适度的目标，并持久地、自信地追求这个目标。

（二）自信心

自信是为个体在逆境中开拓、创新提供了信心和勇气，也为怀疑和批评提供了信心和勇气。没有自信心的人会变得平庸、怯懦、顺从。喜欢挑战，战胜失败，突破逆境，是自信心强的特点。

（三）自我力量感

虽然人的能力存在差别，但只要个体具有中等程度的智力，再加上善于总结经验、教训，善于改进方法和策略，那么，经过主观努力之后，许多事情都是能够完成的。

（四）自我认识和自我调节

自我认识是自我意识的认知成分，也是自我调节控制的心理基础。在自我观察的基础上对自身能力、品德、行为等方面状况进行了解与反思，判断自己的优势和短处，以及与组织环境的关系，明确差距，通过意识调节、行动转移等方式进行自我调节，能够使自己在职业生涯发展过程中始终保持良好的心态和状态。

（五）情绪稳定性

情绪稳定性是指人的情绪状态随外界（或内部）条件变化而产生波动的情况。在职场中稳定的情绪对技术性工作有预测力。冷静、稳定的工作状态为工作提供了适度的激活水平。情绪稳定是一个很难得的品质，天生就能把控好的人不多，多数需要后期的磨炼。

（六）社会敏感性

对人际交往的性质和发展趋势有洞察力和预见力，善于把握人际交往间的逻辑关系。设身处地为他人的处境着想，乐于与人交往，能设身处地体察他人的感受。

（七）社会接纳性

要在承认人人有差别和不足的前提下接纳他人。社会接纳性是建立深厚个人关系的基础。要对他人及他人的言语真心感兴趣，应能认真倾听并注视对方。

（八）社会影响力

有以正直和公正为基础的说服力，有与他人发展合作的精神，有一致性和耐力。要善于沟通和交流，并具有自信心、幽默感等对他人情感的感染力；具有仔细、镇静、沉着等对他人行为的影响力；具有仪表、身姿等对他人视觉的影响力；具有忠诚和正直对他人道德品德的感染力。

二、促进职场发展措施

工作卓越的人时常进行自我修炼，时刻进行自我管理，不断进行自我提升。

（一）职业品德修炼

职业品德是职场发展最基本的修炼。流行的用人观念是有德有才重用，有德才不足培养着用，有才无德或无才无德不用。职业品德包括多方面，如忠诚、敬业、勤奋、奉献、热情、谦逊等。这些品德中，忠诚又是第一位的。

（二）阳光心态修炼

职场就是社会的局部，人在成长过程中，都要经历一个心态发展过程。有些人心态发生了偏离，愤世嫉俗，甚至觉得自己不该来到这个世界上，这类人的心态是阴暗的；而另一些人则通过思考，认识到世界的本真面貌就是美与丑、是与非、阳与暗的结合体，他们逐渐成熟起来，接受现实，并努力让自己适应这个世界，这类人的心态发展是成功的，他们的心态是阳光的。

（三）团队精神修炼

团队精神就是大局意识、协作精神和服务精神的集中体现。团队精神的基础是尊重个人的兴趣和成就，核心是协同合作，最高境界是全体成员的向心力、凝聚力；反映的是个体利益和整体利益的统一，并进而保证组织的高效率运转。当今是一个团队制胜的时代，小成功靠个人，大成功靠团队。缺乏团队精神的人，注定成为孤家寡人，没有人支持，也没有资源汇集。

（四）T型人才修炼

T型人才是指具备宽泛的知识和技能，同时在某一方面或某一领域又有相当突出的知识和技能，通俗地说就是"杂家＋专家"，知识面宽，同时又有特别的专长。学习能够让自己得到成长，知识的厚度需要不断积累，否则随着时间的变化及行业的发展，能力就会跟不上行业的发展要求。那些在学好专业知识的同时再修习一项以上与众不同的技能人，就具备了脱颖而出、一鸣惊人的条件。

（五）激情与活力修炼

激情与活力是一种非常重要的成功因素，甚至也是一种职业形象。人充满激情与活力时，能感染一个团队。激情与活力要靠自己来激发：不断为自己确立新的目标，让自己永远处于攀登状态；不断用未来的成功景象来激励自己，同时也增加自己的信心；用合适的方法释放压力；让身体处于最佳状态。

（六）情绪修炼

情绪是个体对外界刺激的主观的有意识的体验和感受，具有心理和生理反应的特征。成功者管理情绪时，总是注重三个要点：一是不能改变环境就适应环境；二是不能改变别人就改变自己；三是不能改变事情就改变你对事情的态度。管理自己的情绪，不仅是职业成功，也是人生其他成功的重要保证。很多不会管理情绪的人，也就是我们通常认为"有个性"的人，常常破坏自己的人脉，让自己陷入孤立境地。

（七）人脉修炼

在职场中，建立良好的人际关系，得到大家的尊重，无疑对自己的生存和发展有着极大的帮助。愉快的工作氛围,可以使我们忘记工作的单调和疲倦,也使我们对生活能有一个美好的心态。对人际关系的经营也是自我修炼。

(八)资源整合能力修炼

未来的核心竞争力就是资源整合能力。有的人办事很顺利,有的人办事却处处碰壁。那些办事顺利的人通常是资源整合高手,他们能够让各方面的资源向自己汇集,甚至向自己倾斜。加强资源整合能力的修炼,在观念上树立资源都是可用的现代管理理念;在眼界上要具有开阔的视野和独到的眼光;在行为上要走出去多与别人接触,养成换位思考的习惯。

(九)人格魅力修炼

人格魅力是一个人学识、素质、能力等方面的综合反映,是对人内在素质和外部形象的抽象概括。不同的人具有不同的人格魅力。通常包括三个层次:容貌、仪表方面的吸引力;人格、道德修养方面的吸引力;思想方面的吸引力。

案例 9-3

人格才是最高的学府

有一年的秋天,北大开学了,一位外地来的年轻学子背着大包小包走进校园,他实在太累了,就把行李放在路边。这时恰好一位老者经过,年轻学子走过去说,您能帮我看一下包吗?老人爽快地答应了。一个多小时过去了,年轻学子办完各种入学手续回来时,老人还在尽职尽责地帮他看着行李。开学典礼上,年轻学子惊讶地发现,那天替他看包的老人,竟是大名鼎鼎的大学者、北京大学副校长季羡林先生。可以想象,当时在年轻学子心里,这种崇高的人格力量会怎样震撼着他。

分析: 人格魅力修炼中必不可少的过程是从量变到质变的升华。只有始终如一地用知识来丰富自己,用道德修养来约束自己,以具有优秀人格魅力的人为榜样来改造自己,才能具有这种发自内心世界的气质美。

三、职场典范与职场发展

职场中最重要的不是耀眼的学历,而是过人的能力。从职场新人到职场典范的精英,职场发展有一个循序渐进的过程,通常可以分成三个阶段,每个阶段的任务不同,但有一定的路径和方法。

(一)第一阶段:站稳脚跟,建立良好的人际关系

第一阶段属于入职初期,此阶段关键是:工作态度积极,脚踏实地;从小事做起,认真对待,信守承诺;做好职业定位,注意团队协作。不要自视过高,目中无人,指手画脚。

刚走上工作岗位的新人最容易犯的毛病是过于高傲,尤其是"名牌"出身的大学生。高学历、名校背景有时反而会引人忌妒,把姿态放低一点,恰当的礼貌,往往会赢得好感。努力工作,表现自己的学习能力,有踏实工作的态度、团队协作能力等,因为领导同事都喜欢,能够以充沛的精力和出色的能力,迅速适应、掌握组织基本情况并在此基础上大展身手。但在论功行赏时,应展现一个新人的宽广胸怀,把功劳留给领导

和同事,为自己赢得好人缘。

1. 踏实工作,是取得领导信任和同事好感的唯一途径

刚入职往往没什么机会在工作上迅速取得实质性进展。想要获得认同,只有一个绝对可靠的办法——踏实工作,处理好手头上任何事情,不管它们是否细小、琐碎、机械化、无技术含量。安心工作要比抱怨来得更有意义。

2. 多做交流,是与他人相处时获得良好印象的最佳方法

经常向领导了解对自己的期望,表达自己的理想,争取多和领导讨论自己未来的职业发展方向,在争取领导关注的同时,也会赢得领导的好感。工作上遇到问题时,经常请教同事,并且态度谦逊,因为他们有很多工作经验值得你学习。

3. 勇于创新,可以助力新人在职业道路上走得更快更远

在工作伊始,领导会密切注视着新人们的行动和工作态度的进步,他们会通过观察确认这些新来的同事是否为一个合格的职业人,是否能适应组织的发展需要,继而确定不同的信任度。如果新人除了按照领导的吩咐办事之外,还能有创新精神,把工作完成得更为出色,那么就会慢慢地赢得领导的信任,获得足够的发展空间。

(二)第二阶段:磨炼能力,做好职业生涯规划

第二阶段为入职3年左右,关键要积极做一些能突出自己能力的事,利用各种机会表现及提升自己;保持学习的心态,边学习边表现。避免杜绝"终于等到了这个表现机会"的心态,注意平衡自我。

工作了3年左右,许多人对自己的职业生涯规划会呈现两种极端态度:一种是目标过于远大,另一种则是完全没有规划。其实在这个阶段,一个人已经对自我、职场环境有了较为全面、深入的了解,此时要能够根据现实的环境调整自己的期望值和目标,尽早确立职业生涯的远大目标。很多人发展得并不如意,原因就在于缺乏一个职业角色的意识,并不真正了解自己能做什么,该往哪方面发展,以至于混沌度日或者频繁跳槽。如果此时为自己做一个科学的职业规划,就能得到较好的发展。

1. 抓住时机,尽早为职业发展打好基础

毕业3年,是培养良好心理素质及心理承受力的重要阶段。要能够沉下心来,努力适应社会,适应公司环境,学会独立思考及独立行事,学会承受和忍耐,学会察言观色,少说多做。掌握一些自己喜欢的、社会需要的技能,为自己在未来的择业竞争中增加砝码,为实现自己的目标而打下坚实的基础并做好铺垫。要保持良好的心态。成功是每个人追求的目标,但要避免急功近利。每个成功者的背后都有一番辛酸故事,都有着痛苦的经历。心态的调整在这个时候显得尤为必要。要不断调整自己,保持静心、细心、耐心、专心,要乐观自信地对待工作和生活。

2. 要实现合理定位和规划,还要注意避免两个误区

一是收入少的误区。刚工作几年,收入较少是普遍的现象。这一阶段不能太看重工资收入,而是要抓住机会提升自我。二是"兴趣至上"的误区。兴趣不代表能力,要处理好个人兴趣与工作的关系。只有在对某一职业感兴趣并具有该职业所要求技能时,才能做好工作,取得成功。

(三) 第三阶段:优势聚焦,逐步形成个人核心竞争力

第三阶段一般为入职 5 年以后,此阶段较为关键的是在能力日趋成熟的同时,还需要通过不断提升,形成旁人难以替代的核心竞争力。避免原地踏步或"杂"而不精,贪图高薪高职等,从而忽略了当前职业生涯中能力的培养和提升。

在职业生涯中,我们应了解自己的优势,并以这些优势来形成自己的核心竞争力。核心竞争力如同一把锋利的刀,利用好它便可以轻易地切开一次次机遇的口子。职场核心竞争力的构成主要包括三个方面:一是准确的职业定位,二是综合能力与资源,三是超强的执行力。

1. 找出精准的职业定位

职业定位是通过职业取向系统、商业价值系统、职业机会系统三大因素来确定最佳职业选择,即最喜欢的工作是什么?最擅长的工作是什么?最有价值的工作是什么?找到了这三个问题的答案,那么职业定位将会有个大体方向。人生定位是否准确,将直接制约着个人核心竞争力的发展。

2. 展示优秀的综合能力

职场人士的综合能力包括语言表达能力、信息处理能力、解决问题能力、人际交往能力、组织管理能力、领导能力、公众演说能力等。其中还有资源问题,即个人所掌握的知识和信息总量,达到的学历水平,以及人脉"存折"(即个人所拥有的社会人际关系)。资源越丰富,能力越强,个人核心竞争力相应也就更加强大。

3. 发挥超强的执行能力

让自己做一个时间管理的高手,看好及想好了的事情就立即行动,不浪费过多考虑的时间,以免错失良机。要在最短时间投入大量的有效行动,出色完成本职工作,主动分担同事的工作,及时解决困扰老板的问题。

【小结】

职场典范的成功不外乎两点:职场素质与职场修炼。首先要清楚在职场取胜应具备的素质,并通过学习努力完善自己;其次要不满足现状,懂得与时俱进,不断进行自我提升。随着科学技术的进步和社会生产力的快速发展,职场需求也在发生着巨大的变化。我们必须随时关注职场发展,调整职业方向,弄清职场供求变化规律。只有紧随时代,紧随市场,才会以自己的聪明才智和良好的职业素质,为自己今后的职业生涯开拓出宽广而又通畅的发展道路,这样才能将职业和发展机遇牢牢掌握在自己手中。

【课堂活动】

优秀员工形象与礼仪训练

1. 目标

体会职场生活应具备的团队精神和职场礼仪,培养职场人应具备的基本素质。

2．程序和规则

步骤1：请专家进行"优秀员工仪容仪表仪态"讲座。

步骤2：学生现场进行各种场合的职业礼仪模拟练习。如进行办公、接待、拜访、宴请、签约等务实模拟。

步骤3：教师和专家进行现场职场礼仪纠正。

3．总结评价

（1）在职场生活的不同场景中，我们应该遵守哪些基本的职场礼仪？

（2）在实际职场生活中需要注意哪些问题？一名优秀职场人应该具备哪些基本素质？

（建议用时：1小时）

第三部分

职业发展

模块十　职业发展与自我管理

【模块导读】

走好大学生活的第一步,度过大学时期的短暂生活,为未来的职业生涯做好准备,是摆在每位同学面前的重要课题。在学习本模块前,不妨思考以下问题:是否已经适应了大学生活;是否已经勾勒出学习后的职业发展蓝图;是否了解所学专业与未来职业之间的关系;是否已经明晰自己的职业理想。带着这些疑问我们开始本模块的学习吧。

10.1　树立职业生涯规划意识

【能力目标】

1. 掌握职业生涯规划理论。
2. 明确职业生涯规划的方法。
3. 掌握职业生涯规划的管理。

【引入案例】

无规划,不职业

小樊同学这一个月内参加了多个学校组织的招聘宣讲会,并向多家公司投递了求职简历,但是都石沉大海,没有回应。一个偶然的机会,她从一家公司的 HR 那里得知了屡屡落败的原因:简历重点不突出,缺乏工作经验,校外实习不足,校内实践少,优势不明显。其实在大学期间,小樊的室友曾多次给她介绍可以发挥专业特长的兼职工作,她都拒绝了;老师也曾多次建议她利用假期时间多实习,但她却选择参加各种约会和外出旅游。现在十分后悔大学期间没有树立职业生涯规划意识,没有对未来的工作乃至人生做任何规划。

分析: 无规矩不成方圆。职业生涯规划是让我们自己预定一个目标,有计划地去实现它。通过对职业生涯的规划,可以提前确定个人职业发展的不同阶段目标,然后结合自身的兴趣爱好、性格特点、内在潜能找到与不同阶段目标的结合点,通过制订不同的提升计划、行动方法,可以提早认知自我,认知岗位,认知行业。提前做好职业生涯规划是实现理想职场目标的有效途径。

一、职业生涯规划概述

(一)生涯的内涵

当今社会的飞速发展影响着我们每一个人的生活,同时也影响着我们的工作时间、方式、地点和原因,人们工作的基本性质正在发生变化。过去,人们进入一家公司或单位后就忠于职守直到退休，这样的日子已一去不复返。这种观念已不再适合大多数工作者的生活现实。大学生如何正确认识职业发展规划，应如何做好职业生涯管理，在职场中保有持续的竞争力就变得尤为重要。

"生涯"英文为 career，源自罗马文字 via carraria 和拉丁文字 carrus，两者均指代古代战车。在希腊，career 这个词意为"疯狂竞赛的精神"，所以在西方人的概念中，"生涯"即为在马场中驰骋竞技，隐含意思有未知、冒险、克服困难的精神。在通常情况下，我们会把 career 译为"职业"，即人所从事的工作。在现代汉语中，career 也被译为"职业生涯"。生涯发展研究者舒伯指出：career 是生活中各种事态的连续演进方向，是一个人一生中所经历的一系列职业与角色的总称，即个人终身发展的历程。

（二）职业生涯的内容

职业生涯指个体从正式进入职场开始到退出职场这段时间与工作有关的一切经历、态度、需求、行为等过程，是一个人的终身职业经历。

根据中国职业规划师协会的定义，职业规划是对职业生涯乃至人生进行持续、系统的计划的过程，它包括职业定位、目标设定和通道设计三个要素。职业规划（career planning）也叫职业生涯规划。职业生涯规划的好坏可能将影响一个人的整个生命历程。职业生涯的发展是一个过程，它是随个体对职业生涯认知的深入和对自我的再认识，在职业生涯规划大目标确认以后，对具体的行为进行评价和调整的过程。

因此，职业生涯规划一般包括自我剖析、目标设定、策略制定、反馈与修正四方面的内容。其过程大致为全面、深入、客观地分析和了解自己的过程，包括对个性、兴趣、能力的剖析以及自我角色与定位的剖析等。在自我剖析与定位的基础上设立一个明确的、与自己的能力相匹配的职业目标，通过各种积极的具体行动与措施去争取职业目标得到实现。在实现职业生涯目标的过程中，根据实际情况自觉地总结经验和教训，修正对自我的认知和对最终职业目标的界定。

（三）职业生涯规划发展的理论

目前，关于生涯规划发展的理论可以分为两大类，即结构取向理论和过程取向理论。结构取向理论将生涯问题和决策放在同一时间点上进行探讨，即在个人生活当中某一刻发生的事。这类理论强调选择什么以及如何使个人与环境相匹配。过程取向理论把生涯问题和决策看作是各种事件和选择在一生中的发展过程，这一发展过程随个人年龄增长变得日趋复杂。这类理论强调最先的选择，然后才是指向某一目标的一系列事件或任务。

这两类理论中涌现了一些有代表性的理论家。经过他们的不懈努力，许多量表、电子系统和用于生涯选择的材料应运而生。每一种理论都有优缺点，同时也就意味着依据每一种理论所发展的实用工具也都有其优缺点。了解这点很重要，因为它能帮助大家成为一个知情的生涯信息使用者，能帮助大家制定出更好的生涯规划策略。

1. 结构取向理论

弗兰克·帕森斯和安妮·罗伊都是结构取向理论家。帕森斯强调独立地对待每一个职业生涯选择。他尝试考量与个人选择和职业选择相关联的所有因素。因此，帕森斯强调在制订生涯决策时掌握个人及其各种选择的有用信息。而罗伊更强调对早期童年经验和个人需要的理解,并根据对个人需要可能充分满足的程度来看待职业。罗伊的理论使得根据兴趣和需要的满足来源来划分和分析职业的方法应运而生。

这些结构派的方法也通常被称作"特质—因素"理论,因为这些理论的基础都是对被个人带入某个生涯决策情景的所有人格特征所做的细致分析。在过去的近100年中,心理学家通过辛勤付出发展了各种测验、量表来测量这些人格特征。在这些理论家中最卓越的一位便是现代特质—因素理论家约翰·霍兰德(John Holland)。

约翰·霍兰德发展了一种被称为"类型论"的理论,即关于人格类型和与之匹配的环境类型的理论。自1950年起,霍兰德的工作使生涯领域发展出最为广泛使用的工具和资料。他编制的兴趣量表"职业自我探索量表",自1970年提出至今已售出两千余万册。霍兰德的方法也能用于研究各种社会和工作环境,包括各种职业、职位、学校、组织等。

2. 过程取向理论

过程取向理论家也被称为发展取向理论家,他们强调个人进行生涯选择的毕生模式。这些理论家善于探索年龄、学习、成熟和人格对生涯选择的影响方式。结构取向理论家关注某一特定的选择情景;而过程取向理论家则关注个人的决策模式、风格和生活情景,他们强调学习如何正确理解生涯发展过程和良好的决策制订过程,而非任何特定选择的结果。

在过程取向理论家中,贡献最突出的一位是唐纳德·舒伯(Donald Super),他将人格概念和职业概念紧密联系起来,从而产生了他的生涯理论。生涯彩虹图(图10-1)是舒伯为了综合阐述生涯发展阶段与角色彼此间的相互影响,创造性地描绘出一个多重角色生涯发展的综合图形。舒伯认为有九种生活角色是我们理解生涯概念的良好途径。人们在其一生中的不同时期担当着一个或多个角色,并且每种生活角色的强度会随时间产生相应变化。各种生活角色的结合和强度是个人生涯的基础。这九种角色分别为孩子、学生、休闲者、公民、工作者、退休者、配偶、持家者及父母。生涯

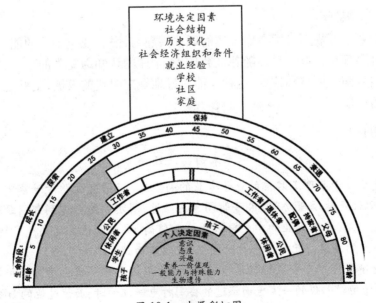

图 10-1　生涯彩虹图

彩虹图横向代表人生中的不同阶段,纵向代表人在不同阶段担任的不同角色。内圈角色的弯带长短表示在人生的不同阶段,个人投入各角色的强度是不一样的。各种角色之间互相作用,互相影响。如果一个人在某个角色上投入强度过大,打破了角色之间的平衡,就会导致其他角色的失败。舒伯从个人的自我概念、年龄和生活角色的角度来强调生涯发展,帮助我们更清楚地理解生涯发展和决策制订所涉及的内容。

综上所述,生涯规划不仅是选择一个专业、一个技能、一份职业或一个工作地点。它包括全面地分析我们自身和我们在生活中所扮演的全部角色。

二、职业生涯规划的原则

(一)全过程一致性原则

在制订个人职业生涯规划时,不能仅仅着眼于当下或未来5年、10年的发展历程,必须考虑个体一生中的生涯发展,对其进行通盘考虑。与此同时,职业生涯规划的总目标和阶段性目标要保持一致,目标与实行措施要一致。

(二)客观性原则

这是指个体依据自身实际情况,如兴趣、性格、能力、价值观等方面,制订职业生涯规划。例如,一名个性内敛、做事细致认真的学生,非要选择市场营销作为职业目标就不客观,因为市场营销需要从业者个性活泼开朗、善于主动与人沟通。如果这个学生选择财务管理岗位作为职业将会更适合。

(三)挑战性原则

在客观的基础上,职业生涯规划应具有一定的挑战性,具有挑战性的工作不仅能够满足从业者的成就感,也能调动人的积极性,并使自己不断经历磨炼。当具有挑战性的工作摆在你面前时,要怀着感恩的心情主动接受它,并用不懈的努力积极争取职业的成功。

(四)可调动原则

制订职业生涯规划必须考虑个体的职业兴趣与性格,要与个体的能力相匹配,同时也要与社会环境协调一致。随着社会环境、个体的认知与能力的改变,职业生涯规划的内容也要随之调整和改变,这样才能更好地顺应时代的发展,更好地为国家建设贡献自己的力量。

案例 10-1

李木的面试经历

李木是毕业于某理工名校的电子专业的高才生,4年前受聘于一家中等规模的互联网公司,职位是总经理助理。4年时间匆匆而过,薪水才勉强达到部门经理的水平。更令他不爽的是,同期毕业的学生要么比他职级高,要么比他薪资高。了解情况后,李木做出了跳槽的决定。此后5个月时间里,他陆续面试了二十几家公司,其中不少都是他理想的跳槽目标。可令他百思不得其解的是,竟然没有一家公司肯录用他。当李木终于忍不住给他最心仪的一家曾面试过的公司打电话征询时,面试过他的HR说道:"你

模块十　职业发展与自我管理

之所以表示愿意来我们公司工作,是因为我们的薪资标准远高于你的心理预期,而非你真正喜欢这份工作。"听到此番话后,李木恍然大悟。

分析:明确职业定位对于职业选择至关重要。李木没有认真分析自我知识、技能特长与相应薪职的匹配,没有选择好真正适合自己的职业岗位。

三、职业生涯规划的步骤

职业生涯规划一般包含六个步骤:自我探索,外部世界探索,职业生涯目标的确定,职业生涯路线的设定,策略与行动,再评估与反馈,如图10-2所示。

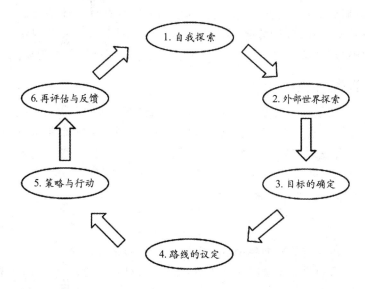

图10-2　业生涯规划步骤

(一)自我探索

自我探索是制订职业生涯规划的第一步。很多大学生面对择业往往很迷茫,原因就在于他们不清楚自己想要什么。职业生涯规划是一个由内至外的过程,所以认识自我的过程尤为重要。学习中我们会不断思考:我的职业兴趣是什么?适合我的职业环境是怎样的?我的性格是怎样的?我的性格适合什么样的职业环境?我自身具备哪些能力?在哪些方面我还可以提升与加强?我该如何去提升和加强?我看中职业的哪些特质?职业价值是如何影响我做决策的?等等。通过探索自我,可以帮助我们更加了解自己,尊重自己,从而找到在这个世界上的位置。

(二)外部世界探索

很多大学生进入毕业年级,即便对自身了解已经非常透彻,但面对择业问题上,仍然犹豫不决,甚至十分茫然。这是因为我们对外部世界知之甚少。所以我们需要利用课余时间深入社会并了解社会,了解国家发展政策,熟悉专业发展动态,增长才干,这样才能为职业目标的确立打下坚实基础。

(三)职业生涯目标的确定

职业生涯目标的设定是职业生涯规划的核心步骤。职业生涯目标可以分为总目标和阶段性目标。总目标是指职业生涯规划的总体目标,阶段性目标是指实现总目标所必须经历的阶段性具体目标。

(四) 职业生涯路线的设定

职业生涯路线是指一个人职业生涯发展的轨迹。由于个体的发展路线不同,对其要求也不尽相同。在现实生活中,即便是选择同一职业,也存在不同岗位,我们必须选择一个自己喜欢的、适合的、可行的职业生涯路线。

(五) 策略与行动

具体的策略与行动是实现职业生涯目标的保障。行动是将所有的计划落地的关键一步,只有行动起来,我们才会更接近目标,否则一切皆为空谈。按计划完成学业,积极参与社会实践与工作实习,制作并投递简历,参加面试等都是很好的行动。

(六) 再评估与反馈

随着对职业环境、条件、影响因素的逐步了解,对自我认识更加全面,我们可以按照原有计划前进,也有可能在与职业接触过程中,发现原来的职业生涯目标与计划并不适合自己,或者发现过去的规划并不是最佳方案。这时,我们就需要再次进行系统的生涯规划,修正生涯目标,调整职业规划。这也是为什么图10-2所示的职业生涯规划步骤是一个循环的、动态平衡的过程。

【小结】

很多有过几年工作经验的职场人都有这样那样的困惑或经历。原因就在于他们没有认真规划过自己的职业生涯。按照上述职业生涯规划的理论、原则和步骤,我们认识到:认真分析自我性格、专业、爱好,掌握专业知识和技能,选择与自己适合匹配的职业,经过不懈的坚持、努力,才会最终实现人生价值与目标。

【课堂活动】

绘制自己的生涯彩虹图

1. 目的

职业生涯规划是人生的经营战略,可以帮助个人实现职业目标,获得职业成功。

2. 程序和规则

步骤1:请各位同学在一张A4白纸上按年龄将人生阶段与职业发展结合,把生涯发展阶段分为成长、试探、建立、保持和衰退五个阶段,参照坚持中图样绘制自己的生涯彩虹图。

步骤2:完成生涯彩虹图后,请将它妥善保存,留待以后思考。

3. 总结评价

在成长的道路上完成某一阶段任务或进入某个角色时,拿出生涯彩虹图来自我评价对照一下,思考现在状态与自己当时的计划是否一致,为什么会有偏差,是否需要进行调整,将会具有很重要的参考意义。

(建议用时:30分钟)

模块十　职业发展与自我管理

10.2　职业选择

【能力目标】

1．探索气质与职业选择。

2．了解职业能力与职业选择。

3．树立崇高职业理想。

【引入案例】

张天的困扰

张天同学今年高职三年级，最近择业的问题深深困扰着他。室友通过多方探寻及研究，帮他列出了A公司与B公司各自的优势与劣势，经过比较之后极力向张天推荐A公司。室友觉得A公司离家近，待遇还不错，相对稳定，是个理想的就职选择。然而张天最后却选择了B公司，因为他觉得B公司才是自己真正想要的职业选择。

分析：职业选择是人们真正进入社会生活领域的重要行为，是人生的关键环节。通过职业选择，有利于人和劳动岗位的较好结合，使个人顺利进入社会劳动岗位它有利于社会化的顺利进行与实现。不同的人在面对同样的条件下会做出不同的职业选择，产生这种现象的原因是什么呢？带着这个问题我们来进行下面课程的学习。

一、气质与职业选择

气质是通过心理活动的强度、速度、灵活性与指向性等方面而表现出来的一种稳定的个性心理特征。人的气质差异具有天赋性，受神经系统活动过程的特性所制约，在个性结构中属最稳定的成分。气质不能决定一个人在社会活动中的价值和成就的高低，却是影响人们职业选择的重要依据。

不同的职业需要不同气质的求职者，而不同的气质则适合从事不同类型的职业。心理学中根据气质是人的高级神经活动类型的不同特点和其在行为方式上的各种表现，将人的气质分为四类，即胆汁质（兴奋型）、多血质（活泼型）、黏液质（安静型）、抑郁质（抑制型）。下面我们就来详细地了解一下四种气质类型的特点。

（一）胆汁质

这类人情绪易激动，勇敢积极，行动敏捷，精力旺盛，有一种强烈而迅速燃烧的热情，不能自制。这类人不适合从事细致性的工作，而通常适合从事具有开拓性、风险性或要求雷厉风行的职业，如探险家、运动员、实业家等。

（二）多血质

这类人灵活性高，善于交际，喜闻乐道，在工作、学习中精力充沛而且效率高；对一切都感兴趣，却不能持久，对于机械重复、琐碎单调的工作不感兴趣。这类人乐于从事多样化的，能常抛头露面且需要交际方面的职业，如记者、外交官、艺术家等。

（三）黏液质

这类人沉着、安静、含蓄，反应较缓慢，自制力强；能克制冲动，严格恪守既定的工作制度和生活秩序；情绪不易激动，不爱显露自己的才能，沉稳有余而灵活不足。具备坚忍不拔、埋头苦干的品质，但又过于墨守成规。因此适合从事严谨细致、具有持久性的工作，如图书管理员、会计、教师等。

(四) 抑郁质

这类人内向、感性，具有敏锐的洞察力，主观上把很弱的刺激当作强作用来感受，常为微不足道的原因而动感情，且有持久力，在精神上难以承受或大或小的神经紧张；行动表现上迟缓，有些孤僻；遇到困难时优柔寡断，面临危险时极度恐惧。兴趣爱好少，与人交往拘束，喜独处。这类人不适合做灵活性高的工作，而适合从事理论研究、敏锐精细的工作，如检验员、基础研究者、哲学研究等。

气质主要表现为人的心理活动的动力方面的特点。所谓心理活动的动力，是指心理过程的速度和稳定性、心理过程的强度以及心理活动的指向性特点等。气质本身没有好坏之别，每种气质类型都有其积极和消极的一面，且都具有相对稳定性。而且大多数人都是几种气质类型兼具的混合型，可以后天锻造。气质特征是影响一个人职业选择的关键因素，也影响着一个人在职业活动中的获得感和满足感。在进行职业选择时，我们都应从自身实际气质特征出发，认真思考职业气质要求与自身特征的对应关系，寻求适合自己气质类型的工作。

表 10-1 对气质类型特征与对应职业进行了汇总。

表 10-1　气质类型特征与对应职业

类型	特　征	工作特点	适 应 职 业
胆汁质	直率，热情，精力旺盛，脾气急躁，易冲动，反应迅速，心境变化剧烈	较适合做反应敏捷，动作有力，应急性强，危险性大，难度较高的工作，不宜从事稳重细致的工作	运动员、警察、消防员、导游、节目主持人、外事接待人员、演讲者、探险者
多血质	活泼好动，思维敏捷，反应快，善于交际，兴趣与情绪易转换	适合做社交性、文艺性、多样性、反应敏捷且均衡的工作，不太适应需要细心钻研的工作	演员、歌手、艺术工作者、记者、律师、公关人员、服务员、销售员等
黏液质	安静稳重，反应迟缓，沉默寡言，情绪不易外露，善于忍耐、克制自己	适合做有条不紊、刻板平静、耐受较高的工作，不宜从事剧烈多变的工作	外科医生、法官、管理人员、出纳、会计、播音员、调解员等
抑郁质	情绪体验深刻，体验方式少，行动迟缓，但准确性高，感受性强，敏感细致	较适合从事兢兢业业、持久细致的工作，不适合做反应灵敏且需要果断处理的工作	技术员、打字员、检察员、登录员、化验员、刺绣工、纪要秘书、保管员等

二、职业能力与职业选择

(一) 能力与职业能力

能力是个人顺利完成某种活动所需要的并直接影响活动效率的个性心理特征。职业能力就是指个人从事某种职业所应具备的能力，包括人际沟通能力、语言表达能力、学习能力、资料处理能力等。具备一定的能力是能否进入职业的先决条件，也是能否胜任工作的主观条件。无论从事什么职业，都要有一定的能力作为保障。很多人会有这样的误解：智商高的人一定会在自己的工作领域内取得成就。但事实并非如此，美国哈佛大学的心理学家经过研究发现,智商高的人并不一定会成功,即使智商平平,但具有较强职业能力的人,则更有可能在工作中取得更高的成就。

(二)能力的分类

1. 一般能力

一般能力是指在进行各种活动中必须具备的基本能力。它保证人们有效地认识世界。这种基本能力也称智力。智力包括个体在认识活动中所必须具备的各种能力,如感知能力(观察力)、记忆力、想象力、思维能力、注意力等。其中抽象思维能力是核心,因为抽象思维能力支配着智力的诸多因素,并制约着能力发展的水平。

2. 特殊能力

特殊能力又称专业能力,它是顺利完成某种专业活动所必备的能力,如组织管理能力、社会交往能力、动作协调能力、动手能力等。各种特殊能力都有自己的独特结构。

一般能力和特殊能力相互关联。一方面,一般能力在某种特殊活动领域得到特别发展时,就可能成为特殊能力的重要组成部分;另一方面,在特殊能力发展的同时也发展了一般能力。人在完成某种活动时,常需要一般能力和特殊能力的共同参与。

大学生职业能力的培养和提高是就业前的准备过程。这仅靠课堂学习是远远不够的,那么如何开发自己的职业能力以适应日益激烈的竞争呢?首先,树立终身学习的思想,加强学习,增强实力。其次,尽可能提高自己的学历层次,扩大知识面,增加知识储备量。最后,采取多种形式,不断加强专业知识和职业技能的学习,如积极参加社会实践活动,认真完成生产实践,多参加学术活动及课外科技活动,自觉主动地参加各种形式的职业教育、职业技能培训等。

案例 10-2

从"三无"教授到诺奖得主

屠呦呦是第一位获得诺贝尔科学奖项的中国本土科学家,也是第一位获得诺贝尔生理医学奖的华人科学家。诺贝尔科学奖是中国医学界迄今为止获得的最高奖项,也是中医药成果获得的最高奖项。从拉斯克奖到诺贝尔奖,无留洋背景、无博士学位、无院士头衔的"三无"科学家屠呦呦一鸣惊人,她说过:"我在这个药物上做了一辈子,非常希望它能物尽其用。"屠呦呦为青蒿素治疗人类疟疾奠定了最重要的基础,得到国家和世界卫生组织的大力推广,挽救了全球范围特别是广大发展中国家数以百万计疟疾患者的生命,为人类治疗和控制这一重大寄生虫类传染病做出了革命性的贡献,也成为用科学方法促进中医药传承创新并走向世界最辉煌的范例。践行理想,贵在坚持。自研究青蒿以来,屠呦呦和同事们一起开展了190次实验,在她的实验本上,一次次写上实验结果"无效",然而成功就出现在第191次。

分析:屠呦呦教授是我们中国人的骄傲、亚洲人的骄傲,作为当代青年,我们应该以像屠呦呦这样的专家学者为榜样,树立正确的职业理想,才会在人生道路上不断努力奋进,从而最大限度地实现人生价值。

三、职业理想与职业选择

（一）树立崇高职业理想

职业理想是依据社会要求和个人条件，借想象而确立的奋斗目标，即个人渴望达到的职业境界。它是人们实现个人生活理想、道德理想和社会理想的手段，并受社会理想的制约。职业理想是人们对职业活动和职业成就的超前反映，与人的价值观、职业期待、职业目标密切相关的，与世界观、人生观密切相关。社会的分工、职业的变化，是影响一个人职业理想的决定因素。

青年一代要肩负起时代赋予的重任，志存高远，脚踏实地，努力实现中华民族伟大复兴的"中国梦"。所以，在任何情况下，当代青年都应该有一个长远而又切实的职业理想。

（二）职业理想的重要性

1. 导向作用

理想是一个人前进的方向，是心中永恒的目标。人生发展的目标是通过职业理想来确立，并最终通过职业理想来实现。在学习生活中有了明确的、切合实际的职业理想，再经过勤奋和努力，人生发展目标就会实现。

2. 调节作用

职业理想在现实生活中具有参照系的作用，职业理想指导并调整着我们的职业活动。在工作中偏离了理想目标时，职业理想就会发挥纠偏作用，尤其在实践中遇到困难和阻力时，如果没有职业理想的支撑，人就会心灰意懒，丧失斗志。只有树立正确的职业理想，无论是在顺境或者是在逆境，都会奋发进取，勇往直前。

3. 激励作用

职业理想源于现实又高于现实，它比现实更美好。为使美好的未来和宏伟的憧憬变成现实，人们会以坚忍不拔的毅力、顽强的拼搏精神和开拓创新的行动去为之努力奋斗。

【小结】

大部分同学择业前都有自己的思考和规划。不同职业对不同的人会有不同的价值体现。气质、性格、兴趣、价值观等都与职业选择有着密不可分的关系。不同的选择走向不同的职场，求职者希望在职场中充分发挥自己的特长和个性特点，都会对从事的职业有一定的要求和期待，而职业理想的实现不仅仅与职业生涯规划相关，还与职业能力在实践中的不断提升密切相关。

【课堂活动】

职业能力倾向（自评）测验

1. 目标

通过普通能力倾向成套测验（简称GATB），检验自己在职业领域中工作所必需的几种能力倾向,为毕业选择适合的职业打下基础。

2．程序和规则

步骤1:请学生利用网络资源进行职业能力倾向(自评)测验。

步骤2:对测验结果进行自我剖析。

步骤3:保存好测验结果,可在择业时参考。

3．总结评价

普通能力倾向成套测验是对许多职业群同时检查各自的不适合者的一种成套测验。这套测验在许多国家被广泛使用,备受推崇。测验能够了解自己在众多的职业领域中工作所必需的几种能力倾向的测定。

(建议用时:30分钟)

10.3 自 我 管 理

【能力目标】

1．树立自我管理意识,掌握自我的管理基本类型和能力。

2．能够克服自我管理中常见的问题。

3．能够掌握自我管理的基本规则。

【引入案例】

何以至此境地

小天学的是建筑设计技术专业,在毕业时进了一家移动互联网公司做文职工作,平时的主要工作就是写一写简单的文案,遇到困难的工作就避让,让其他同事帮忙完成。现在已经工作3年了,他很享受这份舒适的工作。然而就在今年,公司在现在的城市没有项目做了,公司要把他调到别的城市,不升职、不加薪,做的工作也没有变化。他已经厌烦了这样的工作,也曾想转岗,但是他转念一想,转岗又要重新学习,他很怕麻烦。现在面临着要么辞职,要么去另外一个人生地不熟的城市每天做重复的工作,工资也不高,因此他陷入了两难选择的境地。选择裸辞,就没有接下来的保障生活。他喜欢生活在繁华的都市,想留在这里,不愿回老家。但是没有工作,还要租房及吃饭,压力也很大。自己也不知道今后要如何发展,也没有重新开始的勇气,看着以前的同学都已纷纷步入正轨,而自己却一事无成,他产生了强烈的挫败感。

分析:发生在小天身上的事情在当今毕业生中很常见,原因就在于日常的工作生活中自我管理做得不好,缺乏目标和职业理想,抱着走一步算一步的心态,对未来没有规划,最重要的是缺乏自律性,没有自我管理能力。作为一名毕业生,应树立自我管理的意识,提高自我管理的能力,从而让自己的人生道路走得更加顺畅。

一、树立自我管理意识

(一)自我管理的概念

自我管理是指人通过自我认知,调整和修养自己的心理,并使自己的外部行为与社会环境相适应,是个体对自己本身,对自己的目标、思想、心理和行为等表现进行的管理。通俗地说就是自己管理好自己,包括如何做人和如何做事。在做人上,自己要有理想和追求的目标,始终使自己的理想目标不偏离正确的方向,不断接纳正向动力。

(二)大学生的自我管理

大学生的自我管理是指大学生为了实现教育的培养目标及为满足社会发展对个人素质的要求,充分调动自身的主观能动性,卓有成效地利用整合自我资源(包括时间、身体、行为、心理、能力等),从而开展的自我认识、自我计划、自我组织、自我控制和自我监督的一系列自我学习、自我成长、自我发展的活动。自我管理的实质就是要根据内在和外在的条件进行自我的管理和约束,达到社会和个人预期目标。

从当前现状来看,大学生的自我管理不容乐观,具体表现在大学生在校园生活、学习和职业生涯规划等方面。现代学生的生活观过多地物质化,在学习中缺乏源动力和目的性,没有认真规划自己的职业生涯乃至整个人生。

(三)理解自我管理的内涵

自我管理的内涵可从以下几方面来理解。

1．自我监督

个人对自己进行检查、督促。包括:自知,即正确评估自己,不卑不亢;自尊,即不自轻自贱,要有民族自尊心和个人自尊心,不出卖灵魂与肉体;自勉,即见贤思齐,不断用高标准来勉励自己,脱离低级趣味,做有益于人民的人;自警,即自我暗示、提醒,克服不良的心理及行为。

2．自我批评

自己批评自己的短处,辩证地否定。包括:自省,即自我反省,使个人的思想品德变得日益完善;自责,即对自己的不足进行检讨,勇于承担责任,接受群众监督。

3．自我控制

实行自我约束,理智地待人接物,防止感情用事,抵制和克服一切外来的不良影响。包括:反躬自问,即反思自己的行为,产生人际矛盾,首先从自己身上找原因;自我控制,即控制自己的情绪、欲望、言行,客观地对待批评,力求更好地把握自己。

4．自我调节

通过自我疏导,使自己从矛盾、苦恼、冲突、自卑中解脱出来。包括:自解,即自我疏导,不自寻烦恼,不折磨、惩罚自己;自慰,即宽慰自己,知足常乐,淡泊名利,承认差距。降低欲望,欲望过大,幸福感会降低;自遣,即自我消遣,分散或转移注意力,如郊游、看书、绘画等;自退,即设身处地退一步想问题,退一步海阔天空,要降低目标,转换方向,另辟新路。

5．自我组织

在新环境重新振作,重新审视和组织自己的心理和行为。包括:内化顺从,即勇

模块十　职业发展与自我管理

于接受别人的不同意见；同化吸收，即把别人的意见与自己的意见融会在一起，吸收他人的长处来丰富自己；自我更新，即从更高、更新的角度来认识、分析问题，不断地提高自己的能力。

（四）大学生自我管理能力差的原因

1. 家庭环境的影响

大学生的家庭环境对其自我管理能力的高低起到决定性作用。由于中国特殊的人口环境，大部分"90后"和"00后"的大学生都是独生子女，父母对这些独生子女给予了过度的保护和关怀。这些学生的一切，如生活、升学、就业等，都由父母包办解决，从小时候开始他们就养成了依赖别人的习惯，他们不知道管理自己什么，以及如何进行自我管理。

2. 学生自身的影响

大学生自己没有进行自我管理能力的学习。由于受到应试教育指导思想的影响，从小开始没有接受过职业生涯规划、自我意识等方面的教育，他们没有系统和科学地进行自我管理的知识教育，不知道自己要管理什么，以及用什么样的方法对自己进行管理。

对于自我管理的问题，如果确实付出了努力，但总是看不到太多的成果，职业生涯发展也不太顺利，很可能缺少自我约束与自我管理的能力。

（五）自我管理中常见的问题

1. 过度依赖

有些学生独立生活能力差，家长、学校也忽视了对他们自我管理能力的培养，所以生活上存在很大的依赖性——依赖家长，依赖老师，不会安排自己的学习和生活。

2. 没有目标或目标不明确

没有目标或目标不明确，这是当今学生常见的问题。部分学生自我约束能力不强，缺乏自主学习及自主发展的意识和能力。

3. 没有计划或计划不合理

计划是自我管理的工具和手段，没有计划地做事很容易失去条理。当我们有许多事情要做时，就要孰重孰轻，不能眉毛胡子一把抓。我们要想生活、工作得有质量，一定要先制订合理的行动计划。

（六）大学生提高自我管理能力的原则

1. 目标原则

每个人都曾有一个愿望或梦想，也会有工作上的目标，但经过深思熟虑制订自己生涯规划的人并不多。生涯规划的实现，需要强有力的自我管理能力。有目标的人和没有目标的人是不一样的。在精神面貌、拼搏精神、承受能力、个人心态、人际关系、生活态度上均有明显的差别。大学生应及早确定生涯目标并坚定不移地为之奋斗，多年后才不会后悔。

2．效率原则

浪费时间就等于浪费生命,这道理谁都懂。但是,我们每天至少有 1/3 的时间做着无效工作,在慢慢地浪费自己的时间和生命。所以,要分析、记录自己的时间,并本着提高效率的原则,合理安排自己的时间,在实践中尽可能地按计划贯彻执行。坚持下来,就会发现时间充裕了,工作自如了,效率提高了,自信增强了。

3．成果原则

自我管理也要坚持成果优先的原则。做任何工作,都要先考虑这项工作会产生什么样的效果,对目标的实现有什么样的效用。这是安排大学生自我管理工作顺序的一个重要原则。

4．优势原则

充分利用自己的长处、优势积极开展工作,从而达到事半功倍的效果。这是自我管理的一个非常重要的原则。人无完人,你不可能消灭自己全部的缺点而全剩下优点。

5．要事原则

做工作应分清轻重缓急,重要的事情先做。在 ABC 法则中,把 A 类重要的工作放在首先要完成的位置。在自我管理中,A 类重要的工作就是与实现生涯规划密切相关的工作,要优先安排,下大力气努力做好。

6．决策原则

决策要果断,优柔寡断是自我管理的大忌,想好了就要迅速定下来。贯彻要坚决,不管遇到多大阻力,都要坚定不移地贯彻到底;落实要迅速,定下来就要迅速执行,抓住时机,努力工作。

7．反思原则

自我管理也要定期进行反思。检查自己的目标执行情况,分析自我管理中存在的问题,制订、调整和修正方案。从实际出发,保证自我管理健康地向前发展。

8．检验原则

实践是检验真理的唯一标准。自我管理的目标正确与否,需要实践来检验。要坚持"以人为镜",及时收集、征求同事们的意见和建议,检查自我管理的实际效果。

二、自我管理类型及技能

(一) 时间管理

时间是一种特殊的、珍贵的资源。我们无法阻止时间的流逝,但我们可以学会管理自己的时间,成为时间的主人,这样才能提升个人生活和工作的品质。

1．战胜拖拉的办法

有人在工作或生活中是否有这样的坏习惯:不到最后一刻就没有去完成一件事

情的动力,本来计划好的一些事情却一拖再拖,直到拖无可拖的境地才去做。如果有上述的情况发生,说明你可能患了拖延症,应及时纠正。

在此,提供以下几种战胜拖拉的方法。

将任务细化在一定的时间段里,不要过高估计自己的能力,确定并保证在规定的时间内能够做完、做好这件事情;在工作过程中,按照工作质量要求和时间表要求,进行自我督察或请他人督办;消除干扰,要为自己创造不被干扰的工作环境。如在工作时关闭聊天工具,避免随意地打电话或闲聊等;在工作时要保持专注,不做与工作无关的事情,克服完美主义倾向。解决办法是:先做起来,并在工作过程中不断完善,追求更好;坚持立即行动原则。比如,如果你因为害怕见领导或客户而迟疑不决,唯一的办法是现在就拿起电话或现在就去敲门,这样可以帮助你克服恐惧,同时也能减轻压力。

2．时间管理的四象限原理

时间"四象限"法则是美国管理学家科维提出的时间管理理论,他把工作按照"重要"和"紧急"两个不同的维度进行了划分,基本上可以分为四个"象限"(图10-3):既紧急又重要,重要但不紧急,紧急但不重要,既不紧急也不重要。

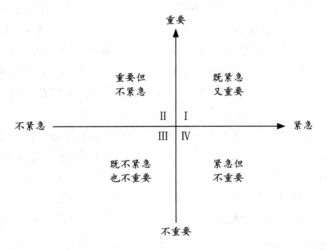

图 10-3 时间"四象限"法则

在四个象限上的时间分配,可侧面反映时间管理的能力。最有助于个人发展的时间分配是:既紧急又重要的事,所占时间为 10%～20%;重要但不紧急的事,所占时间为 60%～85%;紧急但不重要的事,所占时间为 5%～15%;既不紧急也不重要的事,所占时间小于 2%。这样的时间分配难度的确不小,需要有意识地训练和培养。

既紧急又重要的事需要马上做,如客户投诉,完成即将到期的任务,处理财务危机等,但做完之后应当反思检讨,以预防此类事件再次发生。

重要但不紧急的事应放在第二位做,这一类事情影响深远,比如建立人际关系,参与学习或培训,自我能力提升,做身体健康检查等,它的效益是中长期的,如果一再拖延,就会变成既重要又紧急的事。

紧急但不重要的事多为内容简单的联络事宜等,可以放在第三位,如接电话,接待不速之客,参加部门例行会议等。

既不紧急也不重要的事最后做,如上网、闲谈、写博客等,但最好限定时间,不在此类事件上白白浪费时间和精力。需要注意的是,解决问题时要把需较长时间完成的大任务分成若干个短时间内就能完成的小任务,然后再逐条逐个地解决。

3．时间管理的"二八法则"

当事情纷至沓来时,如果不做取舍、分工和时间管理,那么一件小事都会成为洪水猛兽。80%的收获来自20%的努力,其余80%的力气只带来20%的结果,这就是"二八法则"。按照"二八法则",不管你面临的事情有多少,你应该永远先做最重要的事情,定出长期和短期目标,然后努力实现。比如,你通过观察发现自己一天中精力最旺盛的时间段是在上午,那么你就把最重要的事安排在上午处理;而在一天中精力最差的时间段,你就可以去做些无关紧要的事。有效的时间管理,就是一个追求改变和自我提升的过程。一个人要学会调整自己,要懂得如何应对有困难之事,那就集思广益,找别人一起应对。

案例 10-3

Google 从企业管理到自我管理

美国 Google 总部地处旧金山市南面 64 千米外,许多员工却住在旧金山市区。公司为员工提供了免费的早晚班车,但是由于种种原因,几次调整后,仍然很难让人满意。于是常坐班车的几个工程师自发组成了一个"解决班车问题"小组。经过研究,他们发现班车问题其实是个非常经典的数学统计问题,只要给他们所有数据——遍布于市区各处员工的住址、每个站点、每个时段的满员情况,他们就可以用这些数据来做一个最优化的路线车次时间表,满足大多数乘车员工的需求。在这个小组发布了新的班车时间表之后,原本怨声载道的公司内部论坛中的班车讨论小组一下子变得门可罗雀。后来这个结果被应用到新产品上,形成了具有 Google 特色的公交检索,并广受人们所喜爱。这并不是一个特例,很多 Google 的产品就是由这种方式酝酿而成的。

分析: 不能过度依赖自我管理,也不能没有目标或目标不明确。要想在生活及职场中取得成功,一定要有自主发展的意识和能力。

(二) 学习管理

我们已经进入终身学习的时代,终身学习取代了终身职业。据有关专家测算,1950 年人类科技知识总量翻一番,1950 年以前大约需要 50 年;到 2000 年,仅需要 5 年左右的时间;预计到 2030 年,大约需要 60~80 天。要做到会学习,至关重要的就是要不断提高学习能力,掌握学习管理的方法。

1．形成习惯

要培养良好的学习习惯,要目标清晰,意志坚定,方法灵活多样。只要把学习当作良好的生活习惯,成功就会向你招手。设定学习目标,积极行动,养成良好的学习习惯。目标一旦设定就应努力执行,在行动中磨炼自己的意志。

2．学会积累

每天学习一些新知识,每天进步一点,日积月累,就会有收获和进步。"1 万小时定律"是成功者最好的实践概括。

3．学习心态清零

学习过程切忌自满,要始终抱着"空杯"的态度,应抱着求知的渴望,这样才能不断提升自己。对于自己不了解、未知的事物和知识抱着一种求索的心态,才有可能去问"为什么",进而探寻其所以然。

（三）健康管理

健康重于一切。没有一个强健的身体则无法顺利地进行工作和学习,一切成功皆无从谈起。每个人都在社会上承担着一定的工作任务,很多人的工作任务还相当繁重;如果没有一个健康的身体,不但不能按时、保质保量地完成工作任务,还有可能被繁重的工作任务压垮,甚至会影响到整个家庭的生活水平和质量。

1．养成锻炼身体的习惯

锻炼身体应从日常生活开始。要想取得良好的锻炼效果,必须遵循增强体质的生理规律和心理活动的规律,提高认识,自觉锻炼。

2．注重饮食

饮食是维持人体生命的必需物质,但是饮食不当则又会成为疾病发生的重要原因。因此,饮食安排需注意饮食要多样化,合理搭配；要有节制,切忌贪食；要有正确的饮食方式,每日进餐三次。

3．作息规律

越来越多的青少年作息没有规律,日夜颠倒,甚至熬夜玩游戏、上网,身体往往处于亚健康的状态。睡眠是最有效的休息方法,良好的睡眠质量是消除人体疲劳及恢复体力的重要保证,是身体健康的重要标志。

4．定期体检

健康体检是一种新的自我保健方式,它可以变被动看病为主动检查,变消极治病为积极防病。看似健康的人也应该每年进行一次体检,定期体检能够及早发现一些无痛或症状不明显的疾病。

（四）其他各项管理

1．目标管理

目标决定成功。大学生要将自己的职业目标与人生目标有机地结合起来,实现协调与平衡,体察生命的真义,活出精彩的自己,发现自己的才能,追求自己的目标。

2．沟通管理

有研究表明,70%以上的职场工作是在沟通中完成的,70%以上的职场问题是因为沟通不畅造成的,可见沟通对于大学生的重要意义。大学生应该掌握信息发送、接收的技巧,善于倾听并积极反馈,才能在人际交往中争取主动,提高工作效率和效果。

3．职业生涯管理

职业生涯管理是人生目标管理的核心内容，直接关系到职业人的成败。大学生必须在明确自己的职业倾向、评估职业环境的基础上，科学、理性地规划自己的职业未来，并以持续的行动将蓝图变为现实。

【小结】

做好自我管理是想做成任何事的前提，养成习惯的这个过程是难熬的，但是习惯一旦养成，回报将是巨大的。自我管理需要一个强有力的执行能力，需要一丝不苟地完成自己安排的任务，这需要不断地锻炼自己，严格按照自己的安排来实施。为自己设定一个合理的职业理想和追求目标。通过树立自我管理的意识，用科学的方法提高自我管理的能力，一步一步去努力实现目标，这样大家就一定能在职场中、在人生道路取得成功。

【课堂活动】

认识自我管理能力

1．目的

通过活动,让学生有效认识自己的自我管理能力并明确提高的方法。

2．程序和规则

步骤1：全班分为若干5人左右的小组。

步骤2：每个小组成员结合个人体验,在组内向其他成员介绍自己的自我管理经验。

步骤3：根据组员的介绍,在组内选出一名最优秀的自我管理者,领导本小组成员展开以"如何提高自我管理能力"为主题的讨论。

步骤4：各组派一名代表在全班分享提高自我管理能力的心得,并在全班再次讨论。

步骤5：教师引导学生进行总结。训练结束后,将各组的心得总结和评价形成800～1000字的文稿并交给任课教师再点评。

3．总结评价

通过本节理论学习、班级主题讨论和心得总结,进一步明确了个人自我管理能力的水平如何,距离自己的目标还有哪些差距,明确了提高的路径和办法。对择业就业提供了参考。

(建议用时：1小时)

模块十一 职业倦怠与压力调适

【模块导读】

从业者在长期职场环境中,对工作上的压力及人际应激源反应,因个体差异,容易产生不同程度的心理综合征。世界上并没有完美的工作,任何一份工作都会有让你不满意的地方。但重要的是,我们要知道自己想要什么,要能够找到属于自己的目标。奔跑在实现自己工作目标的道路上,难免产生倦怠和压力,如何调适压力,是本模块要学习的内容。

11.1 职业倦怠

【能力目标】

1. 掌握职业倦怠的概念。
2. 能够了解职业倦怠的表现及产生原因。
3. 学习并掌握职业倦怠的调适方法。

【引入案例】

李老师的烦恼

李老师已任教10年。她是完美主义者,做事情总是要力争完美无缺,要做得最好。她也要求学生做得同样完美。但由于学生素质差别很大,部分学生经常有逃学、打架等不良行为,读书无用论在她们头脑中还占有相当地位,这让她感到无所适从。她课讲得好,教的学生成绩也高,获得的荣誉也多,但她认为与付出不成比例。她感到极度疲乏、虚弱,甚至出现失眠、头痛、腰酸、肠胃不适等症状。职业认同感的缺失也给她造成了一定的困扰。与同学相比,她自感能力不差、素质不低,可是工资比人家少,生活质量仅是维持生计而已。她常因没有其他人的充裕物质条件而愧疚,心中充满委屈、抱怨。同事关系也让她感到困扰。因同学科老师存在着一定的合作和竞争关系,当她取得一些成绩并有同事向她祝贺时,她总觉得别人不太真诚。

分析: 李老师太注重追求完美,所以并不快乐,像是被绑在追求名利的快车上不能停止,心情总不能愉快。这是典型的职业倦怠,必须及时疏导调适。否则会发展为精神崩溃而无法从事教学工作,日常生活也会受影响。

一、职业倦怠概述

(一)倦怠的含义

倦:疲倦,厌倦;怠:懈怠。倦怠释义:疲乏,懈怠。它是指对事物丧失动力,产生疲倦、懈怠的心理。英文词典里动词burnout(倦怠)的定义为"由于某种能量、力量或资源使用过度而导致的失败利用或是资源损耗甚至枯竭"。美国临床心理学家 Freuden Berger 在 1974 年引用该定义首次提出了"倦怠"这一概念,并从生理和行为两个层面分别描述了倦怠的表现。

(二) 职业倦怠的含义

美国临床心理学家 Freuden Berger 认为,"职业倦怠"是一种情绪耗竭的低能量症状,这种症状最容易在工作情境中出现。当工作对个人的能力、精力有过度要求时,会导致工作者产生情绪枯竭、筋疲力尽等症状。随后 Maslach 等人把对工作上长期的情绪及人际应激源做出反应而产生的心理综合征称为职业倦怠,他认为职业倦怠是个体不能顺利应对工作压力时的一种极端反应,是个体伴随于长时期压力体验下而产生的一种情感衰竭、人格解体和个人成就感降低的症状。

二、职业倦怠的成因

当前,关于职业倦怠成因的研究成果可分为两类:一类是从单一因素解释职业倦怠的成因;另一类是从个体与工作因素相互作用的视角解释职业倦怠的成因。

(一) 从单一因素的角度解析职业倦怠

1. 个体特征

个体特征是指个体的人口统计学特征,主要有性别、年龄、受教育水平、抗压程度、认知水平、婚姻状况等。

2. 工作特征

工作特征是指个人所从事的特定工作的工作量、工作压力、信息和控制感等。如果个体从事的工作量较大、工作压力较大,个体对工作信息和控制感较弱,那么从事这类工作的个体则比从事其他工作的人更容易产生职业倦怠。

3. 组织特征

组织特征是指组织结构的正式化程度、个体参与组织决策的机会、个体在工作中的自主性、对从业者工作成效进行的奖赏情况、工作团队成员之间的沟通状况、组织各种制度的公平状况,以及组织企业文化的价值观与成员个体的价值观之间的一致或者冲突状况等。

(二) 从相互作用的角度解析职业倦怠

一些学者认为,职业倦怠并非由个人的主体特征或者组织因素中的单方面原因导致的,个人职业倦怠的产生是组织方面的因素与个人主体方面的因素相互作用的结果。

"胜任感模式"理论认为:个人职业倦怠的出现与"自我工作胜任感"有关。如果个人在实现了助人工作的目标中体验到了明显的工作胜任感,那么通常就会提高他的助人工作的动机;反之若工作中未能达成预期的助人目标,"自我工作胜任感"降低,就会有工作挫败感,出现职业倦怠的症状。

"努力—回报模型"理论认为:当个体从工作中所得到的报酬较低,与他所付出的努力不匹配时,个体内心就会产生失落感;需要努力的量和消耗的精力超出了职业上的报酬时,就会产生压力。个人与组织间的交换如果长期处于不公平和缺乏互惠性而产生压力,会导致个体产生职业倦怠。研究表明了对回报的心理期望与实际获得回报之间的落差,与职业倦怠感呈正相关。所谓的"回报",不仅简单地指经济上的收益,还包括精神奖励、他人认同、发展前景、个人能力提升等非经济性的收益。

(三)职业倦怠产生的常见因素

1. 个人因素

个人因素包括:技能与职位不匹配;容忍程度或者坚韧程度与工作要求不一致;睡眠、运动、饮食及使用手机相关的不良习惯;趋向于将他人需求放在第一位,无法优先考虑自身需求;缺乏社会支持;缺乏自信,不能拒绝别人;无法控制情绪上的压力;无法自我安慰或者寻求帮助。

2. 外部职场因素

外部职场因素包括:规划及管理不善的工作氛围;对精神、身体或者情绪上要求苛刻的工作;压力过大或工作时间过长;欺凌或骚扰;某次创伤性事件;工作场所暴力;投入得不到相应的回报;对单位内部的沟通状况不满意;规章制度不够合理;等等。

案例 11-1

升迁后的烦恼

梁华在跨国公司承担技术工作,工作中严谨认真,专业技术扎实过硬,性格乐观开朗,获得了领导的青睐,被提升为项目主管。工作内容由以往的技术工作为主,转变为管理项目团队、项目工作协调为主。简言之,以前的工作主要对"事",现在的工作更多地要对"人"。尤其很多业务夹在客户、协作部门之间,他常感到左右为难。他也跟领导提出自己更喜欢做技术工作,希望将工作调回原来的位置。领导认为现在的状况是工作适应过程中的正常反应,加强了他所管理团队的人力资源。他工作仍然吃力,骑虎难下,感到苦不堪言。一面是领导的重用、职位的升迁,一面是自己的无力无奈。他感到压力越来越大,每当想到要去单位上班就头痛不已。平常和朋友的聚会越来越少,失眠渐趋严重,常常在凌晨三四点醒来就不能入睡,白天还得强打精神面对工作。

分析:梁华作为典型的科研技术型人才,突然走向管理岗位,个人没有能力胜任。时间久了显现不出个人优势,个人成就感降低,心理冲突变大。单位领导没有充分考虑他的人格类型,没有做到因岗设人和用人,没有发挥他的能力优势,相反利用了他的短板能力。虽然配备了较多的优秀工作资源,但是此处岗位变动对于他来说产生了过多的心理压力。当面对领导的高度重视和自身的低成绩,心理上会产生很大的冲突,致使导致职业倦怠的产生。

三、职业倦怠的表现形式

当从业人员职业倦怠产生后,从业者的认知态度、个人行为、躯体表现都会发生明显的变化。

（一）态度上的表现

在认识方面，对工作失去兴趣，认为工作毫无意义，毫无价值，只是枯燥乏味的机械重复的烦琐事务。感到前途无望，对周围的人、事物漠不关心；一有机会就想跳槽、转岗或是逃离现有工作环境。在情感方面，由于对工作感到厌倦，情绪上波动很大，会产生压抑、苦闷、怨恨、忧郁、多疑等多种消极因素。在意向方面，疏远工作，无心投入，意志力缺失。

（二）行为上的表现

对工作敷衍了事，得过且过，没有任何抱负，个人发展停滞，行动无常等。职业倦怠因工作而起，反过来就会作用于工作，影响人的工作，导致工作恶化，于是职业倦怠进一步增强，继而影响到下一次的工作状态，导致进一步的恶化，如此形成一种恶性循环。还有些人表现为攻击行为增多，包括人际摩擦增多，会在极端的情况下出现无辜打骂人的情况。在严重时，将攻击指向自身，出现自残行为，甚至在极端情况下出现自杀行为。

（三）躯体上的表现

职业倦怠对工作有极强的破坏力，而且能导致当事人发生多种生理疾病以及躯体反应，如精神萎靡、躯体活力下降、深度疲劳、失眠、头昏眼花、恶心、过敏、呼吸困难、肌肉疼痛和僵直、月经不调、腺体肿胀、咽喉痛、反复得流感、头痛、消化不良和后背痛等。其中，呼吸系统传染病和头痛会持续很长时间，有些人还会出现更为严重的肠胃不适、溃疡和高血压等问题。

因此，从业者本人要密切关注工作过程中个人的种种表现，认真分析具体情况，合理判断自己是否正处于职业倦怠的早期，抑或已经产生明显的职业倦怠。

四、职业倦怠的有效调适方法

影响工作倦怠的因素有很多，既有工作和组织因素，又有个人因素。很多时候我们无法改变环境，如工作的性质、组织公平等，但我们可以改变自己。对于个体来说，要想有效缓解或消除工作倦怠，关键还是从自身做起，从个体认知、情绪、能力等方面寻找积极的自我调节手段。另外，适当的倾诉和交流也是克服职业倦怠的方法之一，如图11-1所示。

图 11-1 倾诉和交流沟通是克服职业倦怠的方法之一

（一）正向激励法

不管是物质激励还是精神激励，对于每个从业者来说，在不同的职业人生发展阶段，所侧重的需要也不尽相同。从业者可以根据自己当下和长远的发展需要，为自己设立一些短期和长期的目标以应对职业倦怠。

模块十一 职业倦怠与压力调适

1. 短期目标

短期目标是从业者在当下职场中最急需解决的问题或实现的计划。目标是分阶段的,当从业者进入了另外一个职业阶段,从业者的目标可能会有所调整,所以从业者需要去评估新阶段的职业发展需要,给自己树立一个新的目标,然后为下一个职业目标努力。

2. 长期目标

长远目标可能会跨越10年或20年,甚至是从业者一生的职业目标。从业者应提前考虑好自己希望成为一个什么样的职业人,以什么职业作为自我实现的途径。一旦树立职业目标后,从业者会发现,所做的每一个步骤,都是向这个目标迈进了一步,从而使日复一日的工作也变得有了意义,职场生活也不再枯燥乏味了。

(二) 自我调节法

自我调节作为一种正能量强化手段,可以提升从业者的自我效能感。特别是当从业者身处逆境,自我调整、自我进取、自我鼓励就变得尤为重要。

1. 保持平和心态,改变认识观念

工作总是要求精益求精,但有时结果与要求并不相符。对于上司的不理解和同事的指责,要保持平和的心态,适当的时候可以与他人沟通、交流。一个人不可能把所有事都做得尽善尽美,也不可能让所有的人都满意,更不可能控制和改变工作中的所有事情,有些职场因素是不可避免或难以在短时间内排除的。但我们可以改变自己的心境,控制自己的情绪,保持平和的心态才可以在职场中走得更远。

2. 保持进取心,不断学习与创新

工作中也会出现"审美疲劳"。重复、枯燥的工作,会让你看不到自己的长处,"停滞"会让人产生挫败感与无能感。不断地学习,吸收更多的专业知识,武装自己的头脑,多参加相关工作活动,不仅能够丰富自己的视野,构建自己新的思维框架,更能不断开发自身潜能,给工作带来新的活力与动力。

3. 劳逸结合,控制工作节奏

把特别不情愿去做或麻烦棘手的事情在开始工作之前处理好,这样会让自己一天的"压力指数"大大降低,因为最难办的事情都处理掉了,就可以轻装上阵。同时参加一些闲暇活动。减压的绝佳方法是运动,运动能让体内血清素增加,不仅有助于睡眠,也易引发好心情。运动有"333原则",就是每周3天,每天至少30分钟,心跳每分钟达到130次。心理学家认为"松散的休息",也可以提高工作效率和效能。在紧张的工作之余,停下来给心灵松松绑,会有美妙的体验。

【小结】

随着现代社会飞速的发展,人们的生活节奏越来越快,现代人产生职业倦怠的时间也越来越短,有的甚至刚参加工作不到一年就开始产生厌倦,而工作一年以上的白领人士有高于40%的人存在不同程度的职业倦怠。

"职业倦怠症"作为一种由工作引发的心理枯竭现象,是人们在工作的重压之下所体验到的身心俱疲、能量被耗尽的感觉。这和肉体的疲倦劳累是不一样的,是源自心理的疲乏。它被视作是现代社会的一种职业疾病,普遍发生在服务行业的群体中,对从业者的工作与身心健康产生不良的影响。因此,对于职业倦怠的认知与调适会越来越引起用人单位与从业个体的关注。

【课堂活动】

"他山之石,可以攻玉"——名人访谈录

1. 目标

正确认识职业倦怠,掌握职业倦怠的基本调适方法。

2. 程序和规则

步骤1:课前准备工作。

教师在课前结合本章节教学要求,组织开展一次社会调查活动。让学生去做一次访谈活动,挑选他们认为在职场上优秀的成功者,去看一看及听一听他们是怎么工作的。倾听他们的经验和体会,深入交流他们在成功路上遇到的瓶颈、压力,以及在出现职业发展困难和产生职业倦怠时是如何应对的。感悟他们的敬业精神和事业心,倾听他们对自己的忠告。采访活动结束后,把成功者的经验和体会以及自己的认知与感受整理成书面报告材料。

步骤2:课堂讨论。

(1) 挑选出3~5名同学,分享他们的访谈感悟。

(2) 请其他同学结合自身认知谈谈感受。

3. 总结评价

最后由教师进行点评和总结。

(建议用时:课前给予3天采访时间,课堂给予30分钟讨论时间)

11.2 职业压力

【能力目标】

1. 掌握职业压力的定义。
2. 能够了解职业压力的成因及作用。
3. 掌握缓解职业压力的有效方法。

【引入案例】

你是否真的准备好了

小王在房地产行业工作十多年了,主要在行政部门负责一些日常的管理工作,同事对他的评价是很认真、很敬业,领导也很欣赏他。他一直十分喜欢这份工作,生活和工作对于他来说都算开心。2020年9月,工程部需要一名土建主管,领导经过讨论,决定让他来担任这个主管。他对于工程部不熟悉,看到了这个可以挑战一下自己的机会,他认为是突破自己的时候来了,于是欣然领命。9月中旬到新岗位上班,每天的工作地点

模块十一　职业倦怠与压力调适

也从公司转到了工地上。10月的时候他开始出现睡眠不好的情况，接下来饮食也出现问题，睡不着，吃不下，每天最害怕的事情就是上班，后来情况越来越严重，到了年底他提交了辞职报告。领导觉得他在闹情绪，也做了不少思想工作，但他的情绪越来越低落，对上班的恐惧也越来越强。

分析：这是由于管理不善而出现职业压力并导致职业生涯危机，甚至危害到个人生活和身体健康的典型案例。随着岗位调整，小王重新面临新的挑战，因自身经验不足，再加上领导的过高要求，使他心理压力过大，进而影响到他的工作状态和身体健康。如何应对和管理职业压力，会给一个人带来不一样的选择。面对职场中存在的压力，应遵循正确的减压方式，可以适度寻求他人帮助，进行全面的心理调适，应以平和心态面对挑战。

一、职业压力概述

（一）压力的含义

压力原本是一个物理学概念，是指垂直作用在物体表面的力。它强调的是施加在物体上面的外在影响。而认知心理学则倾向于从"人和环境"相互作用的角度理解压力，即压力是个体经过认知评价，察觉到环境需求超出个体处理能力时，所表现出的伴有心理活动和躯体功能改变的心理紧张状态。压力在精神上会表现为消沉、思维混乱、失眠、思想消极、大喊大叫、过度亢奋、神经衰弱、喜怒无常等。

（二）职业压力的含义

职业压力是指由工作或与工作具有直接关系的因素所造成的心理应激反应。适度的工作压力会使人情绪兴奋、超常发挥工作能力等情况，但过度的工作压力会导致体感疲劳、焦虑压抑和工作能力下降，甚至发展为精疲力竭等状态。

职业压力是由职业压力源引起压力反应的过程，但是职业压力反应并不是单纯地由压力源决定的，同样要考虑个体对压力源的认识及自身的抗压能力。当众多从业者面临相同的压力因素时，个体因为彼此有差异，就会做出不同的职业压力反应。

二、职业压力的成因及作用

（一）职业压力的成因

认知心理学从个体与职场环境相互作用的角度解释职业压力的形成过程，该理论认为从业者在职业压力形成的过程中，主要通过认知评价的方式发挥作用，而认知评价与不同从业个体具有的个体特征和拥有的个人资源有着密切的关系。

相同的职场压力源作用于不同的从业者会引起不同的职业压力反应，其关键在于具有不同个体特征和个人资源的从业者对职场压力源的认识评价存在差异。当将压力源评价为对自己没有伤害和威胁时，就不会产生压力反应；当将压力源评价为对自己有一定伤害和威胁时，个体就会产生一定程度的职业压力反应，从而提醒从业者采取适当的应对策略消除职场压力源的负面影响；当将职场压力源评价为对自己有严重伤害和威胁时，从业者将会产生强烈的职业压力反应，甚至损害正常的心理活动和生理功能，甚至导致疾病的发生。

由此可见，压力源、对压力的认知评价和压力反应是职业压力形成过程的三个重要环节,这一过程本身就是从业者对职业环境的适应过程,其结果可以表现为适应,既保持了与职业环境的和谐,维护了从业者的身心健康,也可以表现为不适应,即破坏了从业者与职业环境的和谐,损害了从业者的身心健康。

(二)职业压力的作用

1. 职业压力的积极作用

从积极的角度去理解,职业压力对从业者的职场心理和职业发展的稳定与进步都有着重要的现实意义。在职场心理的稳定和进步中,职场环境因素刺激有助于提升从业者的职业感知度和认知水平,此外专业知识和职业技能的学习有助于职场思维和其他能力的提高,适当的职场压力作用有助于提升从业者的职业素养。

从业者个体察觉到职业压力情境对自身产生威胁时,体内会通过交感神经——对肾上腺髓质系统的激活,引发警戒性反应,动员和调配各种资源做好应对压力的准备。其身体生理功能上表现为能量调动和肌肉紧张,注意力集中和觉醒度提高。这种变化有利于个体及时果断地对职业压力情境做出判断和决策,迅速准确地对职业压力情境做出反应和处理。

2. 职业压力的消极作用

部分从业者往往习惯于从消极的角度去理解职业压力,认为职业压力会导致心理困扰,造成心理障碍的发生。同时也会影响自身健康,导致生理机能紊乱、免疫功能低下等疾病的发生,进而还会影响其自身职业功能,导致对职场发展的关注度、职场活动的参与程度和职业责任承担程度的降低。

职业压力的负面影响也是疾病的诱发因素之一,会促使一个人病情加重、加快。医学研究结果表明:承受较高压力的管理人员患心脏病的可能性是正常人的2倍,遭受心脏病第二次打击的可能性是常人的5倍,得致命心脏病的可能性是承受较低压力的管理人员的2倍。

同样,过度的职业压力还会对从业者的心理健康造成负面影响,主要表现为焦虑感和沮丧感两个方面。工作压力对从业者心理的最主要影响是增加了焦虑感。当从业者承受较大的工作压力时,会感受到自己对工作失去控制,既有所担心,又无力处理那些并不一定出现的潜在威胁,为此产生了巨大的精神压力。职业压力也会增加一个人的沮丧情绪,当从业者的正当职业需要得不到满足或职业行为受到妨碍时,情绪就受到了伤害。

三、职业压力的表象内容

(一)求职前压力表现

大学生常见的求职前心理压力有以下方面。

1. 学业压力

学习是大学生的首要任务。在学习方面的压力主要与以下几个因素有关:一是不恰当的社会比较;二是由对专业和专业知识不感兴趣导致的压力;三是学习时间长,课业负担重所带来的压力。高职院校的课程设置与一般学术型课程有很大的区别,它突出应用性,淡化系统性。许多学生无法适应这一转变,觉得学习负担加重,感到压力很大。

另外是考证的压力,一般高职院校都实行"双证"制度,要求学生不仅要拿到毕业证,还要考取各种技术等级证书,既花钱,又花费时间和精力。在你追我赶中奋力考试,也带来了相应的竞争压力。

2. 社交压力

部分大学生在交往中缺乏自信,担心别人看不起自己,同学间不经意的一句玩笑或某种行为都会深深地刺伤他们的心灵,强烈的自尊渴望与脆弱的情绪、情感相互交织。心理学研究认为,良好的人际关系能对应激状态下的个人提供保护,即对应激起缓冲作用,能有效地减少忧郁倾向和心态失衡。美国的一项调查认为,使人们感到幸福的既不是金钱,也不是名利、地位、成功,而是良好的人际关系。但是在现实的大学生群体中,人际交往并没有那么顺利,反而成为一些人心理障碍的根源。

3. 就业压力

国家重视教育,高校扩招后,大学毕业生人数逐年增多。毕业生就业实行的是自主择业,社会上就业找工作还存在不规范之处,就业形势日益严峻,大学生要找到理想的工作越来越难。看到一些优秀的同学很轻松地找到工作,这对学习一般又无社会背景,家境也不富裕的同学形成很大的心理压力。一些大学生对社会了解不够,不能正确认识自己和社会,职业理想没有建立在正确的自我评价基础上,好高骛远,不能正确选择适合自己发展的就业道路,择业时心理负担过重。

(二)职场压力表现

按照职业压力形成的过程,当职场环境作用到从业者个体时,经过从业者个体的认知评价后,感觉到职业压力,这样就会在心理上、行为上、生理上有所表现,同时出现一些预警信号。

1. 职业压力产生的心理预警

职业压力产生的心理预警主要包括以下方面:生气;焦虑,不安,害怕;惭愧;沮丧或情绪低落;内疚;嫉妒;情绪摇摆不定;自我优越感及自我认同感下降;感觉失去了控制,无助;想法有些偏执;不能集中精神;消极的映像或情况很糟的映像;总是做白日梦;自我表象很差;做噩梦。

2. 职业压力产生的行为预警

职业压力产生的行为预警主要包括以下方面:被动的行为;侵略性的行为;急躁、易怒;拖延;饮酒量增大;茶或咖啡中的咖啡因服用量增大;通过吃东西来缓解压力;扰乱了的睡眠模式;冷淡或愠怒;紧紧握住拳头;强迫的或冲动的行为;不良的时间管理;工作业绩下降;经常不在工作岗位上;吃饭、说话、走路很快;总是容易出事故;神经性抽搐。

3. 职业压力产生的生理预警

职业压力产生的生理预警主要包括以下方面:口干;手心出汗;经常患病或免

疫力低；心悸或心怦怦跳；喘不过气；胸闷或胸痛；感觉虚弱或昏倒；偏头痛；不明疼痛；紧张性头痛；背痛；消化不良；腹泻；便秘；皮肤病或过敏；哮喘；月经不调；体重迅速变化。

案例 11-2

"放弃"背后的成功

约翰·琼斯是美国20世纪60年代的著名演讲家。他年轻时参加过一个迈阿密大学组织的演讲比赛，选手来自全美的名校，赞助公司包括卡耐基学校等培训界名校。他进入半决赛的时候感到非常紧张。这场比赛对他来说很重要，他希望能借此进入演讲界的圈子中。对手的实力也让他感觉有些胆怯。一拿起演讲稿就感觉心跳加速、喉头痉挛，试讲的时候，他甚至开始忘词。比赛日期临近，他的状态却越来越差，几乎就要放弃了。当放弃的念头在脑海中闪过时，约翰·琼斯振作起精神暗暗地告诫自己："无论如何都不能放弃！即使最终被淘汰出局，也不能主动放弃！"有了这样的想法之后，他开始慢慢接受自己在比赛中被淘汰的可能性。奇怪的是他反倒不紧张了。最后比赛时，没有了心理负担的琼斯完全放开了，他那声情并茂的演讲征服了评委，也让对手佩服有加。他成功地闯进了决赛。

分析：压力是一把双刃剑，驾驭得当可化为杀敌的利器，反之则可能会摧残自身。压力分为有害的不良压力和有益的良性压力：良性压力能够给人以动力，使人愉快并能有效地帮助人们生活；而不良压力不仅使人感到无助、灰心、失望，还会引起身体和心理上的不良反应。我们需要正确地认知和评价职业压力，充分发挥压力所具有的积极作用，避免压力所具有原消极作用的危害。

四、职业压力的调适方法

（一）职业压力的管理

1. 维持适当的职业压力水平

职场环境刺激造成的职业压力有助于激活从业者的生理和心理唤醒水平，有助于提高从业者对职场环境的适应能力，增强从业者在职场生活中的竞争力，提升其在职场生活中的价值。同样，克服挫折的能力也是成功人士的一种特质。有信任度的人能够将挫折转化为职业收获。

2. 减小职业压力的消极影响

具有挑战性的职业压力对从业者会造成一定程度的消极影响，严重的会导致从业者心理和生理功能损伤。从职业压力应对的角度看，遭遇职业压力的反应主要有三种，即控制式、支持式、回避式。在应对职业压力时应尽量采用控制式应对方式，适度采用支持式应对方式，最好少用或不用回避式应对方式。

（二）职业压力的调适

1. 重新调整认知评价

认知心理学认为，职业压力不是个体遭遇具体事件刺激的直接结果，而是由个体对事件及其对自己的影响进行了歪曲的认知评价所导致的。心理学家艾利斯提出的情绪ABC理论中，A（activating event）表示诱发事件；B（belief）表示个体对事件的解释和评价,即信念;C(consequence)表示产生的情绪和行为结果。他强调,是 B 而不是 A 导致了 C。在职业生涯中,经常遇到难事就会导致职业压力的产生。所有这些我们都可以通过重新调整认知评价加以解决。管理职场压力的一个有效方法是认知行为干预,就是用一种建设性的方法来思考在清晰背景下的压力问题。如果能让自己心态变得强大起来,或者客观正视压力的存在,就能够承担更大的压力。

2. 主动改变应对方式

有学者认为,应对方式是个体稳定的习惯化的倾向,因此将其按照对个体身心健康的影响作用划分为积极应对与消极应对两种类型。个体采取哪种应对方式,通常是以对情景的认知评价为依据的,当个体将压力情境评价为可控时,通常以问题关注应对为主,即致力于通过消除压力情境的影响减轻压力反应。当个体将压力情境评价为不可控时,通常以情绪关注应对为主,即致力于通过消除压力情境带来的情绪波动减轻压力反应。

面对职场压力时,积极应对有利于个体的身心健康和心理发展,而消极应对不利于个体的身心健康和心理发展。因此从业者应当对可能遭遇的职场压力情境提高预判力和控制力,尽可能地采取问题关注应对方式和成熟型的应对策略。改善工作习惯和时间管理是获得控制感的一种最常用的方法。还有一种提高自己控制感的方法,是利用一定的工作时间处理完琐碎小事,再将更多的精力投入到那些大的事情中,要让自己的工作更有进度感和成效。

3. 积极寻求社会支持

社会支持可以有效地降低或减轻职业压力强度,帮助从业者度过痛苦和危险的时刻。社交建立起来的亲近的关系会有效地缓解这种压力,并且良好的人际关系也会给工作带来更积极的支持。当个体遭遇挑战性的职业压力时,社会支持可以提供必要的鼓励与保证,增强个体战胜困难的信心;当从业者遭遇威胁性的职业压力时,社会支持可以给予必要的关怀,分担个体承受的痛苦。

4. 适当放松紧张情绪

遭遇职业压力后,致力于通过缓解和控制情绪来减轻压力反应的做法属于情绪关注应对策略的范畴。它在从业者个体遭遇出乎意料的压力情境和超出预期的压力情境时,是一种能够起到缓冲作用的应对方式,有利于从业者个体预防情绪失控,避免消极情绪危害健康。体育锻炼不仅能够增强身体机能,还能够带来更多的愉悦感受,而且更健美的身体会提高自信,提高身体意象和自尊,改善心理机能,缓解神经紧张,消除慢性抑郁。另外,充足的睡眠不仅能够有更充沛的精力面对工作的压力,同时也提高身体的专注力,让工作更加有效率,而且充足的睡眠还能带来愉悦感和满足感。当然,出游也是缓解职业压力的办法之一,如图 11-2 所示。

图 11-2　出游是缓解职业压力的办法之一

【小结】

职业压力对从业者的作用是双向的,积极反应表现为能够有效地完成职业任务,提高自身职业自信和自我评价,提高对职业环境的适应能力,因而有利于从业者身心健康和心理发展;消极反应表现为阻碍职业任务的有效完成,降低自身职业自信和自我评价,不利于职业环境的适应,因而有损于从业者身心健康和心理发展。职场中,只有正确地认识压力,了解压力产生的原因,熟悉压力的表现形式,合理运用压力的积极作用和减少压力的消极作用,使用积极有效的调适方法缓解压力,才能使我们立于职场的不败之地。

【课堂活动】

"角色扮演、事件脱敏"——心理情景剧

1. 目标

积极面对职业压力,提高职业压力调适能力。

2. 程序和规则

步骤1:前准备阶段。

任课教师根据教学要求,选择容易产生职业压力的重要职业,如教师、医务工作者、警察等职业。课前将班级同学进行分组,建议10～15人一组,每组选择一种职业,认真查阅、调研、搜集、整理各自职业面临的压力,分析压力产生的原因、表现形式和调节方式方法。根据选题编制情景剧剧本,分配扮演角色,准备道具和服装,进行反复彩排。

步骤2:情景剧现场表演。

课堂上教师根据课前分配的任务,选取3～5组同学,针对其扮演的不同职业类型进行现场表演。要求:剧情合理,内容积极健康向上,主题突出,具有教育引导作用。

步骤3:概括总结。

(1)角色扮演者分享个人体会。

(2)同学进行交流和发言,围绕情景剧的内容、突出问题、解决方法等进行交流发言。

3. 总结评价(由教师引领完成)

心理剧是让参加者扮演某种角色,以某种心理冲突情境下的自发表演为主,它能帮助成员们将心理的事件通过演剧的方式表达出来。主角的人格结构、人际关系、心理冲突和情绪问题逐渐呈现于舞台,达到精神宣泄,消除思想上的压力和自卑感,诱导其主动性,使主角及其他参与者从中找到自己的现实生活,增强适应环境和克服危机的能力。心理情景剧为学生提供了一个平台,学生可以在这里重现生活场景,展示心理现象,讨论各自的观点。学生可以结合日后可能从事的职业及面临的职业压力,通过情景剧的形式表现出来。表演过程有助于增强对角色的理解力,提高学生的共情能力。通过情景剧表演,学生可以从个人、用工单位、第三方等多个角度理解职业压力的产生原因及调适方式方法。

(建议用时:课前准备时间3天,课堂45分钟表演和讨论时间)

模块十一 职业倦怠与压力调适

11.3 情绪管理

【能力目标】

1. 了解情绪的定义、分类和功能。
2. 了解常见的情绪问题。
3. 掌握情绪管理和调节的方法。

【引入案例】

钉子的故事

有一个男孩脾气很坏,于是他的父亲就给了他一袋钉子,并且告诉他,当他想发脾气的时候,就钉一颗钉子在后院的围篱上。第一天,这个男孩就钉下了40颗钉子。慢慢地,男孩可以控制他的情绪,不再乱发脾气了,所以每天钉下的钉子也就跟着减少了,他发现控制自己的脾气比钉下那些钉子更容易。终于,父亲告诉他:"现在开始,每当你能控制自己脾气的时候,就拔出一颗钉子。"一天天过去了,最后男孩告诉他的父亲,他终于把所有的钉子都拔出来了。于是,父亲牵着他的手来到后院,告诉他说:"孩子,你做得很好。但看看那些围篱上的坑坑洞洞,这些围篱将永远不能恢复从前的样子了,当你生气时所说的话就像这些钉子一样,会留下很难弥补的疤痕,有些是难以磨灭的呀!"从此,男孩终于懂得了管理情绪的重要性了。

分析:一个人情绪管理能力的强弱,与其在事业上是否能获得突出成绩是密切相连的。人在职场身不由己,面对压力、挫折和复杂人际关系,个人会产生不同的情绪反应。情绪管理和调适的好坏事关一个人的成败。掌握一定的情绪管理和调适方法,才不至于被压力压垮,所以工作越忙,越要注意劳逸结合,适当安排时间进行锻炼和放松。

一、情绪概述

(一)情绪和情绪管理的定义

情绪是人对客观外界事物的态度的体验,是人脑对客观外界事物与主体需要之间关系的反映。对这个定义,可以从三个方面进行分析。

(1) 情绪是以人的需要为中介的一种心理活动,反应的是客观外界事物与主体需要之间的关系。当客观外界事物符合主体的需要时,就会产生积极的、肯定的情绪体验。当客观外界事物不符合主体的需要时,就会产生消极的、否定的情绪体验。

(2) 情绪是主体的一种主观感受,或者说是一种内心体验。情绪是由客观事物引起的,离开了具体的客观事物,人不可能产生情绪,客观事物是情绪产生的源泉。人的情绪是对客观现实的反应,但是这种反应并非反映事物的本身,而是反映主体对事物的态度。

(3) 情绪可以通过人的外部表现体现出来,同时会引起一定的生理上的变化。当个体产生某种情绪时,一般会伴随着身体各个部位动作、姿势的变化。同时,生理上也会发生一定的变化,当个体产生高兴的情绪时,他的眼睛是眯着的,嘴角上提,音调高,语速快,同时伴有心率和呼吸加快。

情绪管理是对自身和他人情绪的认识、协调与控制，充分挖掘调配个体和群体的情商，发展出驾驭情绪的能力，从而保持良好的情绪状态，由此产生良好的管理效果。情绪管理的目的是帮助个体更好地适应环境和实现自身的可持续发展。

（二）情绪的分类

1．积极情绪和消极情绪

根据情绪对人产生的不同作用，可以将情绪划分为积极情绪和消极情绪。凡是对人的行动起到促进、增强作用的情绪叫积极情绪；凡是对人的行动起到削弱、减力作用的情绪，则称为消极情绪。

2．核心情绪、防御性情绪和工具性情绪

根据情绪的社会功能，可将情绪分为核心情绪、防御性情绪和工具性情绪。核心情绪（即原生情绪）是此时此地的真实感受。防御性情绪是难以面对核心情绪时，下意识采用的保护色，工具性情绪是为了从他人那里有所得，或要求别人做自己期望的事时表现出来的情绪。

在现实生活和工作中情绪的表现很复杂，所谓百感交集就是好几种情绪纠缠在一起。愤怒之下可能有委屈，委屈之下可能有伤心，伤心背后可能存在着一份重视和关爱，因此，要理清自己的情绪往往比较难。不仅因为情绪本身的复杂性，有时更多的是出于我们下意识的自我防御，也就是说，我们往往不愿意去面对真实的情绪。

（三）情绪的功能

1．调节功能

情绪的调节功能是指情绪对个体的活动具有组织或瓦解的作用。情绪是有机体生存、发展和适应环境的重要手段。通过情绪所引起的生理反应，能够发动其身体的能量，使有机体存处于适宜的活动状态，便于机体适应环境的变化。

2．动机功能

情绪的动机功能是指情绪和情感构成一个基本的动力系统，它可以驱动有机体从事活动，提高人的活动效率。也可以说对有机体的行为活动具有增强或减力的作用。

3．信号功能

情绪的信号功能，首先，表现为人与客观事物之间的关系产生了一种意外变化的信号。其次，人的各种情绪都具有特定的表情、动作、神态及语调，也就是说情绪都有外部表现。

4．感染功能

情绪的感染功能是指个体的情感对于他人的情感具有影响的作用。当情绪在个体身上发生时，个体会产生相应的主观体验，还会通过外部的表情动作，为他人所觉察、感受，并引起他人相应的情绪反应。这一功能为人与人之间情感交流提供了可能性，使个体的情绪、情感社会化，同时也为通过情感影响及改变他人情感开辟了一条途径。

二、常见的情绪问题

（一）焦虑

焦虑是个体主观上预感到似乎即将发生不幸的一种不祥情绪，并伴有烦恼、害怕、紧张等情绪体验。是人们在生活和工作中预感到一些可怕的、可能造成危险的，或者需要付出努力和代价的事物将要来临，并感到自己对此无法采取有效措施加以预防和解决，因此在心里产生紧张期待的心情，表现出忧虑和不安、担心和恐慌。

（二）自卑

自卑是个体由于某种原因（生理的或是心理的缺陷）而产生的对自我认识的一种消极的情绪体验，表现为对自己能力或品质评价过低，怀疑自己，看不起自己，担心自己失去被他人尊重的心理状态。

（三）抑郁

抑郁情绪就是感到压抑和忧愁的情绪，是一种感到自己无力应付外界压力而产生的消极情绪，常伴有失眠、食欲减退、血压降低、厌恶、痛苦、羞愧和自卑等生理心理体验。外部表现具有"六无"，即无兴趣、无希望、无助感、无动机、无价值、无意义。

（四）恐惧

恐惧是指病态的恐惧，即对常人一般不害怕的事物或是情境感到恐惧，或者恐惧体验过于强烈，持续时间太久，远远超出常人的反应范围。

（五）易怒

易怒是指各种轻重不等的愤怒偏向。当愤怒发生时，先有一种紧张感觉，然后爆发。其反应有不自觉的性质，多具有攻击性。个体的注意范围缩小，并产生强烈而短促的情感爆发，可表现为伤人和一些残酷的暴行，常伴有意识模糊，医学上称为病理性激情。

（六）冷漠

冷漠是一种对人和事物漠不关心、无动于衷的消极情绪。对工作中的人和物冷漠，不关心他人痛痒，不关心国家大事，对自己的进步、人生价值、国家的前途等漠然置之，看破红尘，对集体或集体活动不关心、不参与、不积极。

（七）孤独

孤独情绪不同于独处，它是对人际关系的无效性或不满足的一种情绪体验。孤独是令人难受的，是孤独者无成效的社会交往技能的反映，并与各种各样不成功的认识状态或情绪状态有关。常表现为焦虑、不安、紧张、抑郁，执着自我，缺乏决断力。

案例 11-3

老马的恐惧

老马从事警务工作30多年了，做过民警、刑警，现正从事交警工作。他工作经验丰富、认真勤恳、一丝不苟，参与破获和处理过一些影响较大的重要案件；在业内非常受同事们的敬佩尊崇。可是半年以来他经常头热出汗、疲惫，晚上睡不着觉，经常回想起自己处理过的高速公路交通肇事案件的血腥场面。近期出现了与人交往中时有手抖，头颤，控制不住语言，词不达意等情况。经医生诊断是中度的职业心理恐惧症，用药3个月后症状略有好转。他要遵从医嘱，继续服药一段时间观察，直到痊愈。

分析：这是平时工作压力大造成的精神心理方面的症状。据了解，老马每日工作10个小时以上，经常没有双休日节假日。所在单位长期以来警力不足，工作任务繁重。出现紧急情况时，工作节奏快，精神状态十分紧张。坚持一段时间用药治疗、放假休息和辅助心理疏导，是最好的恢复方式。

三、情绪的自我管理与调节

情绪不分好坏，通常只用积极情绪、消极情绪进行解释和划分。情绪不可能被完全消灭，但可以进行疏导、管理、适度控制。由情绪引发的行为有好坏之分、行为的后果也有好坏之分。情绪管理的有效方式有以下几种。

（一）倾诉表达法

不良情绪是人情绪中的垃圾，就跟人身体里的感冒病毒一样，需要及时排出。不良情绪的发泄其实质在于将危害身心健康的能量排遣出来，以减轻情绪的强度。但宣泄的方式要合理、适当，不能通过伤害别人来发泄自己的愤怒。通常可用的方法有：找人倾诉，流泪哭泣，用玩偶宣泄愤怒，找个合适的地方大喊等。也有很多企业配有员工帮助计划，或新人导师计划，新人可以积极参与到这些项目中，通过跟导师或身边伙伴们的倾诉交流来缓解职业压力，同时也在此过程中获得更多有效的信息，并逐步建立自己的社会支持系统。

（二）注意力转移法

做一些与困难事件无关的事情，用转移注意力的方式，跳出困扰自己的环境。找找感兴趣的事情做，也可以通过关注他人来分散注意力，或者将注意力分散到让自己快乐的事情上去，定期安排一些能给自己带来正能量的事情去做。

（三）心理暗示法

心理暗示对人的心理乃至行为都有着奇妙的作用，积极的心理暗示可以帮助人树立信心和激发内在潜能。通过为自己营造积极的气氛，创造良性循环。只要是在松弛平静、排除杂念、专心致志的情况下进行这种语言的自我暗示，对情绪的好转会起到明显的促进作用。在进行自我暗示时应根据自己的目的而定，语言要简短、具体、肯定。同时，默念时要在头脑中浮现相应的形象，以加强自我暗示的程度。

（四）放松减压法

运用深呼吸调解、肌肉放松、纵情想象放松等身心放松的方式，以及马拉松、舞蹈、绘画等各种文体活动，排解负面情绪对身体和心灵造成的影响，及时疏解情绪压力，不积攒情绪垃圾，主动营造积极的情绪体验。

（五）改变认知法

不良情绪的产生跟认知偏差有很强的相关性。人的认知会受到知识经验、思想方法、价值观等多方面的影响。不良情绪的产生根源并不是诱发事件的本身，而是个体对事件持有的信念。我们可以通过改变个人的认知，进而改善不良情绪的发生。当我们把所有的最担心、最坏情况列出一个清单，一个月或一年后再看，90%的担心都不会发生。适当调整工作计划，避开生理周期或找到更好的替代方法。设定有挑战性的计划和目标，太难或太容易都不是合适的目标，经过努力而达成的挑战最能有效激发积极情绪。这样既可达成绩效目标，促进职业技能的提升，也提高了自我认同感和自我效能。

（六）情绪监控法

情绪智力的一个重要的指标是情绪识别，自我情绪的识别与辨认尤为重要。日常中可以通过"情绪日记"的方法记录下自己的情绪，记录最强烈的情绪是什么，是什么触发了它，强度是多少；如果用打分的方式1～10分，会打几分；记录下通过哪些措施改善了负面情绪。这样可以找到是什么原因激发了自己的负面情绪，从而避开极端情绪的发生，做到"早发现、早干预"。也可以根据日记找到积极情绪触发点，反复激活积极情绪，如感恩拜访，以及荣誉感、参与感的训练等。启动积极情绪震荡效应，自我深化，利用成功事件不断提升情绪水平，提高自我效能感。

（七）寻求专业帮助法

不良的情绪光靠自身调节是不够的，还需要专业的心理辅导或干预。清理过往的创伤，挖掘积极面，转换到积极性的反应模型。情绪的深层问题，可以在专业的心理专家的帮助下进行解决。

【小结】

各行各业的人在面对繁忙工作时都会产生职业倦怠和压力，进而产生不良情绪反应，我们应尽可能全面了解自己情绪变化的特点，做自己"情绪"的主人。要积极寻求社会支持渠道，听从专业人士的具体情况分析，通过有效的情绪管理和调适，应对职业倦怠和职业压力的负面效应。恢复心理健康，保持积极乐观的生活态度，才能促进职业发展。

【课堂活动】

觉察你的情绪

1. 目标

直面情绪变化，提高情绪自我觉察能力。

2. 程序和规则

步骤1：填写括号中的内容。

指导语：请完成下面的句子，了解有哪些事件引起你生气、难过、焦虑、害怕、丢脸、无助的感觉。

我最生气的一件事：（　　　　　　）

我最难过的一件事：（　　　　　　）

我最焦虑的一件事：（　　　　　　）

我最害怕的一件事：（　　　　　　）

我最丢脸的一件事：（　　　　　　）

我最无助的一件事：（　　　　　　）

步骤2：讨论。

（1）你在填写过程中有何感受？

（2）你认为自己的情绪的觉察能力如何？负性情绪出现时你是置之不理还是平静接纳？

（3）别人的情绪经历对你有何启示？

3．总结评价

每个人都会有各种各样的情绪，情绪不可能被完全消灭，但可以进行疏导、管理、控制。通过学习训练可以觉察出自己的情绪是否影响了工作和生活。可以通过改变个人的认知，进而改善不良情绪的发生，积极促进工作和生活品质的提升。通过提高自我情绪的觉察能力，能够健全人格，提升职业素养，实现完美的职业生涯。

（建议用时：30分钟）

模块十二 职场竞争与创新发展

【模块导读】

竞争是社会发展中的自然现象,也是社会发展的动力之一。我们都知道,随着经济社会的快速发展,人们不得不面临越来越激烈的竞争,但常常感到束手无策,对竞争的真正内涵知之甚少,如何应对十分迷茫,更谈不上如何在竞争中取胜和发展了。既然竞争是任何人都不能回避的,那么我们只能以积极的心态面对。正确地选择职业,就是为未来职场的成功奠定了良好的基础。为此,只有正确认识竞争并科学地应用竞争技巧和方法,才能走好自己的职业发展之路。

12.1 认 识 竞 争

【能力目标】

1. 了解竞争中的基本常识与规律。
2. 掌握提升核心竞争力的方法。
3. 学习并掌握择业竞争中的良好心态。

【引入案例】

烧不死的鸟是凤凰

在华为,一直流传着一句名言:"烧不死的鸟是凤凰!"对华为来说,能经得起考验、耐得住折磨、受得了磨难的,才配得上"人才"这个称号!正因为如此,华为的领导班子个顶个的能吃苦,他们大多经历过10个或更多不同的岗位,甚至有人在23年里换了15个以上的部门。要知道,每换一次部门,就意味着要跟过去告别,无论你的曾经多么辉煌,都会像写的粉笔字那样被抹掉重来。在华为,没当过工人,没做过普通业务员,没有基层管理经验的人,就别想被选拔为高层的干部,哪怕你的学历上写着"博士后"都不行!要想在华为的团队站住脚,仅凭那点吃苦耐劳的劲儿远远不够,人才们还必须具备一种"不怕死"的精神,这该如何来培养呢?答案是磨炼!

分析:任正非以"战火"洗礼人才的管理理念,帮华为培育了一批又一批的"敢死队",而正是这些在危机和困境中成长起来的人才们,将华为变成了一头所向披靡的"狼",才能面对霸凌和围堵岿然不动、保持坚挺,才会有新华网的评价"华为的坚挺是民族的骄傲"。

一、竞争中的基本常识与规律

既然职场竞争不可避免,那么我们的唯一选择就是要正确认识竞争,正确面对竞争,积极修炼自我,让自己的内心强大起来,坦然面对竞争中的成功与暂时失利。

（一）认识竞争中的正向动力

竞争是把"双刃剑"，只有科学的、公平的竞争，才会产生积极的发展价值，成为助推事业发展的正向动力，否则不仅不会促进发展，还会破坏或影响发展。竞争中的不和谐现象时有发生，如何认识并正确运用好竞争中的正向动力，需要学生在走向岗位前积极修炼。

（二）培育良好的竞争心态

竞争可以激发人们的工作热情，营造奋发向上的工作氛围，能让人们满怀希望，朝气蓬勃。但是，竞争也容易使人产生思想波动及焦虑，出现心理失衡、情绪紊乱、身心疲劳等问题。有竞争就会有成功与失败，一次竞争的成败不能代表一个人全部的水平和能力。如果不及时调整好这种负面心态，将对人的一生都是不利的。在竞争中保持健康的心态是十分重要的，将终身受益。

案例12-1

抓住机会，善于表现

杨澜人生的转折点来自应聘中央电视台《正大综艺》节目主持人。而这个意外机会的掌握，正是靠着她的善于表现自己。《正大综艺》决定要挑选一位有大学经历的女孩子做主持人，她也被推荐参加试镜。虽然她被视为最佳人选，但是有的人认为她还不够漂亮，所以是否用她尚不能确定。他们要在杨澜与另外一位连杨澜也不得不承认"的确非常漂亮"的女孩子中间选择一人，这将是最后的选择。她的好胜心一下子被激起。她是这么开始的："我认为主持人的首要标准不是容貌，而是要看她是否有强烈的与观众沟通的愿望。我希望做这个节目的主持人，因为我喜欢旅游，人与大自然相亲相近的快感是其他情况下无法相比的，我要把自己的这些感受讲给观众听……""父母给我取'澜'为名，就是希望我像大海一样的胸襟，能自强、自立，我相信自己能做到这一点……"她一口气讲了半个小时，没有一点文字参考，她的语言流畅，思维严密，富有思想性，很快赢得了诸位领导的赏识。人们不再关注她是否长得漂亮，而是被她的表现深深吸引住了。这次面试改变了她的一生。

分析： 杨澜正是抓住了机会，成了家喻户晓的人物。机会不会平白无故降临到我们头上，要想获得成功的机会，就要善于表现自己，只有这样我们才会有成功的机会。

（三）竞争要学会扬长避短

审时度势，扬长避短，对竞争能否成功是十分重要的。人的兴趣和才能是多方面的，要注意发挥自己的长处，挖掘自己的潜能，增加竞争成功的机会。

（四）要有良好的竞争素养

要不断提高自己的竞争素养，要敢于面对竞争，在实践中不断锤打和磨炼自己，提高自身化解矛盾和压力的本领，迎接各种挑战。在应对竞争过程中最重要的是要有正确的人生观，有远大的目标和拼搏精神。竞争未必事事如意，除了主观努力，还取决于社会环境、人际关系等多种因素。成功了固然可喜，但只要我们努力过，失败了也问心无愧；从失败中悟出一番道理或者在竞争中学到知识，增长才能，这又是走向未来成功的开始。

竞争不仅需要硬实力,更需要软实力,即竞争素养和竞争道德。我们应该遵循竞争的客观规律,在公平的环境下靠能力和实力竞争。竞争并不都是公平、正当的。要切记:如果没有真正的实力,不好好做人,路是走不远的,成功源于人际关系和实力。平时必须修炼竞争素养,这是将来职业发展的基本准则。

二、核心竞争力

大学生的核心竞争力是其综合素质的集中体现。也可以认为是以个人专长为核心的知识、能力、素质等各方面的综合体,概括起来说它体现为五个"力",即思维力、意志力、凝聚力、适应力和创造力。我们应该从以下几个方面去做。

(一)加强专业学习,全面武装自己

在大学中首先要把自己的专业知识掌握牢固,只有将自己的专业课学好,才能在日后其他的学习中有所发展。如果自己的专业课没有合格,那么其他更深入的学习就是空谈。

(二)确立阶段目标,培养前进动力

确立目标是指在不同的阶段确立不同学业生涯的目标。一旦确立目标,就要排除各种干扰,坚持自己的信念。不要常立志,而要立长志,始终清晰自己既定的目标,坚定不移地朝着目标奋进。

(三)强化综合素质,做到知行合一

大学生在学好自己的专业课的同时,要在大学中学会如何做人,如何提高自己的专业技能实践,提前让自己对工作有一个实质性的认识,这对以后在社会中工作有着重要的作用。

(四)培养鲜明个性,树立品牌效应

个性是指个人比较稳定的心理特征的总和,包括气质、性格、智力、意志、情感、兴趣等方面。个性的培养可以结合专长的培育来发展,如果专长发挥到了很高的水平,就会逐渐具有那个专业行家的气质。由于核心竞争力具有独特性的特点,其在某一项工作中的业绩也不会轻易被其他人的业绩所替代。只要开展某项工作,就会有人想到他是最佳的人选,从而在实践中逐渐树立起个人的品牌效应。

(五)激发求知欲望,勇于突破创新

大学生求知欲强,富于幻想,敢于标新立异,勇于实践,不易囿于传统思想观念的束缚。他们敢想敢说敢做,不被权威所吓倒,创新精神增强。如果保持这种创新精神,那也是我们核心竞争力的一部分。只有把握住个人核心竞争力的特点,在学习与实践中不断地培育与提升核心竞争力,才能在未来立于不败之地。

三、择业竞争中的良好心态

毕业生都应对自己的能力有个正确、客观的认识。只有这样,在择业中才能树立

良好的心态,获得理想的职业。择业中的良好心态主要表现在以下几个方面。

(一) 确定适当的择业目标

在严峻的就业形势面前,我们要保持清醒的头脑,必须认清就业形势,可根据自身情况适当放低薪酬要求,为自己争取到更多的就业机会。个人的择业目标应当和自身能力相符合,这样才有利于树立自己的信心,从而使自己在择业中处于优势地位。

(二) 避免从众心理

毕业生处在择业的洪流中,择业目标的确立会受到其他择业者的影响。虚荣心、侥幸心理会使他们改变原有的择业目标而采取不切实际的从众行为。

(三) 避免理想主义

只有正视就业现状,才能做到心中有数、处惊不乱。有些条件较好的同学,在择业中不能及时调整自己的就业期望值,刻意追求最美满的结果,而错过了其他许多好机会,有的甚至造成了就业困难。大学生要提前做好步入社会的准备,多充实、提升竞争力,抱着学习的心态去适应社会,从基础做起,不要眼光过高。

(四) 克服依赖心理

有些毕业生在择业过程中缺乏自信心,把希望寄托在拉关系、走后门上,有的甚至由家长出面与用人单位洽谈。殊不知,这样做的结果恰恰让用人单位对这些毕业生产生缺乏开拓能力、独立生活能力和工作能力差的印象。

(五) 增强大学生自身素质

危机才是锻炼能力及提高自身素质的好机会。我们可以通过在危机意识中了解现状,慢慢摸索,培养和提高自己的投资意识和风险意识。只有从自己的兴趣出发,做好职业生涯规划,选好专业,努力学习,提高自身的综合素质,毕业生才会在危机时找到一份中意的工作。

案例 12-2

"穷小子"的"世赛故事"

从学生到选手,到冠军,再到教练,宁显海诠释的是努力奋进的"劳动之美",弘扬的是"中国工匠"精神,更体现了"不放弃""不气馁""不认输"的竞争素养。第44届世界技能大赛焊接项目金牌得主宁显海来自四川凉山的一个贫困家庭。为减轻家中负担,他决定学一门手艺,毕业后便去了技工学校学习焊接。2012年他以一个名次之差无缘第42届世赛国家集训队,2014年又遗憾止步于第43届世赛。当他参加第44届世赛国家队选拔赛时,他穿着厚重的焊接服,在8月的酷暑中持续焊接3个小时。封闭式训练中,他每天有近18个小时在训练,手臂上的烫伤一块又一块。最终,宁显海以高分获得了焊接项目冠军。

分析:宁显海的例子说明了,应尽早确定职业奋斗目标,并为之不懈努力,刻苦训练,最终一定会取得优异的成绩。其原因就在于有坚持、不盲从、有付出、不空想、有行动、不依赖,最终定会有回报。

模块十二　职场竞争与创新发展

【小结】

　　人类本身就是自然界优胜劣汰的产物。所谓竞争,就是大家同时争夺共同的利益目标对象,是创新、发展和生存进化的永久动力。人可以通过竞争提高自己的工作效率,在竞争中成长,所以要树立自信,设定目标,勇敢地参与竞争。但面对竞争也要有正确的态度,采取正确的方式。孙子兵法云:"知己知彼,百战不殆。"对待我们的竞争以及竞争对手的态度要正确,不要把竞争视为敌对和仇视,要知道,正是因为竞争的存在,才让我们更有动力,充满斗志。

　　正当的竞争是在一定道德准则约束下的,凭自己的真实本领去取胜。面对竞争形势的日益激烈,优秀的人不会通过弄虚作假、欺骗他人、恶语攻击对方而获得成功,更不会损人利己、坑人害人,相反,他们总会从对手的身上获取经验找到奋斗的动力,和竞争对手共同成长。竞争必然有成功和失败,这是很自然的现象,应该做到胜不骄,败不馁。特别是失败了要认真分析失败的原因,学习别人的长处。战胜失败,成功就属于你了。

【课堂活动】

企业模拟招聘面试

1. 目标

　　正确认识自己,盘点自身优劣势。

2. 程序和规则

　　步骤1:计划用时10分钟。在学生中挑选10名积极活跃的学生作为面试官,其余学生准备参加面试。

　　步骤2:确定面试官队伍的任务。在教室前摆上5套桌椅,制作5个名牌,分别是企业副总、人力资源部部长、市场开发部部长、企业秘书、辅导员。制作积分表,分项初步定为印象分、表达分、专业分、心理分、可塑分5项,面试官队伍10人集体研究,确定总分为100分的这5个项目的分值分配,并最终选取5人作为模拟面试官。列出和专业相关的5~10个小问题(要求提问的问题能够在1分钟左右答完,不需要考官准备答案)。

　　步骤3:应聘面试组的任务是准备一份一页纸的简历(可以打草稿)。

　　步骤4:计划用时25分钟。

　　(1)面试官中的"秘书"角色负责在面试队伍中随机选取3名同学进行面试,每人面试时间控制在7分钟。

　　(2)辅导员协助组织面试人员参加面试。

　　(3)由企业副总及市场开发部部长从事先准备的问题中随机抽取2个进行提问。

　　(4)面试人员简历交由5名考官逐一审阅,并由企业副总根据个人简历随机提出一个问题。

　　(5)面试官中的"秘书"核定面试官给出的平均分,并予以公布。

　　步骤5:计划用时10分钟。

　　(1)面试人员代表、面试官代表、"观众"代表分享体会与感受。

　　(2)教师总结、评价。

3. 总结评价

最后由教师对企业模拟招聘面试进行点评和总结。

（建议用时：1～1.5小时）

12.2 应 对 竞 争

【能力目标】

1. 提升应对竞争的基本素质和能力。
2. 掌握竞争的基本技巧。
3. 掌握避免不良竞争的措施。

【引入案例】

大象的故事

马戏团里有种怪现象：年幼的小象都是用粗壮的铁链拴着，而成年的大象则用一个普通的铁链拴着。这根普通的铁链实际上根本束缚不了强壮的大象。可是，为什么大象能乖乖地受束缚呢？那是因为从小开始，它就被牢牢地束缚了，无形中它突破不了自己的这个设限。最可悲的是，一次大火，除了大象，马戏团里别的动物和人都逃脱了，只有大象活活被大火焚烧。这样，这个本能挣脱那小小铁链逃命的大象，怀着自己一生的信念（我不可能逃脱这个铁链）而死去。

分析：生存是竞争的前提，生存是竞争的本源。要自我突破，实现竞争发展，而不要自我设限。要做行动者、参与者，而不做观望者。竞争靠的不仅是专业能力，更重要的是综合素质。大学生作为一个处在职业生涯准备阶段的人，只有全面发展才能具有竞争实力。竞争方法和技巧也是不能忽视的，也是一种能力的体现。根据目标进行相关知识的学习、能力的训练是非常重要的。

一、竞争的基本素质

竞争是不同个体能力的体现，要想在竞争中脱颖而出，就要提高自己适应竞争的能力。职业竞争表面上看似是知识、能力、职位、权力、业绩、关系的竞争，但是不同的竞争类型所需要的能力要求是有差异的。

（一）良好的竞争意识

竞争意识是人生存和发展的重要素质，也是大学生培养健康的竞争心理的重要前提。因此，要引导大学生逐步树立"积极进取、永不自满、敢为人先、勇于竞争"的积极有为的新观念。要敢于表现自己，敢于在大庭广众中显示自己的才华。要克服畏惧心理和自卑心理，对自己充满自信，相信能够依靠自己的实力实现既定的目标。

（二）进取的职业精神

良好的职业精神和职业修养主要指两个方面：一是要具有良好的职业道德，要敬业、精业和成业；二是要具有团队生活意识和团队生活能力。

模块十二 职场竞争与创新发展

（三）良好的岗位修养

当今社会，软实力越来越成为竞争的主要能力因素。有些公司招聘员工的标准是，你的专业能力差一点没有关系，但是敬业精神、团队精神不能缺。我们要对这一竞岗趋势有所认识，要认真培养自己的职业精神，因为这些能力关乎择业竞岗、职业生涯发展的成功与否。

（四）过硬的专业能力

高职院校主要是培养技能型人才特别是高技能人才的，因此，培养动手能力是高职院校竞争发展的关键要素。专业竞争是高职院校学生择业竞争的硬实力。学会工作本领，本身就是学生的职责任务。在技能大师的队伍中，大师们虽然学历不高，但专业技能超群，他们都是有目标、有责任的技能强人，非常值得大家学习。

（五）较好的表达能力

竞争有多种方式和类型，不管是哪种类型和形式的竞争，表现形式都是不可少的，所以，较好的表达能力是竞争的必备能力。表达是双向或多向交流的过程，重点是让别人知道你的目标和目的是什么。表达本身就是竞争中的条件和标准之一，绝对不能忽视。在交流时一定要紧扣主题，抓住重点。表达水平的高低，是日常训练和学习积累的结果。大学生要有意识地参加各种社会实践活动，训练并提升自己的表达能力。

案例12-3

坐电梯的启示

小王是一公司新入职不到半年的职工。他所在的公司在一座10层写字楼的9、10两层，而小王和公司领导同在9层。每到午饭的时间，10楼下来的员工很多，经常挤不进电梯。而小王是个"聪明人"，经常在电梯上行的时候在9楼坐上，然后到10楼再下来，这样就不会在9楼挤不上电梯，因而能抢先排队打餐。有一天小王又自作聪明，故伎重演。当坐着电梯从10楼下来的时候没有几个人，在9楼停了，公司副总和人力资源经理带着秘书上了电梯，小王很热情又很有礼貌地和领导打招呼。但人力资源经理看着小王说："我听几个人说你很聪明，乘电梯都知道先坐上去再坐下来，我还不信，今天真是'见到真人'了。"小王下午就被主管谈话，同事都在议论纷纷，好像整个公司他已成了"红人"。小王羞愧难当，一周后提出辞职。

分析：职业行为习惯也是职业岗位修养的具体体现，日常工作中的"小聪明"行为是方便了自己却也给其他人带来了不便，并没有体现出互让互谅、互帮互助的企业团队的和谐精神，最终只能是为同事所不齿，被公司团队孤立。

二、竞争的基本技巧

在具有积极竞争心态的情况下，要赢得竞争，还需把握竞争技巧，学会竞争策略，以充分施展自己的才华而赢得竞争。

（一）把握主体需求

要想应聘一个比较适合的企业和岗位，应该对所应聘的企业做一个全面深入的了解。一是了解企业的整体情况,如生产什么产品,属于什么行业,经营状况如何,销售市场在哪里等;二是了解企业的文化、企业的人才观念及人才标准等;三是了解具体岗位的用人要求,特别是该岗位的主要职责。只有这样,才能在具体竞争过程中有针对性地回答问题,从而避免文不对题、答非所问的现象发生。

(二)充分展示自己的才华

每个人都有自己的优势与劣势,要想在竞争中赢得胜利,必须充分发挥自己的优势。但有时候企业选取的考试题目与方式不是自己的强项,那就要创造机会,展示自己独特的才华,这就是应聘的技巧。

(三)加强社会人文素质的培养

学生毕业后走向社会总感到这个社会和自己想象的大不一样,对一些社会人文知识甚至不了解,对某些问题的处理感到束手无策,成了所谓的"书呆子"。这种现象的本质原因是学生社会人文素质的缺失。各高校应开设相关文化素质课程,让学生在学校内掌握一定的社会人文知识;另外,要积极鼓励学生踏入社会,开展各种形式的实践调研活动,从社会中收获直观的认识。组织开展相关的活动,使学生在活动中体验社会角色,锻炼人际交往能力。

(四)提高应聘面试技巧。

面试是求职过程中必不可少的一个环节,有的单位在招聘人员时甚至要组织好几轮面试,所以求职成功过程中,面试显得尤为重要。其实,面试考查的不仅仅是在面试现场求职者的相关表现,更重要的是,通过面试对求职者今后的工作能力做出相关预测,对其性格特点做出恰当的评估。对于涉世未深的大学生来说,面试往往是一个很难攻克的难关。为了提高面试的成功率,求职者应该放平心态,以最真实的自己来面对各位面试官。除了保持良好的心态之外,在面试中还需要运用一些面试技巧,如面试礼仪、礼貌用语、耐心虚心、谈吐大方等,要尽量扬长避短,以饱满的热情和迫切的求职欲望来打动各位评委。

(五)提高抗压能力和承受挫折的能力

许多大学生是在一帆风顺的环境中成长起来的,从小没经历过什么挫折,生活无忧无虑,经历简单,感情比较脆弱,心理承受能力和自我调节能力较差。这些学生很容易在求职失败的经历中遭受打击,从而一蹶不振,导致就业失败。高校应该从低年级着手,培养学生的抗挫折能力。多给学生提供社会实践和社会兼职的机会,接受挫折教育。同时,帮助学生从中吸取教训,积累经验,不断提升承受压力和挫折的能力,为将来的求职做好准备。

三、避免不良竞争的措施

随着竞争压力的日趋沉重,部分大学生出现了病态的"不良竞争"心理和行为,结果伤害了他们自身,也给社会带来了一定负面影响,其中折射出的深层次社会心理原因值得反思。

模块十二　职场竞争与创新发展

（一）不断学习，提升能力

（1）执行能力。在职场中，执行力决定你在职场中能不能站稳脚跟，所以在职场上无论上司交给你怎样的工作，执行力一定要到位。

（2）学习能力。如果你是职场菜鸟，那么你就应该多学习职场知识，或者和工作相关的知识，并且深度记忆，这是职场上的一项长期技能。

（3）观察能力。在适当的时候，帮上司解围是作为职场菜鸟的一个硬伤，但是怎样才能很好地巩固自己的职场，就看你的观察力了。

（4）谈判能力。谈判能力是必备的一项。如果你是项目跟进的人，那么你必须具备这项能力。如果你是公司的文员助理岗位，拥有超高水准的谈判能力，可以为你带来丰厚的薪水。

（5）忍耐能力。不论是面对老板还是客户，都要有一定的忍耐力，没有忍耐力的人在职场上会成为一颗定时炸弹。

（6）逻辑思维能力。职场从来都是一个是非之地，有时候会面临各种各样的站队，所以在这时要有自己的逻辑，这样才能不被带入职场的麻烦中。

（7）时间掌控能力。时间掌控在工作中，是决定你是否会合理安排时间做好工作的最重要一环。在工作中合理利用时间安排工作，也是今后工作中所必须具备的。

（二）认识自己，敢于讨教

也许在工作几年之后，对工作已经得心应手了，已经积累了一定的职场经验和技能。但是，要知道还有更资深的，身边还会有随时可能超越你的人。客观地评价自己的优缺点，不熟悉的地方要虚心请教，对于已经掌握的业务就要努力争取表现的机会。多和周围同事交流沟通，勇敢表达自己的意见，如果具备真材实料，久而久之就会获得广泛认同。

（三）放低心态，虚心待人

大部分的应届毕业生并没有具备充分的职业素养和技能。想顺利通过从学生到职员的过渡阶段，那么，多接受同事的帮助指导，吸收过来人的经验是捷径。习惯以自我为中心的职场新人必须放低心态，多看到自己的不足，虚心接受别人的意见，这样既有利于职业的发展，也有利于形成良好的人际关系。

（四）拓宽人脉，建立关系

不要以为只有某些职务的人才有必要增加人脉，不管你处于什么样的位置，人际关系都是重要的，它们会给你带来很多的好处。在职场中，要学会不断拓宽你的人脉，主动去认识更多各行各业、各个领域的人。同时，还要懂得维系人脉，不要让已建立的人脉轻易流失。

（五）开阔视野，敢于挑战

不要轻易被固定的框架或模式限定了，要敢于跳出来，敢于接受挑战，多了解不同的世界和环境，拓宽知识面和领域，这会给之后的工作带来更多的机会和更高的效率。

（六）踏实上进，专于工作

踏实的工作态度和优秀的工作能力是获得发展的基础。没有任何一个单位会提拔不把心思放在工作上而一心只想升职加薪的员工。对于刚参加工作的新人来说，努力学习，踏实工作，积累足够的资本和经验，才是当前最重要的事情。

（七）不怕吃亏，肯于付出

工作上多付出一点，多做一点是不会吃亏的。当你做的事情超越了上司的期待时，他们会对你印象深刻。不要等着老板带着走，甚至可以走在老板面前，让老板看到你的努力和实力。可以靠自己的努力做出成绩给别人看。用宽容的心对待竞争，与竞争对手不要伤和气，友好相处，竞争中有合作是最好的方式。最直接的竞争对手往往有很多相似的地方，大家共同努力，可以实现多方共赢的局面。

【小结】

在职场里没有职业经营意识、不懂职业规划的人占到80%以上。其实职场好比一个投资场，职业人士是用自己的知识能力进行投资。职场人在采取新的行动之前，要根据比较优势原则，在相关职业领域做选择。放弃已有成就的领域而转投其他行业确实不易，不但要从头学起，而且还要承担经济上的损失和精神上的压力。在一个有潜力的职场里，个人资本会成几何级数裂变增值。人际关系是职业人重要的能力指标，特别在这种关键的职场周期之中，人际关系的重要性尤其突出。与领导保持良好沟通，与同事友好相处，与下属积极配合，会让自己及时找到自己问题的同时，活跃的人际关系还能积极改善上级评价系统，良好的人际关系还能打通各类信息渠道，为职场中人的自我评价和决策判断带来参考数据。

【课堂活动】

描绘你的人生阶段目标

1. 目标

给自己设定一个短期的学习任务，也就是阶段目标，并规划方案，从而提升自身竞争力。

2. 程序和规则

步骤1：把每个人所设定的短期的学习目标（3~5个月为宜，最多不超过1年），单独写在一张白纸的顶端。

步骤2：在目标下面做一份计划，并拿出有效措施。

步骤3：自己思考一下，在同学之间有多少人也可能进行类似目标的设定。

步骤4：思考在同样设定类似目标的这些同学中，就完成这个目标而言，你的优势是什么？你的劣势是什么？你在其间的排位大概在什么位置？

步骤5：为了保证你不被同学落下，在完成此目标中占有优势，如何调整你最初所设计的计划，并完善补充你的措施。

步骤6：检查整个时间框架，为你所需要完成的每一小步，写下你所需要完成的现实时间。

3. 总结评价

（1）自己初步设定的计划与和同学产生竞争之后所设定的计划有何不同？

（2）你是否不甘人后？意愿是否强烈？如果强烈，可以尝试在以后学习、工作的其他方面，自己"模拟竞争"环境，促进自身能力的全面提高。

（3）在此类目标计划之中，你的优势和弱势有哪些？

（建议用时：不提前进行布置，让学生现场思考呈现第一反应，课上用时 30 分钟）

12.3 学会创新

【能力目标】

1．正确认识创新的内涵、分类和形式。
2．掌握创新的基本方法和基本原理。
3．学习并掌握突破思维障碍的方法，提升自己的创新竞争力。

【引入案例】

最 贵 广 告

2017 年 9 月 26 日发行的《齐鲁晚报》中有"伴游"2017 国庆、中秋"双节"出游指南，其 T16 版只有 7 个大字——"对不起，我来晚啦"。这句没来由的话让人看了一头雾水。这是一份"双节"出游指南，主题是宣传假日旅游，这个明显为广告创意的内容与旅游有什么关系？难道是跑题了？另外，人人都知道《齐鲁晚报》寸版寸金，有时整版价格在 20 万元左右，平均下来，上述 7 字可谓"一字 3 万金"，拿这么多钱做无用的宣传，发布者仔细考虑了吗？实际情况却是：确定出"伴游"国庆节特刊后，可谓时间紧任务重，山东各大旅游公司都想在版面上用好的位置，以达到最佳的宣传效果。报社编辑直到 9 月 24 日即将截稿之前才联系到龙冈旅游集团孔杰副总裁。恰恰是对于广告主来说不太好的位置，没想到孔总也有别出心裁的"玩法"，将不利变为有利。很多读者见到"对不起，我来晚啦"7 字，先是一头雾水，怀着好奇心找到右下角的一行小字——"版面虽然靠后，品质绝不落后"，才恍然大悟，哦！原来如此，真是没想到。后面落款的山东地下大峡谷、山东萤火虫水洞、山东天马岛三大景区才真正让人"走心"。

分析：这则广告既抓取了读者的眼球，在宣传上赚到焦点，又展现了企业的产品和高品质的服务，一改人们的思维定式，一举在众多竞争者中脱颖而出。独出心裁的创意来自广告设计人员的创新思维，完美实现了广告的目的，完成了预期的广告效果。

当前的就业市场，创新性人才越来越受到青睐，创新能力已经成为用人单位关注的焦点问题。创新无止境，实践出真知。创新是社会发展的客观要求和人们主观意识有机结合的产物。

一、创新的主要素质要求

我国正在实现由制造大国向创造大国迈进的梦想，因此必须培养一批创新型人才，包括创新型高技能人才，这就给高职院校提出了新的发展要求，即加大学生创新素质的培养。创新素质包括智力素质和非智力素质两大类,两者缺一不可。智力素质包括学习能力、记忆能力、想象力、观察能力和实际动手能力等。非智力素质包括自信、质疑、勇敢、勤奋、热情、好奇心、兴趣、情感和动机等。创新实践告诉人们,非智力素质对创新的作用越来越重要,而在教学过程中,非智力能力的培养恰恰又是被忽视的,这也是我国大学生创新能力低的主要原因。如图12-1为创新创业大赛作品。

图 12-1　创新创业大赛作品《水田提浆整地机》

(一)创新动机

创新动机,其核心因素是强烈的事业心和责任感。对技能人才而言,岗位发展的责任是十分重要的,是激发创造动机产生的思想基础。没有事业心和责任心,就谈不上创新。

(二)自信的成功信念

培育坚定不移的成功信念就是要培养自信心,自信心是取得成功的基本前提。有自信心才能促使一个人产生积极的心理状态和行为,才能使其不畏艰险、不怕挫折去战胜困难,从而取得创新的成果。凡是成功的人,都具有很强的自信心。

(三)良好的创新意志

创新需要有持久的耐力和坚定的意志。耐力和意志不是天生的,需要日常养成习得。良好的意志品质对即将走向岗位的大学生而言,是赢得竞争、创新发展不可或缺的要素。良好的创新意志品质包括:做人的信念、做事的目标与方法、自我管理能力、强烈的事业心和持之以恒的精神等。

(四)专注的创新情感

创新需要情感,这是创新的内在要求,也是创新发展的内在规律。爱岗敬业就是讲员工对某岗位的感情和兴趣问题。不喜欢这个岗位,就不可能真正产生爱岗敬业的主动意识,这就失去创新的基础,所以创新本身也包括感情的投入。

(五)强烈的质疑精神

疑问、矛盾和问题常常是开启思维的钥匙。创新就是鼓励人们疑别人之不疑,想别人之未想。质疑精神包括以下几个方面的内在要素:一是勤思,尤其是在遇到问题时,要善于自觉地进行独立思考,多问几个为什么,要有寻根究底的习惯;二是理智地坚持己见，不随波逐流；三是在争论问题时，尽量避免从众心理，不屈从于群体压力；四是要敢于提出问题；五是不要满足于现状，要保持追求创新的"饥饿感"；六是要有一点"吹毛求疵"的精神。

（六）勇敢的创新胆量

勇敢被誉为创新者的第一素质。创新活动，就是去做别人没想过、没做过或没做成功的事，因此没有勇敢精神是断然不行的。创新是有风险的探索活动，创新最危险的敌人就是胆怯，胆怯往往会抑制想象力和独创精神，使人放弃发现的机会。因此，创新要有不怕失败的精神，要有坚强的意志和敢于向逆境抗争的决心，要有百折不挠、坚忍不拔的毅力和胆量。当然这种勇敢大胆的精神，必须建立在科学分析的基础之上，而非盲目的瞎大胆，或盲目的勇敢。

二、创新能力的内涵

创新能力是指人在顺利完成以原有知识、经验为基础的创建新事物的活动过程中表现出来的潜在的心理品质。个体创新能力的大小由自身的创新素养决定，从有利于开发培养的角度看，主要由四部分构成。

（一）创新个性品质

创新个性品质包括创新意识、意志、毅力、勤奋、自信力、活力、诚信，以及积极、乐观、胆识、团队精神以及创造性人才的思维特质，如知觉、潜意识和灵感等。研究表明，在智力水平相近的情况下，情商高的人创新能力更强。

（二）创新思维品质

创新思维品质指创新者能灵活掌握和运用各种创新思维方法，及时了解所需信息，发现存在问题和处理问题的思维能力品质。

（三）创新技法应用

创新技法应用指创新者能合理地选择和创造性地应用创造技法解决创造、创新活动中出现的问题的能力品质。创造、创新的技法非常多，并随着创造、创新活动的开展不断涌现。善创新者能及时学习和灵活应用新的技法于创新活动中。

（四）创新技能运用

创新技能运用指创新人才正确处理个人与社会的关系以促进创新价值实现的能力品质。这里的创新技能，除了一定的操作能力、完成能力外，更重要的是掌握应用新知识、新技术的学习能力、发现问题的能力、能够借他人优势的能力，以及抓机遇的能力、延伸大脑的能力、凭借信息的能力等。

案例 12-4

你有事我跑腿

武汉研究生开"小王跑腿公司"，服务理念是"你有事我跑腿"。在"小王跑腿"的认证微博上，王志将每一单生意都写成了简短的故事。5年时间，"小王跑腿"已经拥有20多个小伙伴，代办各类证件，代送文件、礼物，甚至送外卖。凡是跑腿的事儿，无所不揽。"跑腿几乎是零成本的事，也不担心会亏本。"王志读研时自己没有多少资金，想到无须成本的跑腿，就和3个小伙伴行动了起来。"跑"开了之后，王志尝到了甜头，"毕业季业务多的时候，1个月可以接到20单，至少挣三四千元钱。"比起市场上普遍的快递、外卖和中介行业，王志认为自己的业务有独特优势。"只要顾客提出要求，我们就可以立刻去做，而且是一对一服务。"

分析：勇于实践、长期坚持、做细做实是"小王跑腿公司"成功的秘诀。从需求出发，勤奋诚恳加之自信的创新意志，这些因素的有机结合促进了该公司的创业成功。

三、创新思维障碍

创新思维障碍犹如排水沟积塞的一些污秽物，只有经过水冲洗之后，将污秽物清除，才可以顺利地排水。同样，我们每个人都需要消除个人和环境的障碍，才可以更大程度地激发我们的创造力，创造性思维才会更加畅通无阻。

（一）处理问题的态度不积极

缺乏创造力的一般特征是被动、不积极。他们只对发生的事物、情况做出被动的反应，并不将自己带入一个新情境或是创造一个新环境。他们常常认为创造会自己来敲门，如果他们不能创造，就会认为环境不好。但他们却不了解或者拒绝承认，真正不能创造的原因是他们自己造成的。

（二）缺乏自知和自信

缺乏自知和自信包括害怕与人比较；害怕自己显现愚蠢；怕犯错；怕失败等，怀疑自己的能力，就是缺乏自信心的表现。自知是心理健康和创造性基础，人们经常发现自己只是为满足别人的需要而存在，没有自我的存在感。自知还要防止以自我为中心。

（三）错误的成功观念

大部分的人都认为得到财富、名誉就是成功。心理学家里拉·斯威尔对成功所下的定义是："成功就是自己对某种事物或经验的自我满足。可能是体能、社交、智力或美感经验，任何可能使自己感觉有用、快乐、重要的事情都是成功。"

（四）缺少正面的感觉和情绪

创造性思维的基本条件是要求主体具备心理安全和心理自由。所谓"负面的影响"如愤怒、沮丧、害怕、卑屈、厌恶等，这些心理状况会分散我们的注意力，威胁我们的心理安全，减弱我们的创造能力，最好的避免方法是从事一些有建设性意义的活动。

（五）服从权威

人是教育的产物。我们从小就受到"必须做什么，应该做什么，不能做什么"等规则的教育，从而形成以下三种类型的人：一是受人支配型。完全仰赖他人来决定，总是模仿别人，凡事跟着规则走，完全丧失了自我。二是多向选择型。从外表看来仿佛很有主见，但事实上他为了省去"麻烦"，处处都依别人的意见。三是消极否定型。什么事都反对，即使对的事也反对，因反对而反对，在团体中是彻底的破坏者。

模块十二 职场竞争与创新发展

（六）从众与依赖

从理论上讲，从众思维定式是"个人服从群体，少数服从多数"准则的"泛化"。凡是人类几乎都害怕单独行动，我们日常独处的时候，本能地会从事一些惯性的活动，而很少有人会主动单独地进行一些思维及创造性的活动。其实对有意义的创造性思维来说，单独自由的空间是必要的。

（七）妄想与恋旧

对某些人来说，生命是寄望于未来的，他们一直在计划将来会得到什么；而生活在过去的人，则是抱怨时间走得太慢了，他们永远只是往后看。恋旧最典型的表现就是推崇经验。

【小结】

各行各业都需要发展，如果行业缺乏创新意识，那么它只会停滞不前，反而有可能会倒退。只有坚持创新精神，勇于实践，行业才会得到发展。当今社会是一个飞速发展的时代，创新精神显得尤为重要。只有拥有创新精神的国家，才能让自己立于世界强国之林。市场是无情的，竞争是残酷的，只有坚持创新，个人才能体现价值，企业才能获得优势，国家才能繁荣富强。

【课堂活动】

用智慧的双眼重新看世界寻求创新点

1. 目标

通过训练培养创造思维。

2. 程序和规则

步骤1：教师列举大家生活、学习中熟悉又非常具有创意的典型"发明专利""实用新型"等。

步骤2：通过实例，讲解这些专利产生的巨大社会效益、经济效益。

步骤3：列举本省、本市普通职工、农民、学生等非专业科研群体所申请的"发明专利""实用新型"等。（网上搜索，都能找到适用的案例）

步骤4：在同学惊讶之余，提问："他能行，你为什么不行？""他能想到，你为什么没有想到？"

步骤5：引爆同学的思维，回想身边哪些工具不够便捷，还有哪些生活中遇到的困难没有解决，能不能有个创意发明来解决这些困难。

步骤6：尽可能让更多同学向全班同学报告自己的创意想法，并选出最有创意的想法。

3. 总结评价

通过训练认真思考以下问题，别人能做到的自己为什么不能？你差在哪儿？觉得这种创新方法给你带来了什么启示？教师根据学生的回答进行点评总结。

（建议用时：30分钟）

模块十三 终身学习与素养提升

【模块导读】

知识更新速度不断加快,以往在学校学习的知识受用一生的情况不复存在。社会需要的是一专多能的复合型人才,专业强已不再是衡量人才的标准,综合职业素养是新时代对人才的要求。只有进行全面、系统、长期的学习才能不断地发展和进步,终身学习是不断提升自我、发展自我的唯一途径。终身学习启示我们树立终身教育思想,使学生学会学习,更重要的是培养学生养成主动的、不断探索的、自我更新的、学以致用的和优化知识的良好习惯。通过不断的学习提升职业素养,更好地适应社会,实现自身价值。

13.1 终身学习理论

【能力目标】

1. 了解终身学习理论的形成。
2. 能基本掌握终身学习的内涵。
3. 掌握终身学习的特点。

【引入案例】

教授的提问

当大学同学10年后到母校相聚时,教授对他们的成就很不满意,以前他认为其中几个弟子具有杰出才干,想不到10年过去了,他们却表现平平。教授问弟子们:"你们当中有谁在毕业后平均每月看过一本书的,请举手!"弟子们脸上都露出惭愧之色,没有一个人举手。教授说:"一个月看一本书,对任何人都不困难,为什么你们一个人也做不到呢?难道你们认为在学校学习的那点知识已经够用了吗?难道你们工作中没有遇到任何问题,不需要学习新的知识来解决吗?"

分析:学一时,用一生。其实不是某个人的问题,几乎可以是很多人共同的习惯。拿到某个文凭后,就认为自己已经具备了该门专业知识,不再下苦功去精进一步,只是顺便学习,也就是在工作中自然积累某些知识和经验,但是没有主动学习的劲头。他们的进步肯定不如那些不断学习的人快,在职业生涯竞争中也必然落后于人。

一、终身学习理论的形成

终身学习的思想古已有之。孔子认为:"吾十有五而志于学,三十而立,四十而不惑,五十而知天命,六十而耳顺,七十而从心所欲不逾矩。"日本著名学者佐藤一斋的名言"少而学,则壮年有为。壮而学,则老而不衰。老而学,则死而不朽",也是对终身学习思想的有力诠释。1994 年,"首届世界终身学习会议"在罗马隆重举行,终身学习在世界范围内形成共识。终身教育已经作为一个极其重要的教育概念而在全世界广泛传播。许多国家在制定本国的教育方针、政策或是构建国民教育体系的框架时,均以终身教育的理念为依据,以终身教育提出的各项基本原则为基点,并以实现这些原则为主要目标。

教育从来没有像今天这样成为关系人类生存命运的重要前提,学习也从来没有像现在这样成为一个人最基本的生存能力。人人需要生存的智慧,学习为生存之道。学习的能力,就是将来生存的能力及获取收入的能力。对所有人来说,终身学习都将成为一种回报无限的投资。在当今社会,若要说到何种教育理论或是何种教育思潮最令世界震动,则无疑当数终身教育。

案例 13-1

终身学习黄征宇

黄征宇 1977 年出生于上海,10 岁移民美国,在斯坦福大学获得经济学学士、工学士和计算机科学硕士学位,之后在哈佛商学院获得工商管理硕士。毕业后,黄征宇进入英特尔,很快成为英特尔公司历史上最年轻的华人董事总经理。在英特尔公司的 7 年中,他还曾主导英特尔与中国政府之间的项目合作。2009 年,黄征宇在美国前总统奥巴马的授权下进入白宫,成为"白宫学者"。白宫任期结束后,黄征宇回到中国创业,创办了多家领先公司。然而 2013 年,黄征宇迎来了事业上的重大打击。一起创业的 3 位合伙人选择放弃与他合作,把他排除出了公司团队。但是他没有因此消沉,他开始重新思考自己的人生。此前过度关注事业、工作,导致损失了其他的许多东西,例如身体健康、情绪健康、人际关系。他决定拿出 1 年时间学习、充电,补足自己的这些缺憾。他用 1 年时光旅行 10 万公里,花费 50 万美元,向 20 多位世界顶尖大师求教,自此走上终身学习之路。

分析:《西游记》中,孙悟空翻一个跟头就是十万八千里,明明几下子就可以到达西天,为什么还要走这么多路,经历这么多磨难?这其实是人生的必经之路,也是让自己成长的"英雄征途"。每个人也是如此,每一个困难、每一个失败,都是我们英雄征途的一部分,都是我们成长和进步的基石。只有经历一段长长的英雄征途之后,我们才有可能更好地认识自己,改变自己。终身学习的理念,也就是挑战自己,完善自己,实践英雄征途,它是一趟无止境的旅程,永远未完待续。

二、终身学习理论的内涵

(一)学习是一种持续终身的活动

终身学习是指开始于人的生命之初,终止于人的生命之末,包括人的发展的各个阶段的学习活动,既包括纵向的一个人从婴儿到老年期的各个不同发展阶段的各种学习,也包括横向的从学校、家庭、社会等各个不同领域的各种学习活动。终身学习彻底改变传统的学习观念、学习思想,对学习赋予了全新的理解。

（二）学习是个体的一种自发的生活方式

"终身教育"是一种理念，"学习化社会"是一种保障措施，二者只为人的完善提供了条件，若要真正实现人的完善，还必须通过个体的学习，内化为个人的经验才能实现，因此"终身学习"的重要内涵就是它是个体的一种自发的生活方式。

（三）学习是多样化、个性化的

终身学习尊重每个人的个性和独立性，重视学习者自主、自发地不断发展，它不仅使学习内容多样化的范围更加扩大，而且教育、学习的技术与方法等也进一步扩大化，学习者可以自主地从多种内容和方法中进行选择。终身学习的目标也是多样化的，"学会认知，学会做事，学会共处，学会生存"是终身学习理念的重要支柱与最终目标。

三、终身学习的特点

（一）终身性

这是终身学习最大的特征。它突破了正规学校的框架，把教育看成是个人一生中连续不断的学习过程，是人们在一生中所受到的各种培养的总和，实现了从学前期到老年期的整个教育过程的统一，既包括正规教育，又包括非正规教育。它包括了教育体系的各个阶段和各种形式。

（二）全民性

终身学习的全民性，是指接受终身教育的对象，包括所有人，无论男女老幼、贫富差别、种族性别。当今社会中的每一个人都要学会生存，而要学会生存就离不开终身教育，因为生存发展是时代的主流，会生存必须会学习，这是现代社会给每个人提出的新课题。

（三）广泛性

终身学习既包括家庭教育、学校教育，也包括社会教育。可以这么说，它包括人的各个阶段，是一切时间、地点、场合和一切方面的教育。终身教育扩大了学习天地，为整个教育事业注入了新的活力。

（四）灵活与实用性

终身学习具有灵活性，表现在任何需要学习的人，可以随时随地接受任何形式的教育。学习的时间、地点、内容、方式均由个人决定。人们可以根据自己的特点和需要选择最适合自己的学习。

四、终身学习的意义

终身学习能使我们克服工作中的困难，解决工作中的新问题，能满足我们生存和发展的需要，能使我们得到更大的发展空间，更好地实现自身价值，能充实我们的精神生活，不断提高生活品质。学习是人类认识自然和社会、不断完善和发展自我的必由之路。人类从诞生之日起，学习就成为整个人类及其每一个个体的一项基本活动。不学习就无法认识和改造自然，无法认识和适应社会；不学习，人类就不可能有今天达

模块十三 终身学习与素养提升

到的一切进步。

当今时代,世界在飞速变化,新情况、新问题层出不穷,知识更新的速度大大加快。人们要适应不断发展变化的客观世界,就必须把学习从单纯的求知变为生活的方式,努力做到活到老,学到老,终身学习。

【小结】

学习和能力的提高就是贵在坚持,持之以恒。行业在发展,公司在壮大,风云变幻的职场中,每天都有思维活跃、能力不俗的新人或是业内资深人士,"闯进"你所处的领域或公司。对于他们的到来,你将采取何种姿态加以应对?若依旧自以为是、不思进取,继续原地踏步,即便你曾拥有"赫赫战功",也终会被新锐所取代。现实告诉我们,想要生存就必须及时更新自我,只有不断学习新的技能,不断提升自身价值,才能增进自己的竞争优势。

【课堂活动】

终身学习情况调查问卷

1. 目的

了解人们对终身学习的认识。

2. 程序和规则

步骤1:教师提供调查问卷(表13-1),学生可以根据需要增减内容。

步骤2:将学生按人数分成若干小组,以小组为单位发放调查问卷,调查对象必须达到3个以上群体,发放问卷比例为1∶10。

步骤3:对调查问卷进行统计分析。

步骤4:课上展示调研结论。

表13-1 终身学习情况调查问卷

年龄: 性别: 工作岗位: 工作年限: 学历:
1. 您对"终身学习"怎么理解?
A. 就是"活到老,学到老"
B. 就是走上工作岗位以后的学习
C. 不清楚
D. 工作以后的培训学习
2. 您认为终身学习对职业发展重要吗?
A. 非常重要
B. 比较重要
C. 有点重要
D. 不重要
E. 不知道
3. 您是否制订过终身学习计划?
A. 很认真地制订过

续表

  B．简单地想过

  C．没制订过

4．您的工作是否需要你通过学习提升职业素养？

  A．十分需要

  B．需要

  C．无所谓

  D．不需要

5．终身学习对您的生活、工作有影响吗？

  A．有积极影响

  B．有一定的积极影响

  C．有消极影响

  D．没什么影响

6．您现在学习的途径有哪些？

  A．书籍

  B．网络

  C．培训

  D．行业或协会

  E．各种组织

  F．向朋友或同事请教学习

7．您学习的内容主要有什么？

  A．专业知识和技能

  B．外语

  C．投资理财

  D．健康养生

  E．教育儿女

  F．心理健康

  G．沟通表达

  H．计算机

  I．组织协调

  J．领导管理

  K．其他

8．您一般利用什么时间学习？

  A．节假日

  B．上班时间

模块十三 终身学习与素养提升

续表

C．零散时间

D．想学就学，没有计划性

E．其他

9．您不断学习的动机是什么？

    A．提升专业技能，获得更好的就业机会

    B．满足工作需要

    C．满足社会飞速发展的需要，不想落后

    D．出于自己的兴趣去钻研学习

    E．为了使自己更有竞争力

    F．获得文凭及资格证书

    G．其他

10．您学习中遇到的阻力是什么？

    A．工作忙，没时间

    B．没毅力

    C．没兴趣

    D．没用处

    E．不知道怎样学

11．您不断学习的压力在哪里？

    A．我没有不断学习

    B．喜欢学习，与外界环境无关

    C．领导要求

    D．工作岗位要求

    E．社会发展的要求

12．您认为终身学习的意义在于？

    A．能够适应社会发展

    B．更好地完成工作

    C．更好地生存发展

    D．实现更好的生活品质

    E．达到更高的精神追求

    F．更多地被认同

    G．没什么意义

3．总结评价

由教师对终身学习情况问卷调查活动进行点评和总结。

（建议用时：课上布置，课下完成，1周）

13.2 终身学习与职业素养提升

【能力目标】

1. 理解终身学习对职业发展的意义。
2. 明确终身学习是时代发展的趋势。
3. 能够认识并理解终身学习的必要性。

【引入案例】

最怕大势将至，你还浑然不知

2018年末，华为总裁任正非宣布裁员。他宁愿冒着赔偿10亿元的风险，也要辞退7000名员工。很多人都不理解他为什么要支付如此高昂的赔偿金来做这件"吃力不讨好"的事情。对此，任正非强调：对于一个企业而言，要想长远地发展下去，企业的员工不能太过安逸，这样公司的氛围会非常懒散，从而失去危机意识，在发展这么快速的时代，没有狼性般的竞争容易被社会淘汰。原来这7000个员工都太过"安逸"了！如果继续维持他们的工作，可能华为今年不会赔偿10亿元，但未来就会因为他们的"安逸"连累企业，整个集团将损失更多个10亿元。惰性是病之所在，是可以传染的，如果不果断厘清，那么带来的危害将是十分巨大的。一个企业想要发展，就必须提高竞争力，华为不可能每天养一群碌碌无为的员工，所以被清退才是最好的选择，否则华为会因小失大。如果员工继续保持原有的惰性，那么华为何谈海外布局？又拿什么去跟苹果、三星同台竞争？

分析： 华为虽然清退了7000名员工，实现了换血，但是这也是为了激励员工，让员工存在一定的危机感，华为的"狼性文化"才能继续传承下去，企业才能继续发展壮大。对于那些不学习、混日子、不务正业的员工，在哪个企业都会被裁掉，只有通过不断的学习提升能力，让自己保持竞争力，才不会成为下一个被裁掉的人。

我们把"形成全民学习、终身学习的学习型社会，促进人的全面发展"作为全面建设小康社会重要的一部分。终身学习已经上升到国家战略高度，很多国家都把推进终身学习作为提升劳动者素质，应对全球快速发展挑战的基本国策，终身学习是时代发展的必然要求。

一、终身学习与职业生涯价值

（一）终身学习是职业生存的需要

目前，科技突飞猛进，信息量与日俱增，社会各个领域的科学知识不断由单一走向多元，向更深更广的层面发展，因此，要求人们迅速学习和更新专业知识。随着社会主义市场经济的快速深层次发展，职业分类也越来越细化，越来越规范，出现了很多新的行业职业和领域。在工作中只靠原来学习的专业知识是远远不够的。如果只满足于现在所学的专业知识，迟早会被社会淘汰。只有不断地充实和完善自己的知识领域，适应新的职业和岗位要求，才能跟上时代进步的步伐。每个职场人都必须明白终身学习对自身成长和发展的重要意义，自觉地树立终身学习的观念，不断地通过各种学习提高自身的素质，以适应职业生存的需要。

（二）终身学习是被尊重的需要

一个人想要被尊重，首先得有一定的学识，具备较高的素质。终身学习对职业发展至关重要，如果我们不能紧跟时代步伐更新知识结构，不能对新知识、新技能保持好奇与敏锐，就可能落后于时代的脚步，成为别人眼里的"过去时"，甚至被职场和社会淘汰。而且，人格的魅力在于通过知识积淀所形成的诸多良好的品质——修养、风度、气质、幽默感，对别人尊重的态度，以及对真理的追求与敬畏。只有通过不断的学习，才能使自己学识渊博，才能提高自身的各方面素质和能力，从而获得别人的尊重。

（三）终身学习是提高幸福感的需要

幸福感是指人类基于自身的满足感与安全感而主观产生的一系列欣喜与愉悦的情绪。幸福感是一种心理体验，既是对生活的客观条件和所处状态的一种事实判断，又是对生活的主观意义和满足程度的一种价值判断。它表现为在生活满意度基础上产生的一种积极心理体验。而幸福感指数，就是衡量这种感受具体程度的主观指标数值。终身职业学习可使我们紧跟时代的脚步，获得社会的认可，提高个人获得感，使职场发展顺利。因此，个人生活的满意度也会随之提升，从而提升幸福指数。

案例 13-2

清华大学"英语厨神"张立勇

高二只上了1个月就辍学了的张立勇在广州打工，同时仍然不放弃学习。后来经过亲戚介绍，来到清华大学食堂工作。在工作期间开始自学英语，几乎把所有的业余时间都用来学习。一个让人印象深刻的细节是，厨师们每顿饭的吃饭时间只有15分钟，张立勇只用7分钟就吃完饭，生生挤出8分钟躲在橱柜后面背英语单词。他在清华大学整整坚持了8年。功夫不负有心人，最终不但通过了国家英语四、六级考试，而且参加托福考试他获得了630分的高分（总分为677分）。除了学英语，他还自学了计算机课程，广泛阅读与新闻采访有关的专业书，旁听经济和法律课程，甚至还到北京大学成人教育学院读了3年的国际贸易专业，拿了一个货真价实的大专文凭。学习改变命运，美国犹他州大学等名校向他伸来了橄榄枝，可以提供全额奖学金去读研。但他放弃了这些机会，参与到北京奥运会的筹备工作中。北京奥运会后，他谢绝了安排的国企工作，用出书的稿费成立工作室，开始做自己喜欢的公益事业。张立勇获得过"北京榜样"人物、中国十大年度新闻人物、"中国青年学习成才奖"等多项荣誉称号，被誉为新时代中国青年自强不息的学习榜样。

分析： 虽然没有真正上过大学，但通过努力学习改变了命运，取得了很多大学生都难以企及的成绩。通过不断的学习，他赢得了尊重，赢得了认可，赢得了事业。成功总是眷顾坚持梦想、终身学习的人。

二、终身学习与时代发展

终身学习是时代对我们提出的要求。21世纪，知识总量翻了一番。过去一个人凭着从学校学得的知识,在工作岗位上就基本够用,但现在如果仅仅满足于在学校学到的知识,而不注意及时"充电",则远远不能满足职业发展的需要。科学技术带动生产力突飞猛进,不断改变着我们的生存环境和生存方式,更需要我们不断提高对新知识、新科技、新技能的掌握能力以及对新环境、新变化的应对能力。而这些能力只能通过学习获得。不学习就会被飞速发展的社会所淘汰。

(一)当今时代是软实力竞争的时代

职业素养是一个人的内在修养,是一种良好的职业精神和职业修养,更是一种软实力。一个人的工作能力由多方面的因素组成,既有"硬能力",也有"软能力"。所谓"硬能力"是指知识、经验、技能等;所谓"软能力"则是指创新意识、团队精神、处理突发事件的能力等。同一个职位,高学历的人竞争不过低学历的人的原因很多,但其中主要是"软能力"的不足。因此,当今时代的竞争不再是简单的知识和技能的竞争,而更多的是软能力的竞争。当然,"软能力"的培养不是一朝一夕的事,而是一个潜移默化循序渐进的过程。"硬能力"的培养来源于专业学习,"软能力"的形成则更多地依赖于自我修炼。

(二)当今时代是学习的时代

当今,知识挑战的严峻程度有目共睹,技术更新换代的速度让人目不暇接,信息技术的发展快速改变着世界,它不仅为人类提供了新的生产手段,带来生产力的大发展和组织管理方式的变化,还引起了产业结构和经济结构的变化。在经济发展的大潮中,随着制造经济转变为服务经济,知识的价值将越来越多地取代物质的价值,体力劳动者(生产型工人)转变为脑力劳动者(知识型工人)。为了生存,人们必须通过学习努力让自己成为复合型人才,以适应社会发展的需要,学习将成为时代的主题。

(三)当今时代是边工作边学习的时代

终身学习理念强调学习活动应贯穿人的一生,强调学习的连续性和一贯性,学习不再仅仅是儿童或青少年特有的活动,成年人也要不断地学习以适应快速发展的时代要求。人的职业生涯是一个连续不断的发展过程。人成年后很难再抽出时间进入学校进行系统学习,只能在工作中不断地学习,学习即工作,工作即学习。只有做好充分的准备,才能从容应对职业生涯中所遇到的各种挑战。

三、终身学习与职业发展

荀子在《劝学》中写道:学不可以已。意思是学习是一件永远也不能停止的事情,如果停止学习就会退步。现代人才学中有一个理论叫作"蓄电池理论",认为人的一生只充一次电的时代已经过去。只有成为一块高效蓄电池,进行不间断地、持续地充电,才能不间断、持续地释放能量。

(一)终身学习是全面发展的必然要求

在当今社会,终身学习更强调学习者学习的主动性和主体性,体现了学习型社会的特征,是自我全面发展的重要途径。终身学习是指社会每个成员为适应社会发展和实现个体发展的需要,贯穿于人的一生持续的学习过程。新时期社会的、职业的、家庭日常生活的急剧变化,导致人们必须更新知识观念,以获得新的适应力。

(二)终身学习是不断适应社会的必然要求

终身学习是飞速发展的时代向我们提出的要求,21世纪是知识经济的时代,高新技术带动生产力突飞猛进,不断改变着我们的生存环境和生存方式,因此需要我们不断提高对新知识、新科技、新技能、新理念、新观点的掌控能力,以及对新环境、新变化的适应能力。

(三)终身学习是实现人生梦想的必然要求

人才处于不断折旧的过程中,而学习则是防止人才折旧的最好方法。时代在改变、社会在进步,每个人都身处这股革新的浪潮中。唯有学习才能使人成功,但一次成功并非终点,你必须为获得下一次成功而不断学习。未来社会只有两种人:一种是忙忙碌碌的人,另外一种是找不到工作的人。所以,不懈怠地学习才是百战百胜的利器。

【小结】

你的工作在今天可能不可或缺,可是这并不意味着明天这个职位仍然有存在的必要,所以我们必须用不断学习来防患于未然。一切事物都有其存在的环境,知足常乐的道理也是如此。在物质生活上知足者常乐,如果不知足就永远不会有幸福。而在事业上、学习上总是知足就会裹足不前,在学习上要知道精进才行。未来社会的竞争,必将会从今天的人才竞争转向学习能力的竞争和核心技术的竞争,我们每个人都应该树立终身学习的全新理念,每个企业都要不断创新、不断学习、不断突破,每个职工也都要做到在学习中工作、在工作中学习。

【课堂活动】

举办终身学习对职业生涯发展影响的辩论赛

1. 目标

深刻理解终身学习对职业生涯发展的重要性。

2. 程序和规则

步骤1:教师将学生分成正反双方,正方观点是终身学习非常有必要,反方观点是终身学习没有必要。双方进行资料的收集与准备。

步骤2:每名队员只有一次发言机会。

步骤3:辩论开始时有一名队员陈述观点,然后双方队员依次发言辩论,最后双方各派一名队员进行总结陈述。

3. 总结评价

由教师对辩论赛进行点评和总结。

(建议用时:1~1.5小时)

13.3　职业素养提升与日常学习生活

【能力目标】

1. 能够养成终身学习的习惯。
2. 掌握终身学习的方式与方法。
3. 形成通过终身学习提升职业素养的认知。

【引入案例】

loser 回忆录

2018年虎扑论坛上的一篇关于"中年人"的帖子"loser回忆录"突然火了起来，当时有60多万的浏览量，超过2300条回复。公司突然倒闭，曾经月薪2万元的经理被迫失业。每天狂投简历，最后无路可走，只能去送外卖。如今当美团骑手一年，也算是美团的老骑士了。我们都以为高管级别的人，哪怕是公司倒闭，也能东山再起，去另一个公司继续光鲜亮丽地工作下去。哪承想，拥有如此辉煌履历的人，在公司倒闭之后，找遍了人脉，居然只能去送外卖！自述里没有提及自己在工作里提高过何种能力，又新学了什么技能，他可能到经理这个位置后，就觉得人生已经稳操胜券，不用再"进一寸有一寸的欢喜"了。别再被所谓的稳定绑架，很少有工作可以一直干下去，很少有公司是永远存在的。只有一个饭碗是超级稳定的，那就是能力。

分析： 很多人毕业后，过上了朝九晚五的日子，白天没时间学习，晚上没力气改变，之前学习的知识忘记了，现在的职业技能也没有心气儿精进。渐渐地，这种平庸的生活状态便习以为常，而自己可能也早已无力跳出。就像温水煮青蛙一样，当那个叫变故的锅盖砸下来的时候，才知道自己应该一开始就跳出舒适圈的。而这一切的起因，多数都源于最初时的选择，在最该奋斗时选择了稳定，我们看似获得了利益，但却因此输掉了自己最宝贵的青春。在学校获得的知识是有限的，知识也会过期。不想被淘汰就必须在日常工作和生活中不断地学习，提升综合能力，只有居安思危才能让自己立于不败之地，否则就会成为失败者。

一、养成终身学习的习惯

在信息社会中，知识更新的周期缩短，创新的频率加快，对人的素质的要求提高，人力资源的重要性增加，学习就成为个人、组织以及社会的迫切需要。努力建成"学习型社会"是我国在21世纪头20年全面建设小康社会的重要目标。只有整个社会成员都积极形成终身学习的习惯，才能真正地建立起学习型社会，并发挥出学习对社会发展的推动功能。以下对于如何养成终身学习的习惯，有15项具体的建议。

（一）养成阅读的习惯

阅读能够让你收获知识、收获经验、收获成长，能够为你答疑解惑。要找到每天适合自己的阅读时间，无论书、报纸、杂志或是网络书籍，无论你多长时间读一本书都没关系。但你要尽力找一本书来读，找到合适的阅读时间，哪怕几分钟也可以，只要你空闲的时候就可以阅读。你只需要每天抽出十几分钟时间，每周就可以读一本书了。这样算来，一年至少可以读50本书。

（二）制订适合自己的学习计划

要试着制订一份属于自己的"学习计划"，根据自身的需求列出自己应该努力去实现的目标。可以是对一门新知识的学习计划，也可以是学习一项新技能，还可以是提升自身的某项能力等。学什么都可以，只要是想学的、需要的，就可以列入学习计划，并按计划推进学习。

（三）结交更多的朋友

与那些有知识、有能力、有想法、有进取心的人多接触。这些人有知识、有能力，对自己有更高的要求和追求，会主动接受新事物、新观念、新知识。他们有明确的目标和方向，他们身上的进取心和学习习惯会互相影响。能互相分享知识经验和想法，多提建议就更好了。

（四）多思考多总结

只是很简单地学习他们的明智之处是不够的，需要结合自己的实际情况来对所阅读的东西进行消化。对自己的学习和工作要多总结，找出不足之处，便于下次达到更好的学习和工作效果。

（五）学以致用

学习要带着目的和需求去学，同样学到了知识却不去运用，那么学习就没有意义了。学到的知识要主动加以运用，这样才能让知识保值增值。

（六）与别人分享学习成果

将所学到的知识分享给别人。如果能将学习到的东西用来引导别人，那么就可以巩固所学到的东西。可以通过创建微博、微信群等，与老师或朋友讨论一些问题与观点。

（七）温故知新

有些知识是很容易理解的，但是我们又会觉得很难抓住其本质内容，很难运用。因此，每隔一段时间就需要对所学的知识进行整理和二次吸收，这样既可以节省时间，又可以使学习效果最大化，总结出更实用的知识。

（八）集体学习

终身学习并不意味着就非得自己学习，可以加入协会、研讨会、学习论坛等学习团体，既可以让学习变得有趣，还可以结交更多的人脉，获得他人的经验。

（九）利用哲学角度看问题

要学会用辩证的角度去看问题。就像无法向一杯装满水的杯子里加水一样，学习太多的观念，反而无法找到新思路、新方法。不妨换一个角度换一种思维方式，大胆接受一些颠覆原有世界观的理论和知识，定会收到意想不到的效果。

（十）做没做过的事

做一件不擅长的事情，从而强迫自己去学习这方面的知识，这也许会是一件有趣的、极富挑战性的事情,会发现自己的潜力,体会一份成功的喜悦。

(十一)利用好时间

面对快速的社会节奏,必须利用好有限的时间去学习,可以是早上起来,可以是睡觉前,可以是晚饭后,也可以是工作之余。要根据自身情况找到适合自己学习的时间,哪怕是三五分钟的碎片化时间,读一本好书时就会发现,只要一有时间就想读一会。

(十二)相信直觉

终身学习就像在宽阔无垠的原野里漫步一样,有时可能不知道自己想要的是什么,脑海中也没有一个最终要实现的目标。那么就让直觉来指引你,会使学习变得更有趣。

(十三)找一份鼓励学习的工作

按照职业发展的节奏,人们很难在一个单位干到退休,要找一份能够鼓励继续深造的工作。让自己的知识在不断地更新,这样无论社会怎样发展,你都不会担心失业。

(十四)利用新知识解决问题

学习一些可以利用的信息。掌握新的知识,能够帮助我们解决其他人无法解决的问题。充分利用所学到的知识解决问题,会因此而感到骄傲。

(十五)学习永远具有优先权

没有什么外界因素可以迫使人们学习,只有自己对知识的渴望才能使学习变成习惯,因为此时学习已成为生活中优先考虑的事。习惯是一种能量的储蓄,养成良好的终身学习习惯的人,要比没有养成此种习惯的人具有更大的潜在能量。

二、终身学习的目标和途径

(一)要有憧憬

制订个人愿景。年轻人对工作充满憧憬和理想,更要制订切合自身实际的"愿景",确立奋斗目标。常保持健康心态。

(二)要有敬业意识

我们要为生命的尊严、人生的快乐和家庭幸福而敬业工作。随着社会的进步,人们的知识背景越来越趋同。学历、文凭已不再是公司挑选员工的首要条件,很多公司考察员工的第一条件就是敬业。

1. 爱岗敬业

确立"技能就是自己的光芒,职场就是自己的秀场"的理念;要把敬爱岗位及珍爱职业作为成就自己、成就事业的前提和根本。

2. 充满激情

激情是一种调动全身细胞动起来的独特力量,是不断鞭策和激励人们向前奋进的不竭动力,是克服各类困难的内在要素,是挑战自我及超越自我的力量源泉。

3. 储蓄知识

要增强学习动力、能力、毅力、张力,树立学习工作化、工作学习化、学习生活化、生活学习化的理念,激发求知欲望,做到学有专长,实现一技"绝"、二技"鲜"、三技"专"、德艺双馨"吃遍天"。

4. 用心做事

用手做事会把事情做完,用心做事才能把事情做好。用心工作就要精益求精,戒"忙"(忙乱)、去"盲"(盲目)、除"茫"(茫然)。树立"努力超越、追求卓越"的精神,努力把自身的价值发挥到极致。

(三)要有忠诚的品质

忠诚是人最重要的品质,是人与人相处的黏合剂、交往的连心桥。忠诚又是一种美德,是一种无价之宝,是每个人的无形资产。单位可能开除有能力的员工,但对一个忠心耿耿的人,不会有领导愿意让他走,他会成为单位这个铁打营盘中最长久的战士,而且是最有发展前景的员工。

(四)学会依靠团队

一个团队的力量远大于一个人的力量。团队协作能激发出团队成员不可思议的潜力,让每个人都能发挥出最强的力量,实现"1+1>2"。团队所依赖的不仅是集体讨论和决策,同时也强调成员的共同贡献,团队大于各部分之和。把团队里面每一分子的优点长处都变为自己的长处优点,灵活运用,不仅团队的力量日益强大,自己的能力及潜力也慢慢得到升华。

(五)变被动为主动

不要事事等人交代,一个人只要能自动自发地做好一切,哪怕起点比别人低,也会有很大的发展,把要我做,变成我要做。主动是一种行动自觉,是一种责任,主动往往胜于能力。我们可以从以下几方面来修炼主动意识。

1. 把主动作为一种行动自觉

体现在"不只看领导脸色干事,不只做领导安排的工作,不只为薪水工作,不只满足于完成任务"。有些人多干点就觉得吃亏,甚至把忘我工作的人看成"傻瓜"。其实真正的傻瓜是那些斤斤计较、自以为是、被动应付的人。

2. 主动追求完美

基层员工每天面对的就是那些看似很简单的工作,有些人对此感到枯燥无味。其实,对这些看似简单的事情,工作时应先有一个"完与不完"的量化问题,然后有一个"优与不优"的质化问题。

3. 从完美到卓越

每个人工作时难免遇到困难与挫折,能把困难的事情做好,就是杰出。把别人认为简单的事情一次一次地做下去,就是不简单。把别人认为容易的事情千遍万遍地做正确,就是不容易。把别人认为平凡的事情反反复复地做极致,就是卓越。

（六）细节决定成败

千里之堤溃于蚁穴，细节决定成败，细节决定命运。关注细节，把握细节，做好细节，这是卓越员工修炼的必要元素。

1．主观努力是成功的第一要素

主观努力的第一要素是关注细节，把细节做实，做透，做好，做优。

2．细节成就完美

坚决去除"差不多""过得去""凑合混"的意识，这与职业化要求格格不入，更与卓越员工标准格格不入。只有注重细节，才能精益求精，才能提高绩效。

（七）有良好的执行力

各行各业都有决策，决策必须贯彻执行。这就要求在修炼自己的过程中，着力提升时间规划、岗位行动、过程控制和效果评估等职业执行技能。用思想打造执行力。所谓执行力，即执行的能力、毅力、张力。而行动力则是指行动决心的大小与速度的快慢。执行力强弱，检验着行动力的好坏。"坐而论"永远不及"起而行"。执行的境界在于自信。执行者努力做到：不存犹豫心态，不打折扣，不提条件，态度坚决，信心坚定。对办事结果敢于称"第一"、敢于报"圆满"。要确立如下执行观：执行前，决心第一，成败第二；执行中，速度第一，完美第二；执行后，结果第一，理由第二。

（八）有创新精神

创新是人类特有的认识和实践能力，是人类主观能动性的高级表现形式，是推动社会进步和个人发展的不竭动力。创新就要探索未知，从事未做，实现未有，达到未至。创新的关键是培养创新精神。要勤于思、敏于行、勇于闯，不断产生新认识、新创意、新发现、新成果，以此来实现自身价值。每个人都有自身存在的价值，只不过价值有潜在与现实、有大与小之分。我们需要不断地修炼自身能力，把潜在价值变成现实价值，把较小价值变成较大价值。

（九）有良好的职业形象

员工形象代表着企业形象。客户对企业的认知很大程度上取决于员工形象。因为员工与企业维系在一起，员工维护企业形象也是维护自身形象，损害企业形象也就是损害员工形象，善待客户就是维护企业形象，感动客户是维护企业形象的最佳表现。员工形象同样影响领导和同事对你的评价，良好的形象提升工作业绩，还会促进职业发展。

（十）讲究效率

高效的工作习惯是每个成功者所必备的，也是每个单位都非常看中的。要提高工作效率，一定要把说的变成做的，把做的变成结果，把结果变成效益。卓越绩效源于用心，只有用心工作才会把事情做好。做完与做好是两种不同的境界，一个是量的程度，一个则是质的程度。工作只有达到了质的飞跃，才能有更大的进步，也是效益提高的标志。

模块十三 终身学习与素养提升

案例 13-3

80 岁的学生

金庸出生在浙江海宁,祖上是名门望族,不但善于经商,而且出了很多学识渊博的后人。比如穆旦(查良铮)是他堂兄,徐志摩是他远房表哥,钱学森是他表姐夫。"飞雪连天射白鹿,笑书神侠倚碧鸳。"金庸说的这14个字便是他的整个青春。他橡笔一挥就勾勒出一个个江湖。那里月白风清、古风犹存,回响着整个文化中国的余韵。他写了15部武侠小说,部部经典。他的名气响彻中外,而且博古通今,历史、政治等知识信手拈来,但他依然觉得自己学问不够。因此,即使是在获得剑桥大学授予的荣誉博士学位后,他坚持选择作为普通学生申请就读剑桥大学的博士学位,那时的他已经是81岁高龄。在剑桥读书时,他同普通学生一样。背着双肩包,里面放满了课本。有一段时间他还会骑着车去上课,但因为太太担心会发生危险而就此作罢。

分析:终身学习的理念深深地根植在金庸的思想中。在剑桥上学,他变成了那个别人不太关注的查先生。不再有知名作家光环,他做的一切都"不为学位,只为学问"。在他眼里,在任何时候学习都不算晚。永远保持谦卑的态度去探索人生中的未知,自尊而不自负,骄傲而不自满,这也是我们每个人的人生中必须修炼的一部武功秘籍。

三、提升职业素养的职业意识

很多企业都希望进行提升员工的职业化素养培训,但是对从哪些方面入手产生了困惑。其实,提升职业素养可以分成两大部分:首先要具备职业心态和意识;其次要磨练职业素养。职业意识的树立为职业素养磨炼打下良好的基础。

(一)具备责任意识

对企业有了责任意识才会主动承担更多的工作,在工作中善始善终,在出现问题时先从自身寻找改进的方向,而不是互相责怪、互相推诿。有了责任意识才会郑重地兑现承诺,才会坚守职业道德,对企业忠诚。

(二)具备工作的职业目标意识

新员工在企业中常犯的错误之一是缺乏主动性,推一推才动一动。不懂得自己主动设定上级认可的工作目标并落实到行动上。

(三)具备对客户的服务意识

职场新人往往不在客户服务的一线岗位,就会忽略对客户的服务意识,更有甚者,"自我意识"十分强烈,在工作中形成本位主义,严重影响企业服务客户的能力。还有许多职场新人没有树立为内部客户服务的观念,对于讲究团队合作的企业形成致命伤。

(四)具备对上级的职业沟通意识

走出校门不久的新员工往往会沿用在校园中与老师的沟通模式,即到期交作业,老师不问则不会主动汇报作业情况。因此,到了企业中也没有向主管主动汇报工作进程的意识,要么上级被迫主动来询问他,要么上司总是不知他在忙什么,造成上下级之

职业素质教育

间的不默契,影响企业的效率和效能。

(五) 具备职业协作意识

职业人士在遇到冲突时能做到对事不对人,强调事实,而职场新人往往感情用事,忽略事实;职业人士注重引导讨论程序,而不是主导结果。同时尊重少数意见,避免盲点,力求寻求共同解,而不是多数解。

(六) 具备职业礼仪意识

职业礼仪是职业的内在心态、意识和素质的外在体现。职业礼仪意识要求职业人要从仪容、表情、举止、服饰、谈吐和待人接物六个方面展现职业人的形象,从而进一步体现企业的良好形象。

(七) 具备学习和发展意识

职业人士要不断进行知识和技能的更新,通过阅读,参加培训,工作实践,向先进者学习,辅导他人,自我反省等多层次的学习,保持知识结构的与时俱进,保证企业的知识结构能跟得上时代的发展。同时,也应思考自己的职业道路,确立发展的目标和方向,在实践中前进。

(八) 具备感恩意识

为什么我们能允许自己的过失,却对他人、对单位有这么多的抱怨?再有才华的人也需要别人给予做事的机会,也需要他人给予或大或小的帮助。职业人士要学会感恩单位,感恩同事。

以上的几条职业意识是提升职业素养的基础。在此基础上可以更专注于某些特定的方面来磨炼职业素养。成功偏爱有准备的人,企业有目的地提升员工的职业素养,不仅有助于员工自身的发展,更有助于企业的发展。

【小结】

人自出生,学习就成为整个人类及其每一个个体的一项基本活动。从幼年、少年、青年、中年直至老年,学习将伴随人的整个生活历程并影响人一生的发展。当今时代,知识更新的速度日益加快。现代社会的知识寿命大为缩短,个人用十几年所学习的知识会很快过时。人们要适应变化的世界,如果不再学习更新,马上就进入所谓的"知识半衰期"。据统计,当今世界90%的知识是近30年产生的,知识半衰期只有5~7年。而且人的能力就像电池一样,会随着时间和使用而逐渐流失。人们的知识需要不断"加油""充电"。我们也要感谢这个日新月异突飞猛进的时代,原来有那么多的同行者,统一的标签是终身学习者。

【课堂活动】

制订学习计划

1. 目标

掌握制订学习计划的基本方法。

模块十三 终身学习与素养提升

2．程序和规则

步骤1：假设你即将面临就业，你发现在某些方面还存在不足，制订一份学习计划去提升自我以适应工作需要。

步骤2：将学生分成4个小组。教师给每个小组设定一个工作岗位，并提出该岗位需要的职业素养。

步骤3：每个小组根据成员的综合职业素养情况，查阅资料，制订本小组的职业素养提升计划。

步骤4：每个小组选一名同学讲解学习计划，一名同学进行补充。

3．总结评价

教师根据学生的表现进行现场点评与总结。

（建议用时：50分钟）

参 考 文 献

[1] 中国社会科学院语言研究所词典编辑室. 现代汉语词典 [M]. 北京：商务印书馆，1996.

[2] 斯蒂芬·罗宾斯，等. 管理学 [M]. 刘刚，等译. 13 版. 北京：中国人民大学出版社，2021.

[3] 金树人. 生涯咨询与辅导 [M]. 北京：高等教育出版社，2007.

[4] 瞿立新. 职业生涯规划 [M]. 北京：现代教育出版社，2010.

[5] 陈新专. 职业道德与法律 [M]. 西安：西北工业大学出版社，2014.

[6] 王彩凤. 大学生职业生涯规划与就业指导 [M]. 北京：中国人民大学出版社，2014.

[7] 杜学森. 大学生就业指导 [M]. 北京：北京理工大学出版社，2015.

[8] 陈玉民，吕清华，崔月娟. 职业生涯规划与就业指导 [M]. 长春：吉林人民出版社，2016.

[9] 鲁江旭. 大学生职业生涯规划与就业指导 [M]. 北京：中国轻工业出版社，2016.

[10] 侯士兵，杨薛雯. 大学生职业发展素养 [M]. 上海：上海交通大学出版社，2016.

[11] 肖北方，马宪平. 中小学教师职业道德规范（2008 年修订）学习手册 [M]. 天津：天津教育出版社，2009.

[12] 张强，李静怡. 职业生涯规划与就业创业指导 [M]. 重庆：重庆大学出版社，2017.

[13] 李建宁，邢敏. 大学生就业指导 [M]. 北京：北京理工大学出版社，2017.

[14] 程龙泉. 职业能力培养与就业指导 [M]. 北京：北京理工大学出版社，2017.

[15] Shaw M E.Group dynamics：The psychology of small group behavior[M].3th ed.New York：McGraw-Hill，1981.

[16] 窦丽荣. 职业形象与礼仪 [M]. 北京：中国人民大学出版社，2018.

[17] 吴吉明，王凤英. 现代职业素养 [M]. 北京：北京理工大学出版社，2018.

[18] 李纯青，刘建勋，田敏. 职业素养开发与训练 [M]. 北京：清华大学出版社，2018.

[19] 刘毅. 组织行为学 [M]. 北京：人民卫生出版社，2018.

[20] 任庆凤，李兴华. 职业素养与就业指导 [M]. 北京：机械工业出版社，2019.